経営管理要論

岸川善光 [編著]
Kishikawa Zenko

朴 慶心 [著]
Park Kyeong Sim

同文舘出版

── ◆ は じ め に ◆ ──

　本書は，拙著『経営管理入門』の改訂増補版に該当する。「経営学要論シリーズ」の第2巻として，新たな構想に基づいて書き下ろした。『経営管理入門』は，幸い多くの読者に恵まれ14刷を重ねた。したがって，『経営管理入門』の長所はそのまま継続することを心がけた。

　また，本書は，すでに刊行済みの『ケースブック経営管理要論』と姉妹書でもある。経営管理（マネジメント）の「理論と実践の融合」を目指して，『経営管理要論』と『ケースブック経営管理要論』の章立てを完全に共通化した。設問集である『図説経営学演習』も多くの読者に恵まれ6刷を重ねている。『経営管理要論』『ケースブック経営管理要論』『図説経営学演習』の3点1セットによって，今日の企業社会において，一種のリテラシーになりつつある経営管理（マネジメント）に対する理解が深まることを願っている。

　経営管理論（マネジメント論）は，20世紀初頭の米国における科学的管理法に端を発し，その後，大規模化，高度化，複雑化，グローバル化が加速している企業活動を統括する総合管理論へと展開されてきた。経営管理論（マネジメント論）は，企業活動を現実的な研究対象として，企業活動において発生する様々な問題を理論的・実証的に解明することを課題にしている。

　本書は，大学（経営学部，商学部，経済学部等）における「経営管理論」，「経営管理総論」，「マネジメント論」，大学院（ビジネス・スクールを含む）における「経営管理特論」の教科書として活用されることを意図している。また，2006年に大幅な制度改革が実施された中小企業診断士試験第1次試験（「企業経営理論」，「運営管理」等）の受験参考書として，多面的に活用されることも十分に考慮されている。

　さらに，実務家が自らの経営管理（マネジメント）に関する実務を，キャリアに応じて体系的に整理する際の自己啓発書として活用されることも十分に考慮されている。

　本書は，3つの特徴をもっている。特徴の第一は，体系的な総論（第1章～第3章）に基づいて，経営管理の構成要素として，経営戦略，経営組織，機能

別管理,経営情報,イノベーション,グローバル経営の6つを選択したことである。選択した6つのテーマは,企業を取り巻く環境の激変に伴って,企業が存続・発展するために必要不可欠なテーマばかりであることはいうまでもない。この6つのテーマについて,「要論シリーズ」のコンセプトに準拠して,1つの章で10枚,合計100枚の図表による視覚イメージを重視しつつ,文章による説明と併せて理解するという立体的な記述スタイルを採用した。

特徴の第二は,「理論と実践の融合」を一貫して追求したことである。理論については,「一定の法則性」を常に意識しつつ考察し,実践については,『ケースブック経営管理要論』の30の具体的なケースで,問題点や課題を実際に考え,経営管理の疑似体験をするという方法論を採用している。これらによって,類書と比較して明確な訴求点を有しているといえよう。

特徴の第三は,伝統的な経営管理論(マネジメント論)に加えて,「戦略的社会性」「革新性」「情報創造」など,新たな論点を積極的に組み込んだことである。記述内容は,基本項目に絞ったため,さらに応用項目・発展項目について研究したい読者は,巻末の詳細な参考文献を参照して頂きたい。

これらの3つの特徴は,実は編著者のキャリアに起因する。編著者は,日本総合研究所などのシンクタンクにおいて,四半世紀にわたり経営コンサルタントとして,数多くのクライアントに対して,経営管理(マネジメント)に関する経営コンサルティングに従事してきた。また,その後,横浜市立大学など大学・大学院に移籍後は,多くの学生・院生と共に生きた経営管理(マネジメント)を探究してきた。まさに「理論と実践の融合」を目指したキャリアである。

本書も,同文舘出版の市川良之取締役をはじめとする編集スタッフにいろいろとお世話になった。「最初の読者」でもあるプロの編集スタッフのコメントは,執筆者にとって刺激になり,極めて有益であった。記して格段の謝意を表したい。

2015年4月

岸川 善光

CONTENTS

◆ 目 次 ◆

【第1章】経営管理の意義　1

1．企業組織の成立　2
- ① 組織の時代　2
- ② 企業の特性　4
- ③ 企業形態　5

2．企業と環境　9
- ① 企業環境の変化　9
- ② 主な環境要因　9
- ③ 環境適応と環境創造　12

3．企業の社会的責任　14
- ① 利害関係者　14
- ② 利害関係者に対する義務　15
- ③ 企業の社会的責任の実践　15

4．経営者の職能　17
- ① 所有と経営の分離　17
- ② 経営者支配　20
- ③ 経営管理と意思決定　22

5．コーポレート・ガバナンス　25
- ① 日本，米国，ドイツにおけるコーポレート・ガバナンス機構　25
- ② 株式会社における機関設計　31
- ③ 内部統制システム　31

【第2章】経営管理論の生成と発展　　　　　　　　　　33

1．古典的管理論 …………………………………………………………… 34
　① 古典的管理論の概要　　34
　② 古典的管理論の特性　　39

2．新古典的管理論 ………………………………………………………… 39
　① 新古典的管理論の概要　　39
　② 新古典的管理論の特性　　45

3．近代的管理論 …………………………………………………………… 46
　① 近代的管理論の概要　　46
　② 近代的管理論の特性　　50

4．適応的管理論 …………………………………………………………… 50
　① 適応的管理論の概要　　50
　② 適応的管理論の特性　　53

5．戦略的管理論 …………………………………………………………… 54
　① 戦略的管理論の概要　　54
　② 戦略的管理論の特性　　60

6．社会的管理論 …………………………………………………………… 60
　① 社会的管理論の概要　　60
　② 社会的管理論の特性　　64

【第3章】経営管理の体系　　　　　　　　　　67

1．経営管理の対象 ………………………………………………………… 68
　① 経営システムの基本構造　　68
　② 機能・経営資源・情報の連鎖　　71

③ フィードバック・コントロール　73

2．総合経営管理と機能別管理 …………………………………………… 74
① 総合経営管理　74
② 機能別管理　75
③ 総合経営管理と機能別管理の関連性　76

3．経営管理の階層 ………………………………………………………… 76
① 経営管理者の階層　76
② 経営管理者の階層による職能の相違　77
③ 経営管理者の階層によるスキルの相違　78

4．経営管理のプロセス …………………………………………………… 79
① 管理過程（management process）　79
② 管理過程における機能　81
③ 管理過程論の特徴　86

5．経営管理論の位置づけ ………………………………………………… 88
① 経営学における経営管理論の位置づけ　88
② 経営管理論の隣接諸科学　89
③ ビジネス・スクールにおける経営管理論の位置づけ　91

【第4章】経営戦略　93

1．経営戦略の意義 ………………………………………………………… 94
① 企業と環境とのかかわり方　94
② 経営戦略の定義　94
③ 経営戦略の構成要素　96

2．ドメイン ………………………………………………………………… 98
① ドメインの意義　98
② ドメイン定義の要件　99

③ ドメインの再定義　100

3．製品・市場戦略 …………………………………………… 101
① 製品・市場戦略の意義　101
② 多角化戦略　103
③ 差別化と細分化　104

4．経営資源 ………………………………………………… 105
① 経営資源の意義　105
② プロダクト・ポートフォリオ・マネジメント（ＰＰＭ）　109
③ 選択と集中　111

5．競争戦略 ………………………………………………… 113
① 競争戦略の意義　113
② 競争の基本戦略　114
③ 競争環境のダイナミズム　115

6．ビジネス・システム戦略 ………………………………… 117
① ビジネス・システム戦略の意義　117
② 供給連鎖（サプライ・チェーン）　118
③ 垂直的統合と水平的統合　120

【第5章】経営組織　123

1．経営組織の編成 ………………………………………… 124
① 組織の概念　124
② 環境―経営戦略―組織の関係性　125
③ 組織形態　127

2．組織の動態化 …………………………………………… 130
① 動態化の必要性　131
② 動態化の実態　132

③　ネットワーク型組織　135
　3．組織における人間行動 …………………………………… 136
　　　①　組織行動論（ミクロ組織論）　136
　　　②　個人レベルの人間行動　137
　　　③　集団レベルの人間行動　140
　4．組織文化 ………………………………………………………… 144
　　　①　組織文化の意義　144
　　　②　組織文化の形成と革新　145
　　　③　組織シンボリズム　147
　5．組織変革 ………………………………………………………… 147
　　　①　組織の成長モデル　147
　　　②　組織学習　149
　　　③　戦略的組織変革　150
　6．組織間関係 ……………………………………………………… 152
　　　①　組織間関係の意義　152
　　　②　組織間関係の視座　152
　　　③　組織間関係の革新　155

【第6章】 機能別管理　157

　1．経営システムの構造 ………………………………………… 158
　　　①　経営システムの意義　158
　　　②　経営システムの目的・使命　158
　　　③　経営システムの体系　159
　2．人的資源管理 ………………………………………………… 161
　　　①　人的資源管理の意義　161
　　　②　人的資源管理システムの概要　162

3．財務管理 …… 163
① 財務管理の意義　163
② 財務管理システムの概要　164

4．情報管理 …… 165
① 情報管理の意義　165
② 情報管理システムの概要　166

5．法務管理 …… 167
① 法務管理の意義　167
② 法務管理システムの概要　168

6．研究開発管理 …… 170
① 研究開発管理の意義　170
② 研究開発管理システムの概要　171

7．調達管理 …… 172
① 調達管理の意義　172
② 調達管理システムの概要　174

8．生産管理 …… 175
① 生産管理の意義　175
② 生産管理システムの概要　176

9．マーケティング管理 …… 178
① マーケティング管理の意義　178
② マーケティング管理システムの概要　180

10．ロジスティクス管理 …… 181
① ロジスティクス管理の意義　182
② ロジスティクス管理システムの概要　183

【第7章】経営情報　　　185

1．高度情報社会の進展 …………………………………… 186
① 高度情報社会の到来　186
② 高度情報社会における情報　187
③ 高度情報社会における経済性　189

2．情報通信技術の進展 …………………………………… 190
① ＩＴとＩＣＴ　190
② 情報通信技術の進化　191
③ 情報通信技術（ＩＣＴ）のインパクト　193

3．情報通信システムのライフサイクル管理 ……………… 195
① 情報通信システムのライフサイクル　195
② ライフサイクル管理のポイント　196
③ 情報通信システムの開発方法論　198

4．ｅビジネスの進展 ……………………………………… 200
① ｅビジネスの意義　200
② 電子商取引　201
③ ｅビジネスの課題　204

5．経営と情報 ……………………………………………… 206
① 情報パラダイム　206
② プラットフォーム・ビジネス　207
③ クラウド・コンピューティング　210

【第8章】イノベーション　　　213

1．イノベーションの意義 ………………………………… 214

① イノベーションの定義　　214
　　② イノベーションの特性　　217
　　③ イノベーション論の生成と発展　　218
2．技術革新 ･･ 219
　　① 技術革新の進展　　219
　　② 技術経営戦略　　221
　　③ 技術イノベーション・マネジメント　　222
3．産業構造の変革とイノベーション ････････････････････････ 224
　　① 情報化の加速　　225
　　② 業際化の促進　　226
　　③ グローバル化の進展　　227
4．BPR（ビジネス・プロセス・リエンジニアリング）････････ 228
　　① ＢＰＲの定義　　228
　　② ビジネス・プロセス　　229
　　③ ＢＰＲの形態と効果　　231
5．パラダイムの変革 ･･･ 234
　　① パラダイムの定義　　234
　　② パラダイムの機能　　235
　　③ パラダイムの変革プロセス　　237

【第9章】グローバル経営　　241

1．日本的経営と国際経営 ･･････････････････････････････････ 242
　　① 日本的経営の特徴　　242
　　② 日本的経営の限界　　243
　　③ 国際経営　　245
2．グローバル経営の背景 ･･････････････････････････････････ 246

- ① グローバル経営の定義　246
- ② グローバル化のマクロ的要因　248
- ③ グローバル化のセミマクロ的要因　249

3．多国籍企業 ……………………………………………………………… 251
- ① 多国籍企業の意義　251
- ② 多国籍企業の活動様式の変化　254
- ③ 多国籍企業の経営管理　255

4．多国籍企業の新展開 …………………………………………………… 257
- ① 多国籍企業の競争環境　257
- ② 多国籍企業の戦略的提携　259
- ③ 多国籍企業とＳＣＭ　260

5．異文化経営 ……………………………………………………………… 261
- ① 異文化経営の意義　261
- ② 異文化マネジメント　263
- ③ 組織と個人の異文化マネジメント　264

6．グローバル化の課題 …………………………………………………… 266
- ① リスク・マネジメント　266
- ② 人的資源管理　267
- ③ ＢＯＰビジネス　268

【第10章】経営管理論の今日的課題　271

1．知的財産権と経営管理 ………………………………………………… 272
- ① 現　状　272
- ② 今後の課題　273

2．サービス・マネジメント ……………………………………………… 275
- ① 現　状　275

② 今後の課題　277
3．M&A ……………………………………………………………… 280
① 現　状　280
② 今後の課題　282
4．環境経営 …………………………………………………………… 283
① 現　状　283
② 今後の課題　284
5．経営管理教育 ……………………………………………………… 286
① 現　状　286
② 今後の課題　289

参考文献 …………………………………………………………………… 293
索　　引 …………………………………………………………………… 311

◆ 図表目次 ◆

図表1−1　企業の特性
図表1−2　会社の種類別特徴
図表1−3　環境要因
図表1−4　企業と利害関係者との関係
図表1−5　日本における企業の社会的責任の実践
図表1−6　日本，米国，ドイツにおける所有主体別株式保有状況
図表1−7　意思決定のプロセス
図表1−8　日本企業のガバナンス機構
図表1−9　米国企業のガバナンス機構
図表1−10　ドイツ企業のガバナンス機構

図表2−1　職能別職長組織
図表2−2　満足要因と不満要因
図表2−3　マズローの欲求5段階説
図表2−4　成長ベクトル
図表2−5　多角化のタイプ
図表2−6　経営計画の構造とプロセス
図表2−7　価値連鎖の基本形
図表2−8　環境問題に対する企業の姿勢の変化
図表2−9　「経営経済性」と「経営公共性」
図表2−10　経営戦略の体系と社会戦略

図表3−1　システムの構造
図表3−2　各種の協働システム
図表3−3　経営システムの基本構造
図表3−4　経営資源の種類
図表3−5　経営管理者の階層
図表3−6　経営管理者の階層による職能の相違
図表3−7　管理過程の内容
図表3−8　経営管理の階層別にみた管理過程の重要度
図表3−9　修正的管理過程論
図表3−10　経営学の隣接科学

図表4−1　企業と環境とのかかわり方
図表4−2　経営戦略の構成要素

図表4-3　物理的定義と機能的定義
図表4-4　再定義のための戦略代案
図表4-5　経験曲線
図表4-6　プロダクト・ライフ・サイクル
図表4-7　限界収穫逓減と限界収穫逓増
図表4-8　PPM（ボストン・コンサルティング・グループ）
図表4-9　競争の基本戦略
図表4-10　SCM（サプライチェーン・マネジメント）の発展過程

図表5-1　経営組織論の発展段階
図表5-2　製品別事業部制組織
図表5-3　マトリックス組織
図表5-4　ネットワークの基本構造
図表5-5　パーソナリティ構造
図表5-6　2つのリーダーシップ研究の相違
図表5-7　フォロワーの成熟度と効果的なリーダーシップ
図表5-8　ディール＝ケネディによる組織文化の分類
図表5-9　組織成長の5局面
図表5-10　組織間関係論のパースペクティブ

図表6-1　経営システムの基本構造
図表6-2　財務管理の体系
図表6-3　経営情報システムの変遷
図表6-4　内部統制制度の概念図
図表6-5　業務システム
図表6-6　研究開発
図表6-7　調達の位置づけ
図表6-8　生産・販売・物流統合CIMの概念図
図表6-9　ワン・トゥ・ワン・マーケティングにおける転換点
図表6-10　ロジスティクスの特徴とその重要度

図表7-1　データ，情報，知識の関係
図表7-2　経済性の概念のシフト
図表7-3　コンピュータ・インターネットシステムの発展段階
図表7-4　情報通信システムのインパクト
図表7-5　情報通信システムのライフサイクル
図表7-6　システム開発方法論

図表7-7	電子商取引による企業および消費者にとっての利点	
図表7-8	eマーケットプレイスによる流通の変化	
図表7-9	情報パラダイム	
図表7-10	新しい産業組織の概念図	

図表8-1	シュンペーター理論の構図	
図表8-2	情報創造プロセスのダイナミクス	
図表8-3	プロダクト・イノベーションとプロセス・イノベーションの融合	
図表8-4	3つの障壁（溝）の克服手段	
図表8-5	産業経済学の主要領域概念図	
図表8-6	先進企業におけるビジネス・プロセス	
図表8-7	BPRの対象領域	
図表8-8	パラダイムの機能	
図表8-9	パラダイムの寿命	
図表8-10	パラダイムの転換プロセス	

図表9-1	日本と欧米との経営比較	
図表9-2	国際経営とグローバル経営の比較	
図表9-3	グローバル環境下における第三部門の相互作用と価値創造	
図表9-4	多国籍企業の組織体制別の特徴	
図表9-5	多国籍企業の経営管理の特徴	
図表9-6	超国家組織の概要	
図表9-7	戦略的提携の分類	
図表9-8	文化的多様性とグループの発展段階	
図表9-9	Morganの国際的人的資源管理モデル	
図表9-10	世界の経済ピラミッド	

図表10-1	知的財産権の種類	
図表10-2	知的資産の分類	
図表10-3	サービス産業の問題点	
図表10-4	サービス財の特徴と基本戦略	
図表10-5	M&Aのプロセス	
図表10-6	参入戦略	
図表10-7	環境問題に対する企業の姿勢の変化	
図表10-8	環境先進企業が保有する優れた特徴	
図表10-9	経営学の関連領域	
図表10-10	日本・米国におけるカリキュラムの比較	

第1章 経営管理の意義

本章では，経営管理の意義について考察する。現代は「組織の時代」といわれ，企業など様々な組織によって社会活動が営まれている。組織は人為的なものであるので，組織の存続・発展を図るためには，経営管理の機能が必要不可欠である。

第一に，経営管理論の対象である企業について理解を深める。具体的には，企業組織がなぜ成立するのか，企業の特性は何か，会社法における企業形態としてどのようなものが存在するのか，の3点について考察する。

第二に，企業は環境によって左右される「生き物」「生命体」であるので，企業を取り巻く環境について考察する。具体的には，企業環境の変化，主な環境要因，環境適応と環境創造について理解を深める。

第三に，企業の社会的責任について考察する。今日，企業を取り巻く利害関係者の利害は多様化し，場合によっては相互に矛盾する。そこで利害関係者の意義，利害関係者に対する義務，企業の社会的責任の実践，の3点について理解を深める。

第四に，経営者の職能について考察する。「所有と経営の分離」が進む中，経営者支配が進展しつつある。本書では，経営者の職能の中核を意思決定と捉え，意思決定について理解を深める。具体的には，意思決定のプロセス，意思決定の種類，意思決定の技法について考察する。

第五に，コーポレート・ガバナンスについて考察する。日本，米国，ドイツにおけるコーポレート・ガバナンス機構について概観し，会社の機関設計，内部統制システムについて理解を深める。

1 企業組織の成立

❶ 組織の時代

　現代は「組織の時代」といわれる。現実に，企業・行政体・病院・学校・宗教団体など，様々な組織によって社会活動が営まれている。これらの組織が存続し発展するためには，何らかの価値を提供し，その対価を受け取るという行為が不可欠である。まず，組織が何を提供し，何を対価として受け取っているかについてみてみよう。これは各種組織の組織目的を考察することでもある。

① 企業：財およびサービスを提供し，その対価として利益を獲得する。
② 行政体：環境保護や安全などの公共サービスを提供し，その対価として税収を確保する。
③ 病院：医療サービスを提供し，その対価として医療収入を獲得する。
④ 学校：教育サービスを提供し，その対価として授業料などの収入を得る。
⑤ 宗教団体：信仰や安心などの心のサービスを提供し，その対価として信者からお供えを得る。

　上述した組織は，すべて人為的なものであるので，これらの組織の存続・発展を図るには，組織を主体的に運営する機能，すなわち経営管理（management）の機能が必要不可欠である。そういう意味で，「組織の時代」は「経営管理（マネジメント）の時代」でもある。

　現代の社会を構成する組織の中でも，企業は消費者ニーズの充足に必要な財またはサービスを生産し，供給するという経済的機能を担っており，人間の社会行動全般に多大な影響力を有している。経営管理はすべての組織において必要であるものの，特に企業において経営管理の優劣が企業の存続・発展に直結するという現実を踏まえ，本書では，企業を経営管理の対象領域の中心において考察することにする。

　ウィリアムソン（Williamson, O.E.）[1975]は，商品・サービスの取引を行う機

関として，市場と組織の2つをあげ，両者は代替的な関係にあるとした[1]。ある取引が市場価格に基づいて行われるか，組織内部の計画と調整を通じて行われるかは，市場と組織のどちらが経営資源を配分する上で効率的であるかによって決まるというのがその根拠である。

市場と組織が，同じような機能を果たしうる代替的なものであるという視点は，ノーベル経済学賞受賞者コース（Coase,R.）[1937] の古典的な論文にまでさかのぼることができる[2]。市場と組織の関係は，もともと微妙なものがある。一方では，組織は市場を活動の場としており，他方では，市場と組織は資源配分を行うための代替的な手段という関係にあるからである。

そして，組織内の資源配分のほうが効率的である領域では，市場がその機能を停止して，組織に代替されていくというプロセスが観察される。例えば，取引の内容が複雑でリスクが大きく，資源配分をする上で非効率性が発生しやすい領域や，取引の関係者が比較的少なく，取引条件をめぐって当事者間の駆け引きが行われるような領域では，組織が市場よりも優位にたつケースが多い。

その原因の1つとして，取引環境が複雑化するに伴って不確実性が増大しており，その結果，情報コストを含む「取引コスト」が急騰することがあげられる。

チャンドラー（Chandler,A.D.Jr.）[1977] が指摘しているように[3]，すべての調整を市場メカニズムに依存するよりも，企業組織による経営管理的な調整を行うことによって生産性が向上し，低コスト・高利益を実現できるようになったので，企業組織は経済社会で大きな位置づけを占めるようになった。そして今日では，企業組織自体が永続性，権力，継続的成長の源泉になりつつある。

企業の経営管理者による経営管理的な調整は，市場や製品に関する情報コストを中心とする「取引コスト」を低減し，しかも，より素早く顧客のニーズに対応する製品差別化や市場サービスをも可能にしたのである。また原材料から最終製品までの業務プロセスを計画化し，さらにその業務プロセスを効率化することによって，いわゆる規模の経済，速度の経済を実現できるようになった。

現代が企業を中心とした「組織の時代」であるといわれる背景には，何よりもこの企業組織の生産性の高さがその根底にある。

❷ 企業の特性

上で，組織の成立の背景について概観した。本書では，これらの組織の内，企業を主たる対象としてその経営管理について考察する。

企業は，行政体・病院・学校・宗教団体など，企業以外の組織とは異なる特性をもつ組織である。ここでは，企業の特性について，図表1-1に示されるように[4]，①生産経済体，②営利原則，③独立性，の3つの観点から考察する。

〈生産経済体〉

企業は生産経済体である。すなわち，企業は消費者ニーズの充足に必要な財またはサービスを生産し，供給するという経済的機能を担っている。この生産経済体という企業の特性は，公共サービスを提供する国や地方自治体などの行政体の特性，家庭に典型的な消費経済体の特性と比較すると，生産機能を担うという点で明らかに異なる。

ここで生産経済体とは，有形財を生産する製造業だけでなく，無形財を生産する金融業，流通業，サービス業などを含んでいる。

〈営利原則〉

企業は営利原則に基づいて活動する。すなわち，利益を第一義的に追求するかどうかは別にしても，営利を行動原理の基本に据えることが社会的に認知されている。

図表1-1 企業の特性

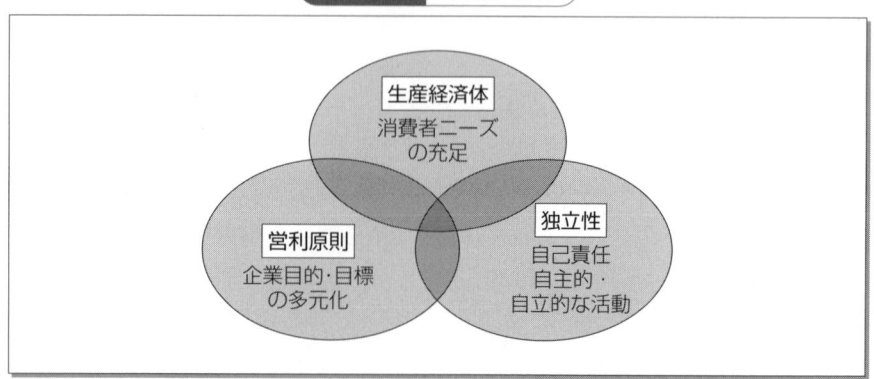

(出所) 岸川善光 [2002] 31頁。

現実に，利益の確保ができないと，①株主に配当ができない，②従業員に給料が払えない，③消費者に高品質・低価格の製品を提供できないなど，企業に期待されている社会的責任を果たすことができない。社会的責任が果たせないということは，企業の存続・発展ができないということでもあるので，利益はまさに企業の存続・発展にとって生命線なのである。

〈独立性〉

企業は独立性をもつ。すなわち，企業が市場経済の中でいかに存続・発展するかについて，誰からも干渉されることはない。すべての意思決定が企業の自己責任に任され，自主的・自律的な活動を行うことができる。ただし，企業が独立性をもつといっても，法律や条例を遵守するなどの制約があることはいうまでもない。

❸ 企業形態

〈人的企業から資本的企業へ〉

近代的な企業の成立以前には，家業・生業といわれる一人経営ないし家族経営が行われてきた。家業・生業の特徴としては，店（たな）と奥が分離されておらず，家族の生活と生産・販売活動が渾然一体となっていることがあげられる。この家業・生業は，個人企業と呼ばれることもあるが，正確には企業ではない。

一人経営ないし家族経営が次第に成長・発展し，他人の労働を必要とするようになると，家業・生業の段階を脱皮して人的企業の段階に進む。小規模の商店，町工場など，わが国の企業の大半がこの人的企業である。

人的企業は，その名のとおり人的結合によって構成される企業で，法的形態としては，合名会社・合資会社・合同会社がこれに該当する。

人的企業では，出資者が少数で，所有（資本）と経営は一致しているが，所有（資本）と作業は機能的に分離し，資本拠出者は経営管理機能（活動）を担当し，作業は雇用された従業員に委ねられることが多い。

人的企業がさらに成長・発展すると，資本的企業になることが多い。資本的企業は，人的企業の資本的な制約，所有（資本）と経営の一致による制約など

を克服するために考え出された企業形態で、法的形態としては株式会社がこれに該当する。

〈企業の法的形態〉

企業形態を会社法に基づいて分類すると、図表1-2に示されるように[5]、①株式会社、②合名会社、③合資会社、④合同会社、の4つに分類される。この4種の会社の内、合名会社、合資会社、合同会社の3種を総称して「持分会社」と呼ぶ。それぞれの特徴についてみてみよう。

① 株式会社：株式会社は、会社の中でも大企業向けの企業形態といえる。株式会社の特色として、ⅰ）債権者に対して社員（株主）は有限責任しか負わない、ⅱ）社員の地位（株式）は自由に譲渡することが認められる、ⅲ）所有と経営の分離が認められる、などがあげられる。

新会社法では、有限会社を株式会社に取り込んだため、大会社、公開会社、非公開会社、取締役会設置会社など、大規模な会社から小規模な会社まで、様々な会社が含まれることになった。

② 合名会社：合名会社は、ⅰ）社員（出資者）全員が債権者に対して、直接無限責任を負う、ⅱ）原則として全社員が業務を執行し会社を代表する、という特色があげられる。戦前には、三井家が三井財閥の本社として支配した三井合名会社など、財閥の支配会社（持株会社）として活用された。現在では、新たに設立される合名会社は極めて少ないが、新会社法の下では利用が拡大することが期待される。

③ 合資会社：合資会社は、ⅰ）会社の債権者に対して直接無限責任を負う社員と、出資額を限度として有限責任を負う社員によって構成される、ⅱ）無限責任社員はもちろんのこと、有限責任社員も会社債権者に対して直接責任を負い、かつ社員相互間で連帯責任を負う、という特色があげられる。合資会社も合名会社と同様に、戦前は財閥の持株会社として利用された。岩崎家の三菱合資会社が有名な該当事例である。

④ 合同会社：合同会社は、会社法の施行によって新たに創設された会社の形態である。合同会社は、出資者全員が有限責任社員であり、内部関係については、民法上の組合と同様の規律（原則として、社員全員の一致で定款の変

第1章 経営管理の意義

図表1-2 会社の種類別特徴

		株式会社		持分会社		
		公開	非公開	合名会社	合資会社	合同会社
出資者	名称	○株主	○株主	○社員	○社員	○社員
出資者	責任	○出資の義務にとどまり会社の債権者に対しては責任を負わない	○出資の義務にとどまり会社の債権者に対しては責任を負わない	○会社の債権者に直接無限の責任を負う	○無限責任社員－会社の債権者に直接無限の責任を負う ○有限責任社員－出資額を限度として直接責任を負う	○出資額を限度として責任を負う
出資者	員数	○1名以上	○1名以上	○1名以上	○無限責任社員と有限責任社員各1名以上	○1名以上
出資者	譲渡制限	○原則譲渡自由	○譲渡につき会社の承認が必要	○他の社員全員の承諾が必要	○無限責任社員－他の社員全員の承諾が必要 ○有限責任社員－無限責任社員の承諾が必要	○他の社員全員の承諾が必要
運営	意思決定 最高	株主総会	株主総会	総社員の同意	総社員の同意	総社員の同意
運営	意思決定 重要な業務	取締役会	取締役	総社員の過半数（ただし業務執行社員を定めたときはその者の過半数）	無限責任社員の過半数（ただし業務執行社員を定めたときはその者の過半数）	総社員の過半数（ただし業務執行社員を定めたときはその者の過半数）
運営	意思決定 業務遂行	代表取締役[*1]	取締役（取締役会設置は任意）			
運営	取締役数	○取締役－3名以上 ○代表取締役[*1]－1名以上	○取締役－1または2名以上（代表取締役設置は任意）	機関は不要（組合的規律）		
運営	任期	○2年以内[*2]	○10年以内			
運営	監査役	○1名以上[*3]	○任意			

*1 委員会設置会社では代表執行役
*2 委員会設置会社では任期1年
*3 委員会設置会社にはなし。代わりに監査委員会がある。
（出所）岸田雅雄[2006] 50頁を筆者が一部修正。

更やその他会社のあり方の決定が行われ，各社員が自ら会社の業務執行にあたるという規律）が適用される会社である。米国のLLC（Limited Liability Company）を参考に創設された。

〈有限会社〉

　会社法の施行によって，従来，全会社数の内，約6割弱を占めていた有限会社が廃止された。しかし，これまでの有限会社は，法律上は会社法によって規律される株式会社になるものの，整備法によって「特例有限会社」として存続する。具体的には，会社法の施行後も「有限会社」という商号で存続することができる。

〈公企業〉

　今まで述べた株式会社，合名会社，合資会社，合同会社は，すべて私企業である。私企業には，生産経済体，営利原則，独立性などの企業特性がある。

　ところが，「市場の失敗」という現象にみられるように，経済活動を営む上で，市場メカニズムに準拠した私企業の活動だけではうまくいかない事業分野がいくつかある。現実に，公益に奉仕する事業分野などでは，生産経済体，営利原則，独立性などの企業特性をもつ私企業には不向きの事業分野がいくつかある。

　公企業は，このような市場メカニズムがうまく作用しないような事業分野をカバーし，公益に奉仕するために，国または地方自治体が出資して設立した企業である。したがって，公企業は非営利性という特性をもつようになる。また，公企業はその特性上，事業の選択，市場の選択が原則として許されないので，私企業の特性の1つである独立性をもつことができない場合もある。

　公企業は，設立主体によって，①政府系企業（現業官庁，公共企業体など），②地方公企業（地方公営企業，地方公共企業体など），の2つに大別することができる。

　政府公企業には，従来の郵政事業，政府系銀行，公庫，公団，事業団などが含まれる。政府公企業の中には，株式会社の形態をとる特殊会社も存在する。

　地方公企業には，地方水道事業，バス事業，地方公社などがある。さらに，公企業の一部として，第三セクターと呼ばれる公企業と他企業との混合企業が存在する。

2 企業と環境

❶ 企業環境の変化

　近年，企業活動を取り巻く環境は激変している。市場構造の変化はいうまでもなく，企業システムの上位システムである産業システム，さらに産業システムの上位システムである経済システムの変化が加速しており，従来にも増して企業活動のリスクは増大し，かつ多様化している。
リスクとは本来，企業活動の正常な遂行を妨げ，そのために企業に損害をもたらす現象の内，次のような3つの特性を有しているものをいう[6]。
① 不確実性：発生原因が不明確で，そのため発生頻度・発生時期・発生場所などが確定できない。
② 主観性：発生原因が不明確なため，主観的な基準に基づく対策しかたてられない。
③ 危険：発生する現象によって損害を被る。

　従来，リスクと不確実性を同一視する向きもあるが，厳密にいえば，「不確実性」はリスクの構成要素の1つにすぎない。すなわち，「生き物」としての企業にとって，リスクは企業発展の「機会」であるという側面と，リスクは企業存続にとって「脅威」という二面性をもっている。

　経営管理について考察する場合，リスクがもっているこの「機会」と「脅威」という二面性が，極めて重要な鍵概念（キーコンセプト）になる。

❷ 主な環境要因

　企業は環境の中で生産活動を営む組織体であるので，企業の存続・発展を実現するには，環境にうまく対応することが不可欠である。ここで環境とは，「企業の経営活動に対して，その活動を制約したり促進したりする外的要因のこと」である。一般に，企業と環境は相互に影響しあう関係にある。

経営管理の観点から企業環境をみると、その主たる要因として、図表1-3に示されるように[7]、①経済環境、②政治環境、③社会環境、④自然環境、⑤市場環境、⑥競争環境、⑦技術環境、の7つがあげられる。環境変化とは、これらの企業環境の要因が変化することであり、企業の経営活動に対する制約および促進の様態が変わることに他ならない。

① 経済環境

企業は、営利原則に基づいて行動する生産経済体であるので、経済環境が企業の経営活動にとって重要であることはいうまでもない。経済環境を構成する経済主体としては、消費者、原材料供給企業、競合企業、金融機関などがあげられる。

これらの経済主体の行動の変化として、例えば、消費者ニーズの変化、原材料価格の変化、新規参入企業の出現、信用供与方法の変化などがあげられる。

経済環境の要因の中で、近年、為替レートの変動、金利の変動が経営活動に対して大きな影響を及ぼしている。具体的には、為替レートが対米ドルレートで1ドルあたり1円上昇／下落するだけで、企業の利益が数十億円単位で増減するケースも稀ではない。金利の変動も設備投資の意思決定などに決定的な影響を与えている。

② 政治環境

政治環境とは、主として立法府および行政府が企業の経営活動に対して及ぼ

図表1-3 環境要因

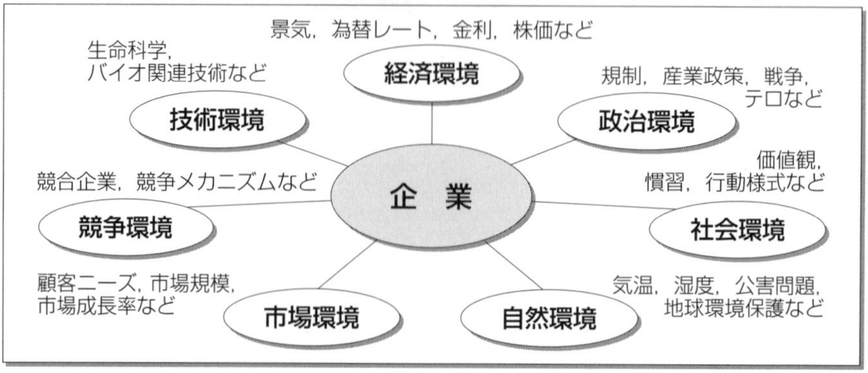

- 技術環境：生命科学、バイオ関連技術など
- 経済環境：景気、為替レート、金利、株価など
- 政治環境：規制、産業政策、戦争、テロなど
- 社会環境：価値観、慣習、行動様式など
- 自然環境：気温、湿度、公害問題、地球環境保護など
- 市場環境：顧客ニーズ、市場規模、市場成長率など
- 競争環境：競合企業、競争メカニズムなど

(出所) 岸川善光 [2006] 3頁。

す影響のことである．具体的には，各種の立法や産業政策などによって，主として企業の制度面に影響を及ぼす外的要因のことである．

政治環境を，制約要因か促進要因かという観点から分類すると，①企業活動を制約する要因としての規制，②企業活動の変化を促進する要因としての規制緩和，に大別することができる．現実に，特定の産業に属する企業では，規制緩和の動向が経営活動に多大の影響を与えている．

近年では，国内の政治情勢の変化のみならず，国際的な政治情勢の変化も企業活動に大きな影響を及ぼすようになってきている．例えば，企業活動のグローバル化に伴う貿易摩擦などの国際的な経済問題は，国際政治と密接な関連性を有するようになり，これに伴って政治環境の範囲も拡大しつつある．世界中で頻発している戦争やテロによるリスクも政治環境に含まれる．

③ 社会環境

社会環境とは，少子・高齢化などの人口動態，長年人々によって共有されている価値観・規範・慣習・行動様式の変化などが企業の経営活動に対して及ぼす影響のことである．例えば，消費者の価値観・慣習・行動様式の変化は，現実に企業の商品開発や流通チャネルの開発などに対して大きな影響を及ぼしている．

社会環境は，時代によって，地域によって，世代によって変化する．例えば，1990年代のバブル崩壊，2000年代のリーマンショック，さらには近年のサイバーテロなど，社会環境の変化は著しいものがある．

④ 自然環境

自然環境とは，気温・湿度・日射量・日照時間・緯度・経度などの気候地理的要因，公害問題，地球環境問題などが，企業の経営活動に及ぼす影響のことである．

食品産業など農産物を扱う業界では，もともと自然環境の変化の影響を直接的に受けやすい企業特性をもっている．しかしながら，自然環境は，食品産業など一部の産業だけでなく，多くの産業に様々な影響を及ぼしている．例えば，自動車産業は従来，自然環境の影響をほとんど受けない産業であると思われてきた．ところが，排気ガスに含まれる有害物質によって大気が汚染され，さらにそのことが地球温暖化，オゾンホールの破壊，酸性雨の原因といわれるようになると，自然環境への対応次第では，自動車産業に属する企業にとって，その存続

そのものが社会的に許されるか否かという重大な局面にたたされることになる。

⑤ **市場環境**

市場環境とは，顧客ニーズの変化，市場規模の変化，市場成長率の変化など，市場の変化が企業の経営活動に対して及ぼす影響のことである。

上述した①経済環境，②政治環境，③社会環境，④自然環境，の4つは，主としてマクロ的な環境要因であるが，この市場環境は，セミマクロ的およびミクロ的なレベルの環境要因である。

市場は需要と供給が交差する場であり，企業にとって顧客の集合体でもある。顧客ニーズの変化，市場規模の変化，市場成長率の変化などの市場環境の変化は，ダイレクトに企業の経営活動を制約したり促進したりするので，市場環境は，極めて重要な環境要因であるといえよう。

⑥ **競争環境**

競争環境とは，競合企業（competitor），競争メカニズム，新規参入の可能性などが，企業の経営活動に対して及ぼす影響のことであり，極めてミクロ的な企業レベルの環境要因である。

具体的には，競合企業の数，それらの競争力の強弱，あるいは競合企業と競争する場合の競争力の源泉，持続的な競争優位の可否，新規参入の可能性など，競争環境の変化も，市場環境の変化と同様に，ダイレクトに企業の経営活動を制約したり促進したりする。

⑦ **技術環境**

技術環境とは，科学技術の進歩が企業の経営活動に対して及ぼす影響のことである。具体的には，生命科学，バイオ関連技術，先端情報通信技術などの科学技術の進歩が，新製品，新事業，新素材，新生産方式などの開発に及ぼす影響のことである。

技術環境は，特に研究開発（R&D）における制約要因または促進要因になることが多い。企業活動における研究開発の重要性がますます増大している今日では，技術環境の変化は経営活動に多大の影響を及ぼしている。

❸ 環境適応と環境創造

企業はあたかも「生き物」・「生命体」のように，このような環境の変化に対応することによって，その存続・発展が可能になる。このように，企業の経営活動は環境に対して開かれているので，企業は本来的に「オープン・システム」であるといわれる。

もともと企業は単独で存在することはできない。なぜならば，すべての資源や情報を単独の企業で保有することはほとんど不可能であるからである。つまり，他の企業に資源や情報を依存しようとすれば，企業はオープン・システムにならざるをえない。

オープン・システムと対極にある概念をクローズド・システムという。クローズド・システムとは，環境との相互作用を必要としないシステムのことである。

企業は「生き物」として上述した環境の変化に対応しなければならない[8]。この環境の変化に対応するパターンとして，環境適応と環境創造の2つがあげられる。

環境適応とは，環境の変化を受けて，企業がその行動を事後的に変えることである。そこでは，環境の変化を認識し，環境変化への対応策を策定し，具体的に環境変化に対応しなければならない。従来，環境対応という場合，この環境適応のことを指すことが多かった。

他方，環境創造とは，企業が環境そのものを主体的に創造することである。例えば，リサイクル技術を開発し，リサイクルの重要性を広く社会に提案して，リサイクル・ビジネスを創出した企業の事例はこの環境創造に該当する。この場合，リサイクルの価値を環境が認知しない限り，リサイクル・ビジネスは存在しえないので，その価値を認めてもらうための啓蒙活動や提案活動が極めて重要になる。

環境適応も環境創造も，環境の変化に対応する有効なパターンではあるものの，企業と環境との相互作用に基づく新たな関係づくりこそが，今後の環境対応の鍵概念となるであろう。企業と環境との相互作用に基づく新たな関係づくりのパターンが，時と場合によって，環境適応であったり環境創造であったりするからである。

3 企業の社会的責任

❶ 利害関係者

　企業には，様々な利害関係者（stake-holder）が存在する。株式会社を例にとると，図表1-4に示されるように[9]，①株主，②従業員，③消費者，④取引業者，⑤金融機関，⑥政府，⑦地域住民などが，企業の主な利害関係者としてあげられる。

　企業と利害関係者との間には，法律，契約，規則，商習慣などに基づく相互関係が成立しており，これらの相互関係が利害の源泉となる。各種利害関係者の主な利害の源泉は，次のとおりである。
① 　株主：出資の対価としての配当など。
② 　従業員：労働の対価としての給料など。

図表1-4　企業と利害関係者との関係

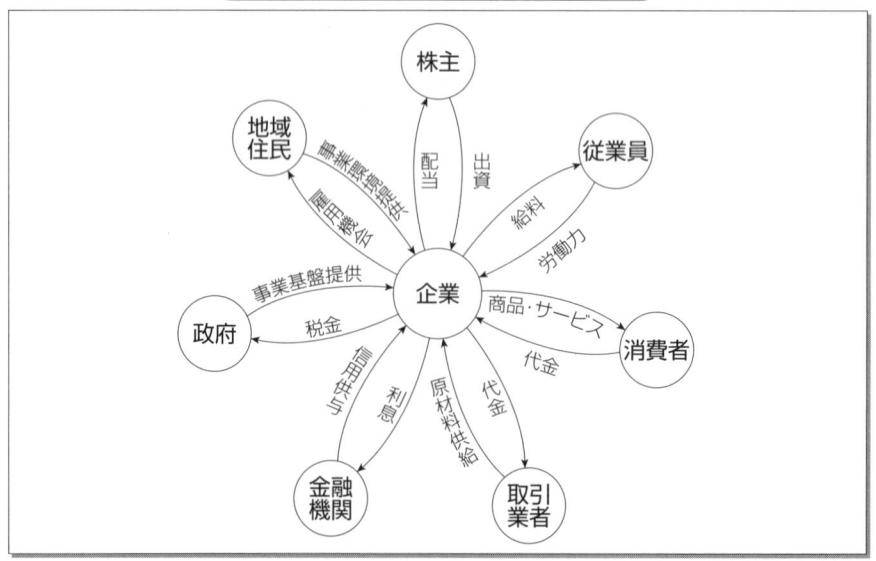

（出所）　岸川善光［1999］16頁。

③ 消費者：代金の対価としての商品・サービスの効用など。
④ 取引業者：原材料供給の対価としての代金など。
⑤ 金融機関：信用供与の対価としての利息など。
⑥ 政府：事業基盤提供の対価としての税金など。
⑦ 地域住民：事業環境提供の対価としての雇用機会など。

企業と各種利害関係者との間には，上でみたように，誘因と貢献が相互に期待されている。

❷ 利害関係者に対する義務

上述した各種利害関係者に対する義務のことを企業の社会的責任（corporate social responsibility：CSR）という。企業と各種利害関係者との間で成立している法律，契約，規則，商習慣などに基づく義務を遵守することは当然のこととして，企業にはそれぞれの利害関係者に対して次のような義務，すなわち社会的責任がある。

① 株主：適正な配当，株価の維持など。
② 従業員：適正な給与，雇用の安定，安全で快適な職務環境の維持など。
③ 消費者：適正な価格かつ高品質の製品・サービスの提供など。
④ 取引業者：対等な立場にたった互恵的取引など。
⑤ 金融機関：対等な立場にたった互恵的取引など。
⑥ 政府：適正な納税など。
⑦ 地域住民：安心・安全な生活環境の維持など。

今日では，狭義の社会的責任（法的責任，経済的責任，制度的責任）だけでなく，地球環境保護への協力，社会的弱者に対する配慮，製造物責任の遂行など，広く一般社会からの要請に応えることも社会的責任に含まれるようになった[10]。さらに，文化支援活動（メセナ）や慈善事業（フィランソロピー）など，社会貢献といわれる活動も社会的責任の一部とみなされるようになりつつある。

❸ 企業の社会的責任の実践

企業の社会的責任について考察することは，企業目的について考察すること

と密接な関係がある。具体的には，企業目的を営利に限定するか，それとも営利以外の目的を含むかということによって企業の社会的責任の内容は異なるからである。

従来，企業の社会的責任について考察する場合，主として企業目的との関連において，①社会的責任を肯定する立場，②社会的責任を否定する立場，の2つの立場がある。前者は，企業の社会的責任の肯定論または積極論と呼ばれ，その代表的な論者として，ドラッカー（Drucker,P.F.）やデイビス（Davis,K.）などがあげられる。後者は，企業の社会的責任の否定論または消極論と呼ばれ，その代表的な論者として，フリードマン（Freedman,M.）やハイエク（Hayek,F.A.）などがあげられる。

この肯定論と否定論は，自由主義体制を是認していることでは共通しているものの，企業の経済的機能を超えた社会関与について，両者の認識は全く異な

図表1-5　日本における企業の社会的責任の実践

	第1段階 認識期 1950年頃	第2段階 当初期 1960年頃	第3段階 本格化期 1970年頃	第4段階 全面化期 1980年頃	第5段階 個性化期 1990年頃
経営	経済同友会「決議」	経営理念表明	行動基準策定 財団設立 担当役員任命	協議会・クラブへの加盟	社会戦略策定 財界「憲章」作成
管理			担当組織新設	コンプライアンス・プログラム作成 担当組織拡充	
現場		個別行動改善 ハードウェアや施設設置			
インパクト		公害等	石油危機	国際化	企業倫理
焦点	責任発達の論理 法的責任　＋　経済的責任　＋　制度的責任　＋　社会貢献				
実践の特徴	個別対応　部分調整的対応　全社調整的対応　戦略的対応				

（出所）　森本三男［1994］319頁。

る。すなわち，肯定論は企業の経済的機能を超えた社会関与の必要性を認め，それを実践すべきであるという立場であるのに対して，否定論はその必要性を否定する。

　否定論の立場にたつフリードマンやハイエクなどの主張には，古典的な自由や功利主義の思想，さらには市場メカニズムへの全面的な信頼を基本として，私有財産制，自由競争原理，小さな政府，個人主義に基づく「古典的な企業観」がその根底にある。こうした企業観にたてば，法を唯一の制約として収益性を追求することが企業の目的であり，そのことが資源配分の公平さ，ひいては社会全体の福祉の向上につながることになる。

　次に，わが国における企業の社会的責任の範囲は，図表1-5に示されるように[11]，幾多の試行錯誤を重ねながらも，法的責任，経済的責任，制度的責任，社会貢献というように次第に拡大しつつある。

　今日では，企業を取り巻く利害関係者の利害は多様化し，場合によっては相互に矛盾する。従来の「企業⇒社会」という観点だけでなく，「社会⇒企業」という観点を付加して，各種利害関係者の利害を調整することは，経営管理に課せられた重要な機能であり，この機能なくして「生き物」として存在することは難しい。

4 経営者の職能

❶ 所有と経営の分離

〈現代企業の所有構造〉

　現在，様々な企業形態の内，新会社法によって有限会社を取り込んだ株式会社が全企業数の大多数を占めている。特に，大企業はその大半が株式会社である。その理由として，出資者全員が出資を限度とする有限責任であるという株式会社の企業特性が，多くの出資者から資本を募るのに適していることがあげられる。

株式会社制度の導入によって，株式の分散が進展し，いわゆる「所有と経営の分離（資本と経営の分離）」という現象が顕著になりつつある。「所有と経営の分離」については，バーリ＝ミーンズ（Berle,A.A.＝ Means,G.C.）［1932］の実証研究を契機として，その後各国で実証研究がなされた結果，その実態が次第に明らかになりつつある。

　バーリ＝ミーンズ［1932］の実証研究は，約200社の大企業を対象とした調査に基づいている。調査結果を要約すると，①株式会社形態の大企業では，株式が広く分散している，②株式分散に伴い，大株主の持ち株比率が低下して，大株主が必ずしも経営活動に対する支配権を行使していない，③その結果，財産の所有に基づかない専門経営者による経営者支配が成立している，というものである。

　次に，日本，米国，ドイツの企業の所有構造の実態についてみてみよう。図表1-6に示されるように[12]，日本，米国，ドイツにおける所有主体別の株式保有状況を時系列的に比較すると，いくつかの特徴が浮き彫りになる。その中からここでは，①株式の高度分散，②株主の機関化，③株主の質的変化の3点についてみてみよう。

図表1-6　日本，米国，ドイツにおける所有主体別株式保有状況

（単位・％）

日本	1970年	1980年	1990年	米国	1970年	1980年	1990年	ドイツ	1970年	1980年	1990年
個　　　人	39.9	29.2	23.1	個　　人	79.4	70.8	54.4	個　　人	28	19	17
政府・地方公共団体	0.3	0.2	0.6					公共部門	11	10	5
事業法人等	23.1	26.0	25.2					企　　業	41	45	42
金融機関（除く投信）	30.9	37.3	41.6								
銀行・信託	－	17.7	22.2	銀行その他	0.6	0.5	0.5	銀　　行	7	9	10
保険会社	－	17.4	17.3	保険会社	3.2	5.0	5.5	保険会社・年金基金	4	6	12
その他	－	2.2	1.8	年金等	9.0	17.0	26.5				
投資信託	1.4	1.5	3.6	ミューチュアル・ファンド	4.6	2.7	6.6				
証券会社	1.2	1.7	1.7								
外国人	3.2	4.0	4.2	外国人	3.2	4.0	6.4	外国人	8	11	14
計	100	100	100	計	100	100	100	計	100	100	100

（出所）　高橋俊夫編［1995］23頁。

① 株主の高度分散：日本，米国，ドイツの3国ともに，株主の数が増大し，その結果，株主が高度に分散している。外国人株主も急増しつつある。株式の高度分散によって，1人当たりの持ち株比率が極度に低下するので，所有を根拠にした経営が困難になった。
② 株主の機関化：日本，米国，ドイツの3国ともに，個人株主の減少が目立つ。個人株主が多い米国でも，その比率は約半数にまで減少している。日本およびドイツでは，個人株主の比率は1/4に満たない。このことは，企業をはじめとする法人株主の増加と裏腹の関係にある。日本およびドイツでは，事業法人の持ち株比率の変動は小さいものの，金融機関，保険会社，年金基金などの持ち株比率が増加しつつある。
③ 株主の質的変化：株式の高度分散の結果，近年，株主の多くは企業経営に関心を示さなくなり，もっぱら配当ないしは株価収益の獲得に興味をもつようになった。いわゆる無機能株主の増加現象であり，株主が質的に変化しつつあることを示している。これらの無機能株主は，会社の経営方針が意に沿わない場合や業績が悪い場合，いつでも証券市場で株式を売却し株主ではなくなる。

〈委託と受託〉

上で述べたように，現代の企業の所有構造は大きく変化しつつある。所有構造の変化によって，特に大企業では，出資を分担する株主の資本所有機能と，経営を担当する経営者の機能が実質的に分離しつつある。

「所有と経営の分離」は，具体的には，株主は資本の出資をするだけで，資本の運用については専門経営者としての取締役に委託し，取締役はこれを受託するという関係が生まれることに他ならない。

この委託と受託の関係において，どこまでの範囲を委託するのか，どのような方法で委託を行い，あるいは委託を解除するのかなど，多くの問題が発生する。現在，これらの問題を解決するために，後述するコーポレート・ガバナンスという研究領域が生まれ，会社法の観点，経営管理の観点など，様々な観点から実践的な研究が行われている。

〈経営管理者職能の確立〉

企業が大規模化，複雑化すると，企業経営を効果的に行おうとすれば，経営管理に関する専門知識，経験，資質をもった経営管理者が不可欠になる。
　特に，「所有と経営の分離」によって，資本所有者である株主が経営に対して積極的に関与しなくなると，資本所有者である株主とは別の人格である経営管理者が制度としても必要になる。このように，一方では，「所有と経営の分離」の進展，他方では，経営管理に関する専門性の増大という2つの要因によって，現代の大企業では，専門的な経営管理者が必要不可欠である。
　専門的な経営管理者には，果たすべき役割が期待されている。この役割のことを経営管理者の職能という。

❷ 経営者支配

〈専門経営者〉

　経営管理者の職能が確立されるにつれ，その職能を社会的任務として遂行する専門経営者（professional manager）が生まれた。専門経営者の登場の経緯については，バーナム（Burnham, J.）[1941] の『経営者革命』に詳述されている。
　この専門経営者は，医師や弁護士などのプロフェッションと同様に，社会的な必要性を基盤としており，科学的な方法と経営管理技術を応用してその職務を遂行するテクノクラートの一種として位置づけることができる。
　もっとも，経営管理者に関する研究の歴史はまだ浅いので，医学や法学と比較すると，方法論や実証研究の蓄積が少なく，専門経営者をテクノクラートという場合，その意義については慎重に解釈すべきである。

〈経営管理スキル〉

　専門経営者がテクノクラートの一種であるためには，経営管理スキルの修得がその前提となる。すなわち，経営管理に関する科学的な方法と経営管理技術の蓄積およびその応用が欠かせない。
　有能な専門経営者を育成するためには，まず経営管理に関する原理的な知識を体系的に修得させる必要がある。
　従来，経営管理は「アート（技術）かサイエンス（科学）か」という論争が長く続けられてきた。今日では，自然科学をはじめとする多くの分野で，科学

と技術の境界が次第に曖昧になりつつあり，この「アートかサイエンスか」という議論の設定自体さして生産的ではないと思われる。

次に，専門経営者の養成を目的とした経営管理教育の方法は，①職務を離れて実施する理論的な講義による方法，②職務を遂行する過程で実施するOJT（オン・ザ・ジョブ・トレーニング）による方法の2つに大別することができる。最近では，世界的に有名なハーバード大学経営大学院のケース・メソッド（事例研究＝ケース・スタディを軸とした教育方法）にみられるように，知識と経験（擬似経験を含む）の双方を同時に修得するための工夫がこらされつつある。

〈経営者支配の進展〉

経営者支配とは，上でみた専門経営者が，経営管理に関する重要な意思決定に従事することによって，企業における支配的地位を実質的に確立する現象のことをいう。

企業が巨大化し，経営管理が高度化・複雑化する中で，所有に基づく支配はほとんど不可能になった。「事実として誰が支配しているのか」という問題意識に対する1つの回答が，バーナム［1941］の『経営者革命』に他ならない。

なぜ経営者支配という現象が発生するのであろうか。ここでは，①所有からの開放，②企業の社会的責任，③自己金融，の3つの観点から，経営者支配の背景について考察する。

第一に，大企業における専門経営者たる取締役は，法律的には株主総会において選出されるが，「所有と経営の分離」が進むと，専門経営者は委任状を収集することによって株主総会の多数を制し，自分の後継を自分で選出するなど，専門経営者が企業における実質的な支配力を獲得する。このように，大企業における専門経営者は，所有（資本）から開放され自立することが多くなり，経営者支配につながるのである。

第二に，企業の社会的責任は，上で考察したように，様々な利害関係者の利害調整に重点を置きつつ，企業を存続・発展させることが経営者の職能であるとすると，伝統的な営利目的と企業の社会的責任は，経営者支配のもとでは必ずしも矛盾するものではなくなる。むしろ，伝統的な営利目的と社会的責任を両立させるテクノクラートとして，専門経営者の職能がますます重要性を増す

ことになる。

　第三に，自己金融は内部金融とも呼ばれるように，企業がもっぱら企業内部で資金を調達することである。自己金融が増大すれば，経営者は資金の調達に関して外部からの干渉を受けることが減少する。株主や金融機関の干渉が減少することは，とりもなおさず経営者支配が強まることになる。

　上でみたように，近年では，ますます経営者支配が強まる傾向にある。その反面，経営者による企業犯罪などの企業不祥事が多発しており，大きな社会問題となっている。

❸ 経営管理と意思決定

〈意思決定のプロセス〉

　従来，経営者の職能を意思決定とみる見方は多い。例えば，ノーベル経済学賞受賞者サイモン（Simon,H.I.）は，意思決定（decision making）を経営管理の中核概念として位置づけた。ここで意思決定とは，行動に先立って，いくつかある代替案（alternatives）の中から１つを選択する一連のプロセスのことである。

　サイモン［1977］によれば，意思決定のプロセスは，図表1-7に示されるように[13]，①情報活動，②設計活動，③選択活動，④検討活動，の４つの活動によって構成される。

図表1-7　意思決定のプロセス

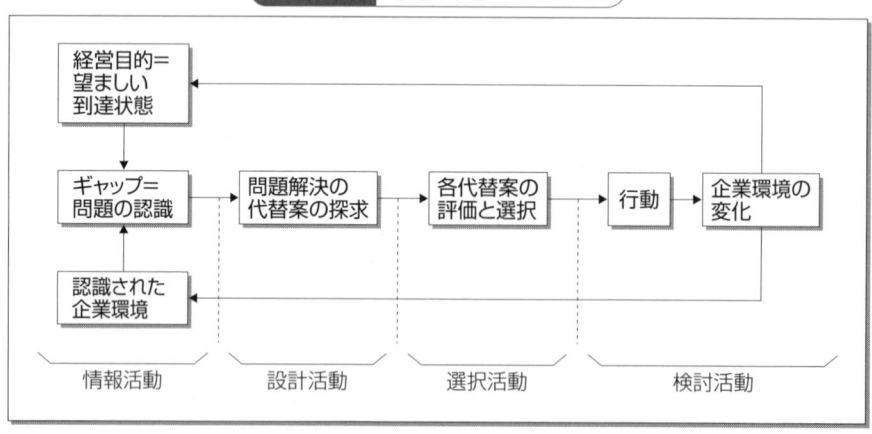

```
経営目的=
望ましい到達状態
    ↓
ギャップ=   →  問題解決の   →  各代替案の   →  行動  →  企業環境の
問題の認識      代替案の探求     評価と選択              変化
    ↑
認識された
企業環境

 情報活動        設計活動        選択活動        検討活動
```

（出所）　Simon,H.I.［1977］訳書55-56頁に基づいて筆者が作成。

① 情報活動：意思決定の対象となる問題を明確にする活動である。いわば問題を発見する活動といえよう。問題を発見しようとする場合，現状を肯定すると問題が見えなくなる。問題とは「望ましい状態と現実の環境認識のギャップ」のことであるので，問題を発見するには，一方で望ましい状態を想定し，他方で現実の環境を認識するという情報活動が欠かせない。
② 設計活動：問題を解決するために，実行可能と考えられる複数の代替的な問題解決策を探索する活動である。代替的な問題解決策には，通常，2つの種類の問題解決策が含まれる。1つは日常反復的（ルーチン）な問題に対する解決策で，もう1つは新規の問題に対する解決策である。前者に対する問題解決策は，あらかじめ複数の代替案が準備されていることが多いが，後者に対する問題解決策の策定には，より創造的で革新的な取組みを必要とする。
③ 選択活動：実行可能と思われる複数の代替的な問題解決策の中から，最適と思われる案を選択する活動である。選択活動で最も重要なことは，複数の代替的な問題解決策を実行に移した場合のそれぞれの効果を客観的に予測することである。効果を客観的に予測するには，経済性，技術性などを測定・評価するための評価基準をあらかじめ設定しておかなければならない。この評価基準の選択次第で，選択活動の良否が規定されることが多いので，評価基準の選択には十分に留意すべきである。
④ 検討活動：最適な問題解決策を実行に移した結果について，様々な観点から批判的に検討する活動である。もしも望ましい成果が得られないと判断されたならば，ただちに第一段階の情報活動に戻り，再び意思決定のプロセスが繰り返される。

〈意思決定の種類〉

　企業では，経営活動において実に多種多様な意思決定が行われている。一口に意思決定といっても，組織の階層によって，部門によって，取り扱う製品によって，対象とする市場によって，その内容は大きく異なっているのが現状である。したがって，意思決定の種類を分類する観点も多種多様である。
　アンゾフ（Ansoff,H.I.）[1965]は，上述した企業の意思決定を，経営資源の変換プロセスに対する意思決定の関与の違いによって，①戦略的意思決定，②管

理的意思決定，③業務的意思決定，の3つに分類している[14]。そして，問題，問題の性質，主たる決定事項，主たる特徴について要約している。

① 戦略的意思決定：主として企業と企業外部（環境）との関係にかかわる意思決定で，その中心は製品・市場の選択に関するものである。それに付随して，目標，多角化戦略，成長戦略などが決定される。
② 管理的意思決定：経営諸資源の組織化に関する意思決定で，その中心は組織機構，業務プロセス，資源調達などに関するものである。
③ 業務的意思決定：経営諸資源の変換プロセスの効率化に関する意思決定で，その中心はマーケティング，財務などの各機能別の業務活動目標や予算などである[15]。

アンゾフは，3つに分類された意思決定の種類の中で，戦略的意思決定を重視した。実際の企業行動における革新的側面と戦略的意思決定の関連性に着目したからである。戦略的意思決定の中でも，特に製品・市場戦略を重視した。そこで開発された成長ベクトルという概念は今も広く普及している。製品・市場戦略の内容および成長ベクトルについては，第2章および第4章の経営戦略の項において考察する。

戦略的意思決定が効果的なものであるためには，例えば，製品・市場戦略を実行するための組織機構，業務プロセス，資源調達など管理的意思決定の裏づけを必要とする。さらに，経営諸資源の変換プロセスの効率化に関する意思決定を中心とする業務的意思決定の裏づけが欠かせない。

〈意思決定の技法〉

意思決定は，取り扱う問題の構造によって，①定型的意思決定（programmed-decision），②非定型的意思決定（non-programmed decision），の2つに分けられる。

定型的意思決定は，常時反復して発生するような問題を対象とする意思決定であるので，問題の構造はすでに明確になっており，問題解決のルールと問題解決策があらかじめ準備されていることが多い。

これに対して，非定型的意思決定は，新たにその都度発生する問題を対象とする意思決定のことである。したがって，意思決定の対象である問題自体が新しく，問題の構造や意思決定のルールはまだ定まっていない。例えば，新産業

分野への進出，新事業の創出，戦略的業務提携の締結，非採算分野からの撤退などを対象とする意思決定などが非定型的意思決定の例である。非定型的意思決定を行う場合，情報が少なく，参考にすべき事例にも限度があり，しかも1回限りということが多い。

サイモン［1977］は，上でみた2つの意思決定の性質の違いを踏まえ，さらに意思決定の新旧によって，意思決定の技法を①伝統的意思決定，②現代的意思決定，③定型的意思決定，④非定型的意思決定，と4つの象限に分類している[16]。

5 コーポレート・ガバナンス

❶ 日本，米国，ドイツにおけるコーポレート・ガバナンス機構

近年，不正や不法などの企業犯罪をはじめとする企業不祥事が，一流企業を含めて多発している。経営者に直接的に起因するこのような企業不祥事の原因を調査すると，コーポレート・ガバナンス (corporate governance) に関する構造的な要因によるものが多い。

従来，コーポレート・ガバナンスの訳語として，「企業統治」「企業支配」「企業運営」など，様々な訳語があてられてきた。しかし，最近ではコーポレート・ガバナンスまたは企業統治に収斂されつつあるので，本書でもこれに従う。

まず，主として高橋俊夫編［1995］と寺本義也編［1997］に準拠して，日本，米国，ドイツの3国におけるコーポレート・ガバナンス機構について考察する。

〈日本企業のガバナンス機構〉

会社法が施行される前まで，日本の株式会社の機関は，図表1-8に示されるように[17]，三権分立の思想のもと，①意思決定機関としての株主総会，②執行機関としての取締役会および代表取締役，③監督機関としての監査役（会），の3つの機関によって構成されてきた。

① 株主総会

日本企業における株主は，企業の最高機関である株主総会において，取締役の任免権を有することから，企業の主権者として位置づけられてきた。すなわち，株主が出資に基づいて会社の業務に対する意思表明を行う最高意思決定機関としての機能が期待されてきた。株主の意思決定は，具体的には議決権の行使という形式がとられる。ところが，法の趣旨に反して，株主総会の形骸化が指摘されてすでに久しい。その形骸化の主な原因として，①株式の高度分散，②株式の相互持合い，の2点があげられる。

　株式の相互持合いも，株主総会の形骸化の大きな原因とされている。安定株主の確保という株式の相互持合いの目的からして，株式を保有する機関株主が株主総会で事を荒立てることはない。サイレント・パートナーといわれる所以である。このように，株主重視モデルが世界的な潮流になりつつある今日，株主総会の形骸化は由々しき問題といえよう。

② **取締役会**

　取締役会は，株主総会で選任された取締役全員によって構成される。取締役会は，三権分立思想のもと，業務執行（経営管理）に関する最高意思決定機関として位置づけられてきた。取締役会は，代表取締役を選任して業務執行にあ

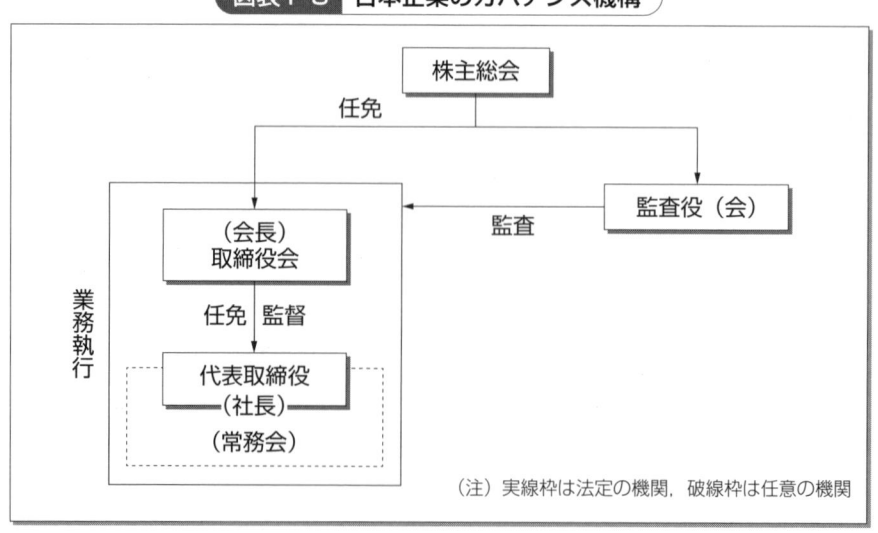

図表1-8　日本企業のガバナンス機構

（注）実線枠は法定の機関，破線枠は任意の機関

（出所）　寺本義也編［1997］33頁。

たらせるとともに，代表取締役の業務執行を監督する。取締役会の機能としては，①最高経営政策の決定，②最高経営執行責任者の選任，③業務執行の監督，などがあげられる。

この取締役会も上でみた株主総会と同様に，その形骸化が指摘されている。形骸化の主な原因として，①内部取締役による構成，②常務会の存在，の2点があげられる。

まず，わが国の株式会社の取締役会は，その大半が経営管理者（社長，副社長，専務，常務，部長など）を兼務する内部取締役によって構成されている。このことは，自分で執行した業務を自分で監督するということになり，取締役会の本来的な機能を果たすことはできない。また，副社長，専務，常務などの経営管理者を兼務している取締役は，代表取締役を兼ねる社長の部下という立場にあり，代表取締役を監視するという機能を果たしにくい。

次に，常務会の存在に起因する取締役会の形骸化について考察する。ここで常務会とは，社長を頂点とする常勤の上級取締役（社長，副社長，専務，常務など）によって構成される会議体のことである。常務会の名称は各社各様であり，統一された名称ではない。

例えば，経営会議，経営委員会などの名称を用いている企業も数多く見受けられる。常務会は頻繁に開催され，総合経営管理に関わる意思決定の大半が常務会でなされる。取締役会は頻度も少ないので，常務会での検討結果を事後に形式的に承認することになり，このことが取締役会の形骸化の原因の1つになっている。

しかし，取締役会が形骸化すると，外国人機関投資家の株主総会への出席，株主代表訴訟などに対応できなくなる。近年，多くの企業において，取締役会の活性化策が実施されはじめた。

③　監査役（会）

新会社法の施行の前まで，監査役（会）は，三権分立思想のもと，監督機関としてわが国の株式会社では必置の機関であった。監査役は株主総会において選任され，取締役の執行を監査する機能が期待されてきた。

監査役には，取締役会への出席権，意見陳述権，子会社調査権などが与えら

れ，商法改正とともにその権限は拡大してきた。

ところで，わが国の監査役に関する制度は，米国やドイツと比較すると，その性格が大きく異なっている。米国にはそもそも監査役（会）は存在しない。取締役会に設置される監査委員会が監査を担当する。すなわち，米国企業では，監査は取締役会の機能である。

ドイツの監査役会は，株主からの受託機能を担い，取締役会の全般管理機能とは完全に分離されている。ドイツの監査役会は，機構上取締役会の上位にあり，取締役会の業務執行の監督に加えて，取締役の任免権を有している。

わが国の監査役の制度には，様々な特徴があるものの，監査役の機能については，その形骸化が従来から指摘されてきた。現実に，不正，不法などの企業犯罪，企業不祥事が多発しており，これらの諸問題に対して監査役の機能が効果的に作用しているとは言い難い。その原因として，監査役制度自体の不備，監査役の資質上の問題，監査の技法に関する不備などがあげられる。

〈米国企業のガバナンス機構〉

米国の株式会社の機関は，図表1-9に示されるように[18]，株主総会および取締役会によって構成される。日本やドイツと異なり，監査役（会）をもたない

図表1-9　米国企業のガバナンス機構

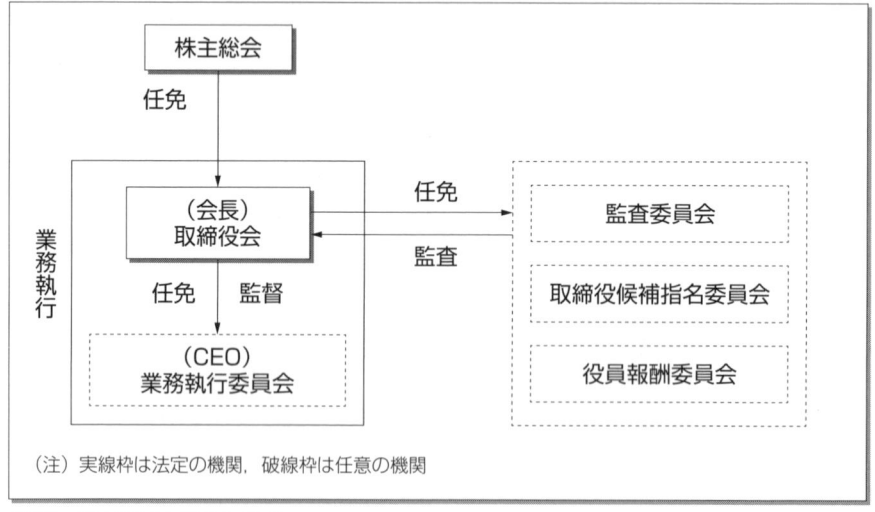

```
                    株主総会
                       │
                      任免
                       │
    ┌──────────────────┼──────────────┐     ┌─────────────────────┐
    │                  ▼         任免     │ ──▶ │     監査委員会       │
    │              （会長）                │ ◀── │                     │
 業務│              取締役会                │ 監査 └─────────────────────┘
 執行│                                      │     ┌─────────────────────┐
    │        任免       監督                │     │  取締役候補指名委員会 │
    │          │         │                  │     └─────────────────────┘
    │          ▼         │                  │     ┌─────────────────────┐
    │         （CEO）                        │     │    役員報酬委員会    │
    │        業務執行委員会                   │     └─────────────────────┘
    └────────────────────────────────────────┘
```

（注）実線枠は法定の機関，破線枠は任意の機関

（出所）　寺本義也編［1997］18頁。

米国企業では，業務執行に関するコントロール権限を取締役会に委ねており，法的にみると，取締役会による一元的なコーポレート・ガバナンスの構造となっている。

　米国企業の株主は，日本企業の株主と同様に，取締役の任免権を有するという意味で，コーポレート・ガバナンスの主権者として位置づけられている。米国では各州の会社法によって「会社事業の運営（企業経営）は取締役会により，または取締役会の指示の下になされるものとする」と定められており，日本の企業と同様に，取締役会に業務執行の権限が与えられている。しかし，特に大企業では，すべての日常業務を取締役会が執行することは困難である。

　このため取締役会は，その専決事項を留保した上で，取締役会の内部に下部機関として，①業務執行委員会，②監査委員会，③取締役候補指名委員会，④役員報酬委員会，などの委員会組織を設置して，各委員会に取締役会の権限を委譲するのが一般的である。これらの委員会は，社外取締役を中心に編成される。

　近年の米国企業では，コーポレート・ガバナンスに関して新たな動きがみられる。第一の動きとして，「行動する取締役会（board activism）」の増加をあげることができる。現実に，経営者に対する取締役会の監督が厳しくなり，一流企業の最高経営責任者（CEO）の解任，更迭が相次いでいる。このような動きを主導しているのは，公開企業の取締役会で約8割を占めるようになった社外取締役である。

　第二の動きとして，「もの言う株主（shareholder activism）」の増加をあげることができる。これは企業の主権者である株主の復権ということもできよう。特に，年金基金や投資信託会社といった機関投資家が，取締役会に対して積極的な影響力を行使するようになりつつある。

　現実に，公正で透明性の高い経営を実現するために，インベスターズ・リレーションズ（IR）の重視，企業情報の公開（デイスクロージャー）などの施策が積極的に展開されている。その結果，業績の向上という本来の目的に加えて，経営者の報酬抑制などの効果が生まれつつある。

　反面，株主の意向が重視され過ぎるために，株価の上昇・維持など短期的な

図表1-10 ドイツ企業のガバナンス機構

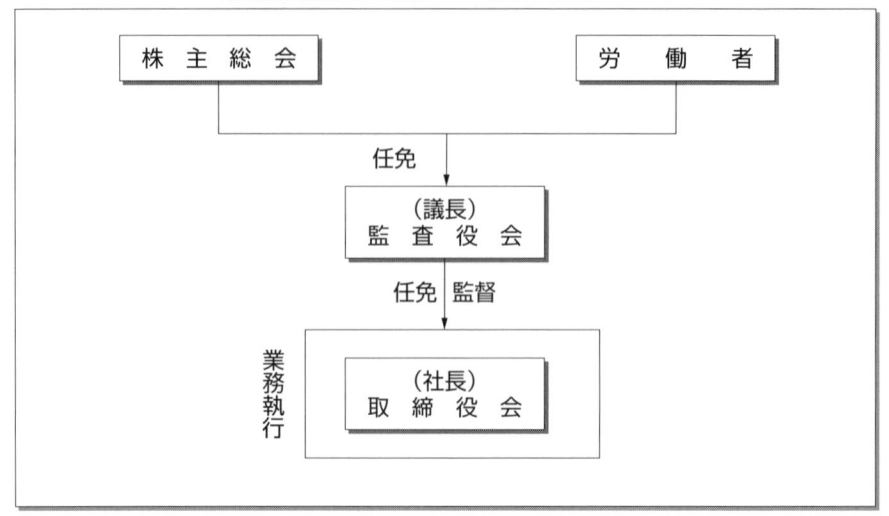

```
┌─────────────────────────────────────────────────┐
│   ┌─────────┐              ┌─────────┐          │
│   │ 株主総会 │              │ 労働者  │          │
│   └────┬────┘              └────┬────┘          │
│        │       任免              │               │
│        └───────────┬─────────────┘               │
│                    ▼                             │
│              ┌──────────┐                        │
│              │ (議長)   │                        │
│              │ 監査役会 │                        │
│              └────┬─────┘                        │
│              任免 │ 監督                         │
│  業            ▼                                 │
│  務       ┌──────────┐                           │
│  執       │ (社長)   │                           │
│  行       │ 取締役会 │                           │
│           └──────────┘                           │
└─────────────────────────────────────────────────┘
```

(出所) 寺本義也編〔1997〕26頁。

視野に基づく経営になりがちで，株主以外の利害関係者の利害が軽視されやすいケースが増大している。

〈ドイツ企業のガバナンス機構〉

　ドイツの株式会社の機関は，図表1-10に示されるように[19]，株主総会，監査役会，取締役会によって構成される。この中で，監督機関である監査役会と業務執行機関である取締役会がガバナンス機構として位置づけられる。

　ドイツ企業の株主総会は，監査役や会計監査人の選任，定款の変更，会社の解散などの権限を有するものの，日本企業や米国企業の株主総会と異なり，株式会社の最高機関として位置づけられていない。

　ドイツ企業で最高機関として位置づけられているのは監査役会であり，監査役会は，取締役の任免，取締役会に対する監督，年次決算書の確定など，様々な権限を有しており，取締役をコントロールする機能が期待されている。

　ドイツの監査役会には，「共同決定法」によって，労働者の経営参加が定められている。したがって，監査役会は，株主総会で選出される株主（資本）の代表および労働者によって選出される労働者の代表によって構成される。

　このように，法的には取締役会は監査役会の下に位置づけられているものの，

現実には，監査役会の業務執行に関する監査は，年2回程度しか実施されないために，監査役会のモニタリング機能が作動しないことが多い。近年，モニタリング機能の欠如による企業不祥事が増加しつつある。

❷ 株式会社における機関設計

上述したように，コーポレート・ガバナンスは，基本的に会社の機関によって行われる。わが国では近年，会社の機関が激変しつつある。すなわち，会社法における会社の必置機関は[20]，株主総会と取締役だけであり，それ以外の取締役会，代表取締役，監査役（監査役会），会計参与，会計監査人，執行役，代表執行役等は，いわばオプション仕様となり，設置は各会社に委ねられた。

公開会社においては，会社の機関として必ず取締役会を置かねばならない。また，取締役会を置く場合には，さらに代表取締役と監査役を置かなければならない。このように，委員会設置会社以外の公開会社においては，株主総会，取締役会，代表取締役，監査役が会社の機関となり，旧商法および旧商法特例法とほとんど変化はない。

このように，公開会社では，従来とほとんど変化がないものの，会社の機関設計は，原則はオプション仕様になり，極めて自由裁量の範囲が広くなった。

このことは，今後のコーポレート・ガバナンスにおいても，自由裁量の範囲が広くなることが容易に予測できる。公正で透明性の高い経営を確保し，効果的なコーポレート・ガバナンスを推進するためには，このような機関設計に関する創意工夫が欠かせない。

❸ 内部統制システム

効果的なコーポレート・ガバナンスを推進するためには，内部統制システムの確立が必要不可欠である。会社法は大会社に対して，内部統制システムの整備義務を課した。内部統制システムの目的は，①コンプライアンス（法令遵守），②財務報告の信頼性，③業務の効率化，の3つとされている[21]。

内部統制システムは，法的には大会社に対する整備義務にとどまるものの，企業に対する信頼性を確保し，企業不祥事を未然に防止するために，リスク管

理体制を確立するという意味でも必要不可欠のシステムといえよう。大会社以外でも，効果的かつ効率的な内部統制システムの導入が望まれる。

---

1) Williamson,O.E.［1975］は，市場（market）と階層組織（hierarchies）を，取引を行う機関として代替的な用具とした。例えば，訳書16頁を参照のこと。
2) Coase,R.［1937］は，Coase,R.［1988］の第2章に再録されている。資源配分の2つのルートとして，価格メカニズムによる資源配分，企業による資源配分の2つをあげた。
3) Chandler,A.D.Jr.［1977］は，例えば訳書4頁において，市場メカニズムの「見えざる手」と企業の経営管理者の「見える手」を対比している。
4) 岸川善光［2002］31頁。
5) 岸田雅雄［2006］50頁を筆者が一部修正。
6) リスクの定義については，武井勲［1987］，石名坂邦昭［1994］，武井勲［1998］で考察されている定義を参考にした。
7) 岸川善光［2006］3頁。
8) 岸川善光［2002］43頁。
9) 岸川善光［1999］16頁。
10) 森本三男［1994］318頁。
11) 同上書319頁。
12) 高橋俊夫編［1995］23頁。
13) Simon,H.I.［1977］訳書55-56頁に基づいて筆者が図表化した。
14) Ansoff,H.I.［1965］訳書6頁，または［1988］訳書4-8頁。
15) 同上書［1965］訳書6頁，または［1988］訳書12頁。
16) Simon,H.I.［1977］66頁。
17) 寺本義也編［1997］33頁。
18) 同上書18頁。
19) 同上書26頁。
20) 岸田雅雄［2006］221頁。
21) 牧野二郎＝亀松太郎［2006］126頁を筆者が一部修正。

第2章 経営管理論の生成と発展

本章では，経営管理論の生成・発展過程を下記の6つに分類し，経営管理論の生成・発展に関する「一定の法則性」を導き出す。
1. 古典的管理論……合理性の追求
2. 新古典的管理論……人間性の追求
3. 近代的管理論……システム性の追求
4. 適応的管理論……条件適応性の追求
5. 戦略的管理論……戦略性の追求
6. 社会的管理論……社会性の追求

第一に，古典的管理論について考察する。古典的管理論は，経営管理に関する経験，知識，技法を体系化し，経営管理における合理性を追求したことを理解する。

第二に，新古典的管理論について考察する。新古典的管理論は，古典的管理論のアンチテーゼとして，学際的な行動科学に基づいて，経営管理における人間性を追求したことについて理解を深める。

第三に，近代的管理論について考察する。近代的管理論は，古典的管理論と新古典的管理論のジンテーゼとして，組織を「意思決定のシステム」とみなし，経営管理におけるシステム性の追求を主眼としたことを理解する。

第四に，適応的管理論について考察する。適応的管理論は，条件が異なれば，有効な管理の方法も異なるという，経営管理における条件適応性を追求したことについて理解を深める。

第五に，戦略的管理論について考察する。戦略的管理論は，環境(条件)を取り込み，経営管理における戦略性を追求したことを理解する。

第六に，社会的管理論について考察する。社会的管理論は，「企業と社会」の関わり方の内，「企業⇒社会」の他に「社会⇒企業」という観点から社会性を追求していることを理解する。

1 古典的管理論

❶ 古典的管理論の概要

　経営管理論の出発点をどこに求めるかについて，研究者によって様々な見解があるものの，本書では，①テイラー（Taylor,F.W.），②フォード（Ford,H.），③ファヨール（Fayol,H.）の3人の学説を，経営管理論の出発点，すなわち古典的管理論の典型として取り上げる。

　古典的管理論が生まれる前は，経営管理は企業家の経験と主観に依存した因習的な方法や成行管理（drifting management）によって遂行されてきた。古典的管理論によって，経営管理に関する合理性が追求され，組織の構造や管理過程が考察の対象となった。

〈テイラー〉[1]

　テイラーは，「能率の父」「経営管理の父」，あるいは「経営学の父」などといわれている。また，創成期のコンサルタント・エンジニア（能率技師＝現在の経営コンサルタント）としても名高い。

　テイラーの学説を考えるとき，能率増進運動（efficiency movement）との関連を理解しておく必要がある。能率増進運動とは，19世紀末葉から米国産業界に広まった生産現場の能率向上を目指す一連の動きをいう。

　米国の産業革命は，英国の産業革命に遅れること約1世紀，19世紀中葉から鉄道網の拡大に伴って急速に進展した。当時の米国では，各産業分野において機械生産による大量生産体制が確立されつつあった。特に生産現場の能率向上を課題として，1880年に「米国機械技師協会（ASME）」が発足し，能率増進運動の推進母体となった。

　テイラーは，1901年以降は科学的管理の研究と普及に専念した。経営管理論の古典となった『差別出来高給制』（*A Piece Rate System*,1895），『工場管理』（*Shop*

Management,1903），『科学的管理の諸原理』（*The Principles of Scientific Management*,1911）の3冊の業績がある。

　テイラーが1903年に上梓した『工場管理』は，作業の管理に科学的な方法を導入した労作として知られている。テイラーは当時，労働者の組織的怠業とその対抗策として経営者が強行する賃率引下げの悪循環は，仕事の結果を客観的に測定できる尺度が欠如していることに起因すると診断した。この診断を踏まえて，仕事の結果を測定する尺度のことをテイラーは課業（task）と呼んだ。

　課業とは，「達成すべき公平な一日の仕事量」を意味する。この課業を確立するため，テイラーは，次の4つの課業管理の原則を提示した。

① 日々の高い課業：労働者は簡単には達成できないような課業を，毎日明確に示されなければならない。
② 標準的条件：課業の遂行にあたり，課業を確実に遂行し得るような標準的な諸条件と用具が与えられなければならない。
③ 成功に対する高い支払：働者が課業を達成した場合には，高い賃金が保証されなければならない。
④ 失敗の場合の損失：労働者が課業を達成できなかった場合には，労働者の損失としてのペナルティが課せられなければならない。

図表2-1　職能別職長組織

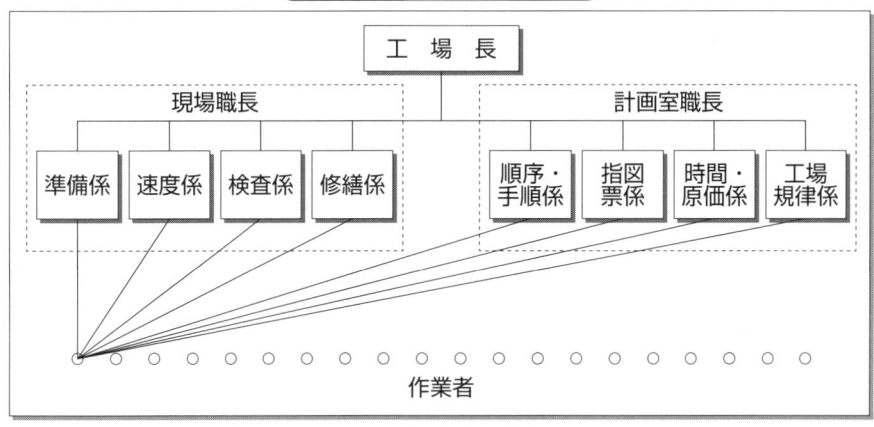

```
                    工 場 長
        ┌──────────┴──────────┐
      現場職長              計画室職長
   ┌──┬──┬──┐      ┌──┬──┬──┐
  準備 速度 検査 修繕    順序・ 指図 時間・ 工場
   係   係   係   係    手順係 票係 原価係 規律係
                    作業者
```

（出所）　Taylor,F.W.〔1903〕訳書122-125頁を筆者が要約し図表化。

さらに，課業は一流の工具でなければ達成できない程度に難しいものにすべきであると述べている。

テイラーは，上述した課業管理の原則を具現化するための施策として，職能別職長組織の採用を提唱した。テイラーの職能別職長組織とは，図表2-1に示されるように[2]，計画職能を担当する職長として，①順序・手順係，②指図票係，③時間・原価係，④工場規律係の4つに分け，現場監督職能を担当する職長として，①準備係，②速度係，③検査係，④修繕係の4つに分けた組織のことである。

計画職能を担当する4人の職長は，労働者の課業を設定し，さらに課業を達成するための手順，方法，用具，時間，原価，賃率などを事前に指図票等の書面で労働者に指示した。その課業を具体的に決定するために，工場内の労働者の作業を分析し作業要素に分解した。さらに，それらの要素作業を成し遂げるのに必要な時間を分析した。前者を作業研究といい，後者を時間研究という。

作業研究および時間研究は，現在でもIE (industrial engineering) の基本として，各産業分野に広く普及している。課業管理の第一原則である日々の高い課業および第二原則である標準的諸条件の2つがここで具体化される。

テイラーは，課業を客観的に設定することにより，労働者の組織的怠業などの問題を解決し，労働者には高い賃金を，経営者には低い労務費を両立しようとした。これを「高賃金・低労務費」の原則という。

さらに，テイラーは1911年に『科学的管理の諸原則』を発表した。ここでは，『工場管理』で展開した課業管理をより一般化して科学的管理と呼んだ。

そして，1912年に創立された「テイラー協会」を通じて，科学的管理は急速に普及した。テイラーの科学的管理に対して，様々な問題が指摘されているが，今日のわが国において，科学的管理の影響は多大なものがある。差別出来高給制度は，今日ではテイラーが提唱した形態とは異なるものの，目標設定時のインセンティブとして多用されている。職能別職長組織も，ライン・アンド・スタッフ組織として発展し，現代の組織の基本形態の1つとして存在する。

〈フォード〉[3]

第2章 経営管理論の生成と発展

フォードは，40歳の頃（1903年），フォード自動車会社を設立し，今日では自動車王として広く世間に知られている。そのフォードが当時の産業界に蓄積された様々な管理技術的な英知を結集したのがフォード・システムと呼ばれる生産管理システムである。フォード・システムは，フォーディズム（Fordism）と呼ばれるフォードの経営理念，経営思想を土台としているので，主著『フォード経営』（*Today and Tomorrow*,1926）に基づいて，まずフォーディズムについてみてみよう。

フォーディズムの最大の特徴は，「奉仕(サービス)主義」に基づく「高賃金・低価格」の実現を目指したことである。ここで奉仕(サービス)とは，一般大衆に対する奉仕(サービス)であり，「高賃金・低価格」とは，従業員に対する高賃金と一般大衆（顧客）に対する低価格の実現の両立を目指したものであることはいうまでもない。大衆市場を相手とする巨大企業に相応しい近代的な経営理念の出現といえよう。このフォーディズムを土台として，標準化と移動組立法（コンベア・システム）を2つの柱とするフォード・システムが構築された。

標準化の対象は，部品・工程・作業・機械・工具・工場など広範囲にわたり，専用化や専門化など標準化のための施策が実施された。その中でも，部品の規格化による互換性の確保が特に重視された。なぜならば，フォードが理想としていたのは「永遠に使える機械」の提供であったからである。

移動組立法は，作業の標準化を前提として，時間強制性を伴う移動組立ライン（moving assembly line）によって，作業能率を飛躍的に向上させることを目指したものである。

次に，フォード・システムの功罪について考察する。フォード・システムのメリットとして，大量生産システムの確立をあげることに異論はあるまい。実際に，有名なT型フォードによって，自動車の大衆化と労働者の生活向上は一部達成された。

他方，デメリットとして，過度の標準化を指摘することができる。例えば，1908年に発売されたT型フォードの色はすべて黒色であった。この時「黒色でさえあれば顧客がどんな色を注文しても応じます」という有名な発言が記録されている。このような過度の標準化は，フォードに挫折をもたらした。1920年

代になって，フォード社の業績は急速に傾いていった。一般大衆の所得の向上とともに，フォードが特別の好みをもたないと仮定した潜在顧客の95％が，堅牢第一のＴ型フォードに飽き足らず，他の車を求め始めたからである。

　また，移動組立法のもつ時間強制性は，労働者の思考や行動の自由を奪い，人間性の抑圧という深刻な問題を引き起こした。

〈ファヨール〉 4)

　ファヨールは，先述したテイラーと並び称されるフランスを代表する古典的管理論者である。フランスのコマントリ・フールシャンボール鉱山会社に入社後，技師，鉱業所長等を経て，1888年に社長に就任し，1918年にその地位を退くまでの30年間，経営者として経営の采配をふるった。また，1916年に経営者としての経験を踏まえて，主著『産業ならびに一般の管理』を刊行した。晩年は「管理学研究センター」を設立し，経営管理の研究と普及に注力した。

　ファヨールは，『産業ならびに一般の管理』において，事業内容の複雑性や事業規模の大小にかかわりなく，必ず遂行しなければならない機能を経営の本質的機能と規定し，次の６つをあげている。

① 　技術活動：生産，製造，加工
② 　商業活動：購買，販売，交換
③ 　財務活動：資本の調達，運用
④ 　保全活動：財産と従業員の保護
⑤ 　会計活動：財産目録，貸借対照表，原価，統計
⑥ 　管理活動：予測，組織，命令，調整，統制。

　これら６つの機能を事業目的に向かって統合する機能が経営であり，管理機能は，経営の６つの本質的機能の１つとして位置づけられている。このようにファヨールの管理論では，経営機能と管理機能が明確に区別されていることに特徴がある。

　ファヨールは，管理機能を①予測，②組織，③命令，④調整，⑤統制の５つの要素に分割した。この５つの要素が管理過程として管理過程学派に引き継がれた。

さらに，ファヨールは，管理の一般原則として，①分業，②権限・責任，③規律，④命令の一元化，⑤指揮の統一，⑥個人的利益の全体的利益への従属，⑦従業員の報酬，⑧集権化，⑨階層組織，⑩秩序，⑪公正，⑫従業員の安定，⑬創意，⑭従業員の団結，の14項目にわたる管理原則を提示した。

ファヨールは，管理過程を重視する管理過程学派の元祖として位置づけられている。管理過程学派は，正統派，伝統派，古典派など様々な名称がつけられており，今も経営管理論の主流の1つをなしている。

❷ 古典的管理論の特性

古典的管理論の特徴を整理するために，上述した古典的管理論の概要からキーワードを抽出してみよう。①テイラー（課業，標準化，職能別職長組織，作業研究，時間研究，差別出来高給制度），②フォード（標準化，時間強制性，大量生産システム），③ファヨール（経営機能と管理機能，管理過程，管理原則）などのキーワードを抽出すると，19世紀末葉から20世紀の初頭における経営管理上の問題解決を実現するために，経営管理に関する経験，知識，技法を体系化する際，合理性を強く意識していることが分かる。

すなわち，古典的管理論は，主として仕事の仕組みとしての組織の構造や管理過程に焦点をあて，その合理性を追求したことに最大の特徴がある。

2 新古典的管理論

❶ 新古典的管理論の概要

古典的管理論による合理性の追求によって，経営管理の水準は飛躍的に向上した。一方，合理化された仕事の仕組みによって人間性が抑圧されるなど様々な歪みが発生した。これを受けて，①メイヨー＝レスリスバーガー（Mayo,G.E.＝Roethlisberger,F.J.），②リッカート（Likert,R.），③マグレガー（McGregor,D.），④ハーズバーグ（Herzberg,F.），⑤マズロー（Maslow,A.H.）などの新古典的管理

論が台頭した。新古典的管理論は，人間の集団に焦点をあてることによって，新しい経営管理のあり方，組織のあり方を提唱することになった。

〈メイヨー＝レスリスバーガー〉 5)

　メイヨーとレスリスバーガーによる新しい経営管理論は，有名なホーソン実験（Hawthorne Research）から生まれた。ホーソン実験とは，米国の大手電話機製造会社，ウェスタン・エレクトリック社のホーソン工場において，ハーバード大学大学院教授であったメイヨーとレスリスバーガーを中心とする一連の実験（臨床的アプローチ）のことである。この実験は1927年から1932年にわたって行われ，ロックフェラー財団が財政的に支援した。

　ホーソン工場では，メイヨーらの指導を受ける以前に，作業環境と作業能率の相関を調べる実験を始めていた。具体的には，照明と作業能率との相関関係を調査する照明実験が2年半にわたって行われた。実験の結果，照明度に関係なく作業能率の向上がみられた。次いで，リレー（継電器）組立実験が行われた。この実験の目的は，作業能率と労働条件（賃金制度，休憩時間，軽食サービスなど）との相関を明らかにすることであった。

　メイヨーらは，リレー（継電器）組立実験のデータを分析した結果，作業者の態度や感情の重要性に着目した。こうしたホーソン実験によって，感情の論理の重要性や，インフォーマル組織の重要性が強調された。インフォーマル組織とは，仲間意識によって自然発生的に，無意識的に，非論理的に，下から発生する組織のことである。これは人間観の転換でもあった。すなわち，従来の合理的な「経済人」という人間観から，集団における人間関係および心理的満足を重視する「社会人」としての側面が重視されるようになったのである。

〈リッカート〉 6)

　新古典的管理論の重要なテーマの1つにリーダーシップ論がある。リーダーシップとは，集団の目的達成を促進することを目的として，組織構成員の行動に影響を与えるリーダーの能力のことである。この領域で顕著な業績をあげた研究者としてリッカートがあげられる。

リッカートは，ミシガン大学社会システム研究所の所長として，同研究所の実証的調査研究を指導するかたわら，統計調査的方法や集団実験的方法を駆使して，独自のリーダーシップ論を展開した。彼の所論は，『経営の行動科学』(*New Patterns of Management*, 1961)，『組織の行動科学』(*The Human Organization*, 1967) の2冊の主著で知ることができる。

　リッカートは，多くの実証的調査研究を通じて，仕事，給与，待遇などの満足度と生産性の高低とは直接に結びつかず，むしろ生産性の高低は管理システムの形態と相関があることを立証した。ちなみに，リッカートは管理システムの形態を，①リーダーシップ，②動機づけ，③コミュニケーション，④相互作用の影響力，⑤意思決定の過程，⑥目標の設定，⑦統制，の7つの変数によって測定し，下記の4つに分類した。

① 　システム1：独善的権威主義システム
② 　システム2：温情的権威主義システム
③ 　システム3：相談システム
④ 　システム4：参加的システム

　リッカートはこの分類で，業績の低い組織をシステム1とし，最も望ましい管理システムをシステム4と定義した。そして，システム4の参加的システムには，次の3つの原則が必要不可欠であると述べている。

① 　支持的原則：上司は部下が部分の経歴，価値，欲求，期待などに関連して，組織のあらゆる相互関係，人間関係の中で自分が支持されているという実感をもたせるようなリーダーシップをとらねばならない。
② 　集団的意思決定の原則：高い業績を上げるためには，全体と個，さらに集団間のコミュニケーションと相互作用が不可欠であり，高い業績を上げようという雰囲気を醸成し，迅速な意思決定と実施が重要である。
③ 　高い業績目標の原則：組織構成員は，雇用，昇進など多様な欲求をもっている。これらの欲求は経済的に成功しなければ満たすことができない。経済的成功は高い業績目標をもってはじめて実現できる。

〈マグレガー〉[7]

マグレガーは，ハーバード大学で博士号（心理学）を取得し，MIT経営学部教授，スローンスクール教授として活躍した。主著は『新版・企業の人間的側面』（*The Human Side of Enterprise*, 1960）である。

　マグレガーはこの著書において，Ｘ理論―Ｙ理論と呼ばれる所論を展開した。Ｘ理論というのは，伝統的な古典的管理論・組織論が前提としている人間観をさす。他方，Ｙ理論はＸ理論と対極にある人間観をいう。

　マグレガーによれば，Ｘ理論では，人間の性質や行動について，次のような人間仮説をもっているという。

① 人間は，生来仕事が嫌いである。
② 大抵の人間は，強制されたり，統制されたり，命令されたり，処罰する脅されたりしなければ，企業目標の達成に向けて十分な力を出さない。
③ 普通の人間は，命令されることが好きで，責任を回避したがり，あまり心をもたず，安全であることを選ぶ。

　それに対して，マグレガーがＸ理論と対極にあるとしたＹ理論の人間仮説は次のとおりである。

① 仕事で心身を使うのは人間の本性であり，これは遊びや休憩のときと同である。普通の人間は生来仕事が嫌いではない。
② 外から統制したり，脅したりすることだけが，企業目標達成に向けて努力させる手段ではない。人は自分で進んで身を委ねた目標のためには，自分にムチうって働くものである。
③ 献身的に目標達成に尽くすかどうかは，それを達成して得る報酬次第である。
⑤ 普通の人間は，条件次第では責任を引き受けるばかりか，自ら進んで責任をとろうとする。
⑥ 企業内の問題を解決しようと比較的高度の想像力を駆使し，創意工夫をこらす能力は，大抵の人に備わっている。
⑦ 現代の企業においては，日常，従業員の知的能力はほんの一部しか生かされていない。

　マグレガーのＸ理論―Ｙ理論に基づいた管理論は，目標による管理（management by objectives）やスキャンロン・プランによる経営参加制度などがあげられる。目標による管理は，今日のわが国の企業で広く普及している。

〈ハーズバーグ〉[8]

新古典的管理論の重要なテーマの1つに動機づけ（モティベーション）の問題がある。ここで動機づけとは，組織構成員の仕事に対する意欲を高めることである。すなわち，自ら積極的にしかも責任をもって仕事をする意欲を起こさせることをいう。この領域で顕著な業績をあげた研究者としてハーズバーグがあげられる。ハーズバーグの所論は，その主著『仕事と人間性』（Work and the Nature of Man, 1966）で知ることができる。

ハーズバーグは，図表2-2に示されるように[9]，1950年代に米国のピッツバーグで，約200人の会計士と技術者を対象として，職務に関する満足要因と不

図表2-2　満足要因と不満要因

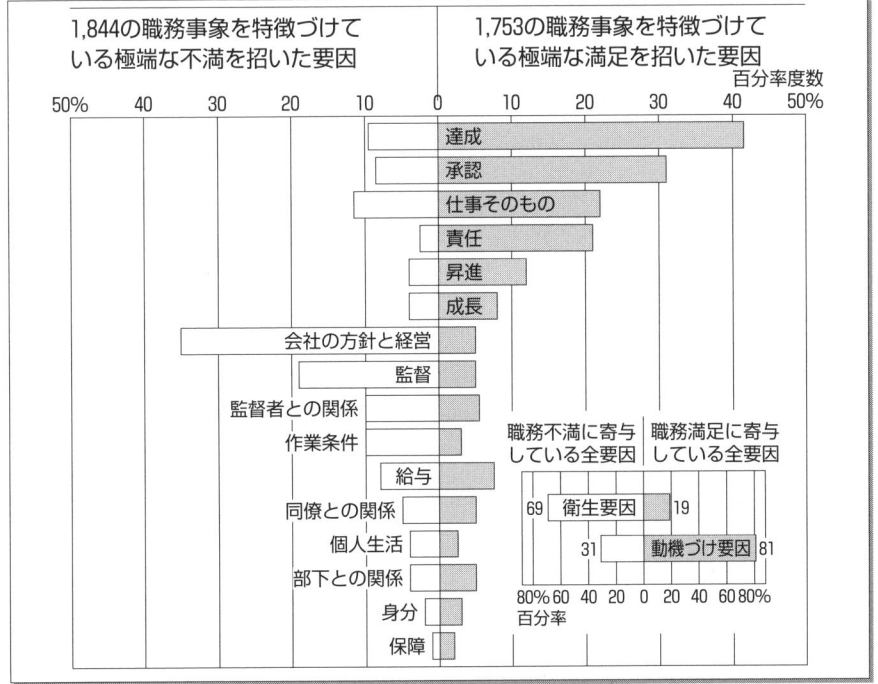

不満要因（%）	要因	満足要因（%）
	達成	～41
	承認	～33
	仕事そのもの	～26
	責任	～23
	昇進	～20
	成長	～17
31	会社の方針と経営	
20	監督	
15	監督者との関係	
12	作業条件	
17	給与	5
10	同僚との関係	
8	個人生活	
7	部下との関係	
6	身分	
4	保障	

職務不満に寄与している全要因：衛生要因 69／動機づけ要因 31
職務満足に寄与している全要因：衛生要因 19／動機づけ要因 81

（出所）　Herzberg, F.〔1987〕p.112.

満要因に関する実証研究を行った。この実証研究の結果，職務の満足要因となるのは，①仕事の達成感，②業績の承認，③仕事そのもの，④責任の度合，⑤昇進などであり，逆に，不満要因となるのは，①会社の経営方針，②監督方式，③給与水準などであることが判明した。彼は，職務の満足要因を「動機づけ要因」と呼び，不満要因を「衛生要因」と呼んだ。

これだけであれば，ハーズバーグの主張は単なる調査研究の域を出ない。ハーズバークの功績は，上述した「動機づけ要因」と「衛生要因」が全く異なる種類のものであることを発見したことである。ハーズバーグによれば，仕事の内容のみが仕事への動機づけを誘発することから，これを「動機づけ要因」と呼んだ。仕事の環境は，せいぜい不満の発生を防止するという予防衛生的な役割しかもたないので「衛生要因」と名付けた。

それまでの常識としては，満足と不満は同一次元での充足と欠如にあると思われていたので，「動機づけ要因」と「衛生要因」が全く別ものであるという発見は大きな衝撃を与えた。

〈マズロー〉[10]

新古典的管理論の最後に，人間関係と動機づけとの関係について１つの手がかりを示したマズローの欲求５段階説について考察する。マズローの所論は，その主著である『人間性の心理学』（*Motivation and Personality*,1970）で知ることができる。

マズローの欲求５段階説とは，図表2-3に示されるように[11]，人間の欲求の階層を５つに分類したものである。彼の分類では，欲求の階層は低次のものから高次のものへと，次の５つによって構成される。
① 生理的欲求（physiological needs）：食欲，性欲など人間の生存にかかわる本能的な欲求。
② 安全欲求（safety needs）：不安や危険を回避したいという欲求。
③ 社会的欲求（social needs）：何らかの集団に所属し，他人と愛情を交換しあいたいという所属と愛の欲求。
④ 自尊欲求（esteem needs）：自尊心を満足させたいという欲求。

図表2-3 マズローの欲求5段階説

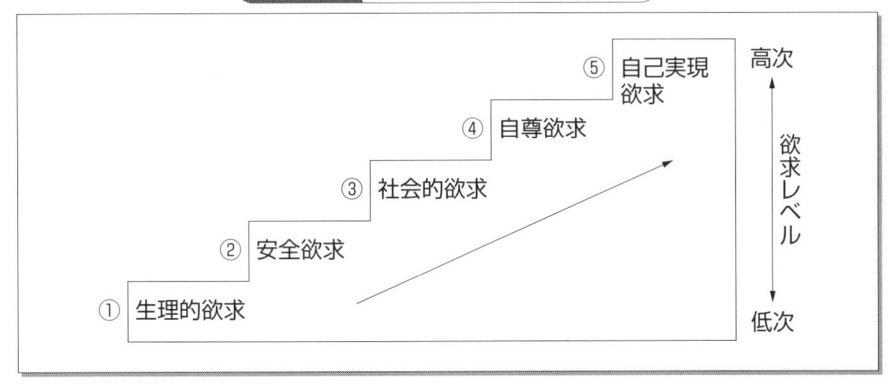

```
⑤ 自己実現欲求        ↑ 高次
④ 自尊欲求            欲求レベル
③ 社会的欲求
② 安全欲求
① 生理的欲求          ↓ 低次
```

(出所) Maslow,A.H. 〔1970〕訳書56-72頁に基づいて筆者が図表化。

⑤ 自己実現欲求 (self-actualization needs)：自分がもっている潜在的な能力を実現したいという欲求。

マズローは，5段階の欲求の内，①～③を「欠乏欲求」，④～⑤を「成長欲求」と名づけている。そしてこの両者の間には質的な違いがあるという。すなわち，欠乏欲求は他から与えられるものによって欲求の充足が行われるが，成長欲求は自己の内側から湧き上がってくるものによって充足される。

❷ 新古典的管理論の特性

以上，新古典的管理論として，①メイヨー＝レスリスバーガー，②リッカート，③マグレガー，④ハーズバーグ，⑤マズロー，の所論について概観した。新古典的管理論は，心理学，社会心理学を基礎とした学際的な行動科学に基づいて，人間行動の研究，人間性の追求を重視した学派として位置づけることができる。

古典的管理論は，合理性の追求を第一義として，業務遂行の機構とその機構を作動させる管理過程を中心に考察したが，新古典的管理論では，合理性の追求の反動もあり，業務を遂行する人間主体の側面が重要な研究対象となった。

新古典的管理論は，人間の行動を理解し，組織の目的に結びつけるための条件設定を重視したため，人間関係，動機づけ，リーダーシップ，訓練，コミュニケーションなどについて，管理者に対して実践上役立つ多くの提言を行って

いる。今も多くの企業で，職務充実，職務拡大，目標管理，自主管理，小集団活動，QCサークルなど新古典的管理論に基づく多くの施策が広く普及している。

3 近代的管理論

❶ 近代的管理論の概要

　現実の企業は，古典的管理論で強調された仕事のための合理的機構としての側面と，新古典的管理論で強調された仕事を行う人間主体としての側面をもつ複雑な統一体である。

　したがって，合理性の追求をテーゼ，人間性の追求をアンチテーゼ，システム性の追求をジンテーゼとして，統合理論が要請されることはごく自然の成り行きといえる。近代的管理論は，上述した古典的管理論と新古典的管理論の統合理論として，近代的な経営管理論への道を切り開いた。

　近代的管理論は，組織を「意思決定（decision making）のシステム」とみなす理論である。ここでは，①バーナード（Barnard,C.I.），②サイモン（Simon,H.A.），③サイアート＝マーチ（Cyert,R.M.＝March,J.G.），の学説について概観する。

〈バーナード〉[12]

　バーナードは，1909年にアメリカ電信電話会社（AT&T）に入社し，1927年から20年間，AT&Tの関連会社の1つであるニュージャージー・ベル電話会社の社長の職にあった。

　バーナードの主著『経営者の役割』（*The Functions of the Executive*,1938）は，経営者としての体験と思索を凝縮したもので，経営管理論および経営組織論の発展に「バーナード革命」といわれるほど多大なインパクトを与えた。

　バーナードの理論は，従来の理論と比較すると，組織のメカニズムを解明する理論として決定的に優れていた。『経営者の役割』は極めて難解ではあるものの，組織の理論とそれに基づく経営者の役割が明らかにされている。

第2章 経営管理論の生成と発展

　バーナード理論の長所の中でも、①組織観、②人間観、③「有効性」と「能率」の区分の3点は、それまでの理論では存在しなかった画期的なものであるといえよう。

　バーナードは組織を理論的に説明するために、「協働システム（cooperative system）」という概念を導入した。バーナードのいう組織（公式組織）は極めて抽象化されており、「組織とは、2人またはそれ以上の人々の意識的に調整された活動や諸力のシステムである」と定義された。

　そして、この公式組織には、次の3つの基本的要素が不可欠とされた。

① 共通目的（a common purpose）：組織構成員の努力が自発的に相互に調整され、全体として統合されるためには、共通目的が明確に組織構成員に理解されていなければならない。

② 協働意欲（willingness to co-operate）：組織構成員が自発的に組織目的を受け入れて、その目的を達成するためには、協働意欲が不可欠である。

③ コミュニケーション（communication）：コミュニケーションとは、共通目的と協働意欲を結合し統合するものである。組織構成員に組織目的の内容を正しく伝達することによって、すべての組織構成員にその内容を支持してもらわなければならない。

　この3つの基本的要素をもつ最小規模のものを「単位組織」と呼ぶ。組織が成長するには、そこに第二の組織が加えられなければならないので、その結果、組織は必然的に2つの組織の複合体、すなわち「複合組織」にならざるを得ない。このようにバーナードの組織観は、システム論的組織観の性格を色濃くもっている。

　バーナードの人間観は、古典的管理論の人間観である「経済人」仮説、新古典的管理論の人間観である「社会人」仮説とは大きく異なる。

　バーナードによれば、人間は物的、生物的、社会的な存在であり、各種の制約から逃れられない存在である。一方、その合理性には制約があるものの、自由意思をもち、様々な動機に基づいて自己の行動を選択する主体的な存在でもある。

　バーナードは、組織の目的の達成度のことを「有効性」と定義し、個人の動

機の満足度のことを「能率」と定義した。バーナードの「有効性」と「能率」という新たな概念は，組織の目的と個人の動機は，対立し得るものであると同時に統合し得るものであることを提示したかったからである。すなわち，合理性によって得られる「有効性」と，人間性によって規定される「能率」を踏まえた統合理論としての特性がここでもみられる。

〈サイモン〉[13]

　サイモンの研究分野は，経営管理論，心理学，コンピュータ科学など広範囲にわたっている。1978年には，組織内部の意思決定過程に関する先駆的研究によってノーベル経済学賞を受賞した。サイモンの主著は，『経営行動』(Administrative Behavior, 1947/1976)，『新版システムの科学』(The Science of the Artificial, 1969/1981)，『意思決定の科学』(The New Science of Management Decision, Revised ed., 1977) の3冊，さらにマーチとの共著『オーガニゼーションズ』(Organizations, 1958) である。

　サイモンは『経営行動』において，組織における人間行動の分析を踏まえて経営行動を分析するという分析手法を採用した。サイモンの分析の基本的な特質は，人間行動が行為そのものとしてではなく，行為に先立ってなされる選択すなわち意思決定の過程として把握されている点にある。このように，サイモンの管理論は，管理と組織が意思決定の観点から一貫して分析されていることに最大の特徴がある。

　サイモンの理論は，管理論・組織論において，多くの論点を提示しているが，その中から，①意思決定プロセス，②意思決定の前提，③人間観，④組織均衡，の4点について概観する。

　第一に，先述したように，意思決定とは，行動に先立って，いくつかある代替案の中から一つを選択する一連のプロセスのことである。

　サイモンの意思決定プロセスは，①情報活動，②設計活動，③選択活動，④検討活動，の4つのプロセスによって構成される。

　第二に，意思決定の前提は，上でみた意思決定プロセスのいわば出発点である。サイモンは，意思決定の前提を，価値前提と事実前提に分解した。価値前

提とは目的を意味し，事実前提とは手段を意味する。

また，サイモンのいう「客観的合理性」を満たすためには，①すべての可能な代替的行動の列挙，②これらの代替的行動の結果の予測，③価値体系に基づく行動の結果の評価，の3点が不可欠である。しかし，現実にはこの3点を満たすことはできない。つまり，「制約された合理性」というサイモンの命題はここから生まれた。

第三に，サイモンは，上でみたように「制約された合理性」しか達成し得ない現実の人間を「経営人（管理人）」と呼び，古典的管理論において客観的合理性を達成し得るとした「経済人」と区別した。サイモンはこの「経営人（管理人）」を前提として意思決定のシステムの議論を展開したのである。

第四に，サイモン理論において，組織均衡の概念は，個人と組織をつなぐ重要な鍵概念である。組織均衡とは，組織が組織構成員に提供する「誘因」と，組織構成員の組織に対する「貢献」との均衡のことである。組織の存続・発展のためには，組織が組織構成員に提供する「誘因」の質量が，組織構成員の組織に対する「貢献」の質量を，効用関数において上回らなければならない。

組織には様々な組織構成員が存在する。どの組織構成員も個人の目的を達成するために組織に参加する。したがって，組織目的は個人目的が直接的あるいは間接的に反映されるはずである。

サイモンが組織における人間行動の分析を踏まえて，経営行動を分析するという分析手法を採用した理由がここにある。

〈サイアート＝マーチ〉[14]

サイアート＝マーチの『企業の行動理論』（*A Behavioral Theory of the Firm*,1963）は，企業理論と組織論の統合の試みとして高く評価されている。また，『企業の行動理論』は，バーナード＝サイモン理論の展開としても高く評価されている。サイアートとマーチは，上述したサイモンと同様に，カーネギー・メロン大学に所属したので，カーネギー学派と呼ばれることがある。

サイアート＝マーチ組織における意思決定プロセスを解明するために，①組織目的の理論，②組織期待の理論，③組織選択の理論，④組織統制の理論，の

4つの下位概念が展開された。また，これらの下位概念を展開する過程で，サイアート＝マーチの企業の意思決定論の中核概念として，①コンフリクトの準解決，②不確実性の回避，③問題解決策の探索，④組織の学習，の4つの概念が開発された。

サイアート＝マーチは，従来の企業理論にみられる企業者個人の意思決定ではなく，組織の意思決定として分析することによって，現実の企業の行動を記述した。分析に際しては，コンピュータによるシミュレーション・モデルが用いられた。当時この分野で，現実のデータを用いてモデル（理論）の有効性を検証する方法論を開発したことは特質に値する。

❷ 近代的管理論の特性

近代的管理論は，一時期，経営管理論の主流を占めた。現代においても，組織を「意思決定のシステム」とみなし，システム性を追求することの意義はいささかも薄れていない。

近代的管理論は，行動科学的フレームワークを用いる点では，新古典的管理論と共通している。しかし，中心的な認識対象は，作業でも人間集団でもなく組織の意思決定である。組織が行動するのは擬制に過ぎないので，現実には組織行動は「組織のなかの人間の行動」なのである。近代的管理論のアプローチは，技術論ではなくて，組織の本質や性格に関して記述的分析を行うことに特徴がある。

組織を「意思決定のシステム」とみなし，システム性を追求したので，①意思決定のプロセス，②意思決定の種類，③意思決定の技法など，意思決定に関する分野における知識の一般化・体系化が進展した。

4 適応的管理論

❶ 適応的管理論の概要

第2章 経営管理論の生成と発展

　経営管理論の発展の経緯は，図式的かつ弁証法的にいえば，古典的管理論（合理性の追求）をテーゼ，新古典的管理論（人間性の追求）をアンチテーゼ，近代的管理論（システム性の追求）をジンテーゼとして位置づけることができる。
　一般的にどの研究分野においても，理論がより洗練化され精緻化されるにしたがって，一般性や普遍性よりも，条件性や相対性が強調される傾向がある。経営管理論にもこのことはあてはまる。
　今日の経営管理論において，企業と環境との関係は，理論的にも現実的にも極めて重要な課題である。ここでは，①バーンズ＝ストーカー（Burns,T.＝Stalker,G.M.），②ウッドワード（Woodward,J.），③ローレンス＝ローシュ（Lawrence,P.R.＝Lorsch,J.W.），の所論について概観する。

〈バーンズ＝ストーカー〉[15]

　バーンズ＝ストーカーは，伝統的産業からエレクトロニクス分野に進出したスコットランドの企業20社の事例研究を行った。事例研究の目的は，環境（特に，技術と市場）の変化とそれに対応するための企業の管理システムとの関係を明らかにすることである。事例研究の成果は，主著 *The Management of Innovation*,2nd ed.［1968］によって知ることができる。
　バーンズ＝ストーカーは，この事例研究を通じて，「機械的システム」と「有機的システム」という概念を開発した。
　「機械的システム」の主な特性は，①職務の専門化，②権限・責任の明確な規定，③組織の階層化，④テクニカル・スキルの重視，⑤上司および組織に対する忠誠心などであり，「機械的システム」は，ウェーバー（Weber,M.）の官僚制組織モデルに極めて近似しているといえよう。
　他方，「有機的システム」の主な特性としては，①職務の融通化，②相互作用による調整，③ネットワーク型の構造，④環境対応のためのスキル，⑤組織の成長に対する貢献，などがあげられる。
　事例研究の結果，「機械的システム」は安定的な環境条件に適しており，「有機的システム」は環境の不確実性が高まったときに有効性を発揮することが判明した。問題は，環境の不確実性が高まったときに，「機械的システム」を「有

機的システム」に適切に移行させることができるかということである。事例研究では，組織内の権力闘争など様々な要因によって逆機能が発生するので,「機械的システム」から「有機的システム」への移行は困難であることが述べられている。

〈ウッドワード〉[16]

　ウッドワードは，女性として歴代2人目のロンドン大学教授に就任した。主著として,『新しい企業組織』（*Industrial Organization : Theory and Practice*, 1965）と『技術と組織行動』（*Industrial Organization : Behavior*,1970）の2冊がある。

　ウッドワードは，サウス・エセックス研究（英国製造業200社の実証研究:1953-1963）の主導者として知られている。ウッドワードの関心は，組織と技術との関係を明らかにすることであった。ここでいう技術とは，生産技術のことであり，製造方法と製造プロセスを含んでいる。

　ウッドワードは，技術を，1）単品・小バッチ（例えば，注文服，電子工学設備），2）大バッチ・大量（例えば，自動車，鉄鋼），3）装置（例えば，石油，化学）の3つに分類し，それらの技術と組織構造の関係を調査した結果，次のことを発見した。

① 技術と組織構造の関係は，技術が複雑になる（単品・小バッチから装置へ移行すること）につれて，責任権限の階層，経営管理者の統制範囲，管理監督者比率，スタッフ比率のいずれも増大する。
② しかし，技術尺度の両極端（単品・小バッチと装置のこと）では，バーンズ＝ストーカーのいう「有機的システム」が支配的である。
③ 中間領域（大バッチ・大量）では，「機械的システム」が支配的である。
④ 業績の高い企業ほど，技術カテゴリーの中間値または平均値に近い。これは技術と業績との適切な相関を設定できることを示唆している。

　サウス・エセックス研究の結果,「技術が組織構造を規定する」という命題を生み出した。これは具体的には，採用する生産技術の複雑性が異なれば，それに応じて有効な組織化の方法も異なるということに他ならない。

〈ローレンス＝ローシュ〉[17]

　ローレンス＝ローシュは，共にハーバード大学経営大学院の教授で，条件適応理論（コンティンジェンシー・セオリー）の概念を提唱した。彼らの主著は『組織の条件適応理論』（*Organization and Environment : Managing Differentiation and Integuration*,1967）である。

　ローレンス＝ローシュ［1967］は，組織を「環境に対して計画的に対処できるように，個々のメンバーが様々な活動を調整し合っている状態」と定義した。この定義は，組織はオープン・システムであり，メンバーの活動は相互に関連し合っているという彼らの認識に基づいている。

　その上で，ローレンス＝ローシュ［1967］は，組織の分化と統合のパターンと環境との関係に着目した。彼らがいう分化とは，「異なる職能部門の管理者の認知的・感情的志向の相違」であり，分化の程度は，①目標志向性，②時間志向性，③対人志向性，④構造の公式性という4つの次元で把握される。統合とは，「部門間の協力状態の質」であり，統合の程度は，①統合のパターン，②統合の手段，③コンフリクト解消の型，という3つの次元で把握される。

　他方，環境の不確実性は，①情報の不確実性，②因果関係の不確実性，③フィードバックの時間幅，で定義される。

　実証研究の結果，組織―環境関係の仮説として，①環境が安定するほど組織の構造は安定する。②組織の構成員は，環境に適応する目標を発展させる。③組織の業績は，環境の要求する分化と統合を同時に達成することと関係がある。という3点を指摘した。

　具体的には，安定した環境に対応している組織は，分化と統合を達成するために官僚制構造をとり，不安定な環境に適合的に対応している組織は，有機的形態を採用することによって，分化と統合の同時極大化を図っていたのである。

❷ 適応的管理論の特性

　上述したように，適応的管理論は，①環境とは何か，②環境をいかに認識し，いかに対応するか，ということに焦点をあわせた理論である。そこでは，条件

適応性がひたすら追求される。

適応的管理論では，不確実性など企業の内外を問わず与件とされている何物かを環境という。例えば，適応的管理論の1つの分野として台頭しつつある「組織間関係論」では，企業を取り巻く他組織を主たる環境要因としている。

適応的管理論では，あらゆる条件に普遍的に妥当する唯一最善の管理の方法や組織の存在を否定し，条件が異なれば有効な管理の方法や組織化の方法も異なるという前提のもとで，特定の条件ごとに，有効な管理の方法，有効な組織化の方法を，実証的に追求することに最大の特徴がある。

5 戦略的管理論

❶ 戦略的管理論の概要

上でみたように，適応的管理論は，環境（条件）というものの存在を明示的に研究テーマとして取り込むことによって，経営管理論の領域を拡大した。この環境という概念を不確実性や他組織に限定せず，広く企業活動を促進しあるいは制約する外的要因と解釈し，外的要因とのかかわりの中で企業の将来の発展の方向を構築することを重視するのが戦略的管理論である。

ここでは，①チャンドラー（Chandler,A.D.Jr.），②アンゾフ（Ansoff,H.I.），③スタイナー（Steiner,G.A.），④ポーター（Porter,M.E.）の4人の所論について概観する。

〈チャンドラー〉[18]

チャンドラーは，名門デュポン一族の1人であり，ハーバード大学の大学院教授として活躍した。米国経営史学会の第一人者としても有名である。チャンドラーの主著は，『経営戦略と組織』（Strategy and Structure,1962）である。他にも，『経営者の時代』（The Visible Hand,1977）など多くの著作がある。チャンドラーは，環境の変化に創造的に対応した企業の経営戦略と組織構造との関係を，

比較研究を通じて実証的に研究した。

『経営戦略と組織』は，大企業4社の事例（デュポン，GM，スタンダード・オイル，シアーズ・ローバック）を中心として，職能部門制組織から「近代的分権制」組織としての事業部制組織への移行過程をまとめたものである。そこでは，デュポンの製品多角化による事業部制組織の成立，GMの市場細分化による複数事業部制組織の導入と総合本社の創設，スタンダード・オイルの地域別事業部制の導入，シアーズ・ローバックの地域別事業部制の失敗について，克明な比較研究がなされている。

チャンドラーは，この4社の比較分析に基づいて「組織構造は戦略に従う（structure follows strategy）」という有名な命題を提唱した。この命題は，具体的には，企業は環境変化に対応するために新しい成長戦略（量的拡大，地理的分散，垂直的統合，多角化など）を採用する際，成長戦略の違いによって必要とされる組織構造が異なるという比較分析がその裏づけとなっている。

〈アンゾフ〉[19]

アンゾフは，ランド・コーポレーション，ロッキード・エレクトロニクス副社長を経て，1963年にカーネギー・メロン大学の教授に就任した。その後，バンダービルト大学経営大学院教授として独自の経営計画論を展開するかたわら，シェル石油，GE，IBMなど多くの企業で経営コンサルティングにも従事した。アンゾフの主著は，『企業戦略論』（*Corporate Strategy*,1965）と『最新・戦略経営』（*The New Corporate Strategy*,1988）の2冊である。

アンゾフ［1965］は，意思決定の種類を，①戦略的意思決定（製品・市場の選択，多角化戦略，成長戦略など，企業と環境との関係にかかわる意思決定），②管理的意思決定（組織機構，業務プロセス，資源調達など，経営諸資源の組織化に関する意思決定），③業務的意思決定（マーケティング，財務など各機能別の業務活動目標，予算など，経営諸資源の変換プロセスの効率化に関する意思決定）の3つに分類した[20]。

これらの意思決定の中で，アンゾフは，戦略的意思決定の中でも，特に製品・市場戦略を重視した。製品・市場戦略では，どの製品分野，どの市場分野に進

図表2-4　成長ベクトル

市場＼製品	現	新
現	市場浸透	製品開発
新	市場開発	多角化

(出所)　Ansoff.H.I.［1965］訳書137頁。

出するかの決定は極めて重要であるからである。

　アンゾフは，図表2-4に示されるように[21]，製品と市場をそれぞれ現有分野と新規分野に分け，その組合せによって，①市場浸透戦略（market penetration strategy），②市場開発戦略（market development strategy），③製品開発戦略（product development strategy），④多角化戦略（diversification strategy），の4つの製品・市場分野に区分している。アンゾフはこれを成長ベクトルと呼んだ。成長ベクトルは，現在の製品・市場分野との関連において，企業がどの方向に進むかを決定するツールである。

　チャンドラーやアンゾフの頃から，多角化はいつも製品・市場戦略ひいては経営戦略の中心的な課題であった。しかしながら，多角化によって成長の機会を見出すことは現実にはなかなか困難であり，共通の経営資源（共通経営要素）をもたない分野に進出するのでリスクも大きい。換言すれば，共通の経営資源（共通経営要素）を有機的に結合することによって生まれる効果が得られにくいからである。

　ちなみに，共通の経営資源（共通経営要素）を有機的に結合することによって生まれる効果のことをシナジー（synergy）という。シナジーとは，いわば相乗効果のことである[22]。

　多角化の動機は企業ごとに異なるものの，一般的に，①製品のライフサイクル，②利益の安定，③余剰資源の活用，の3つに集約することができる[23]。アンゾフ［1965］は，多角化のタイプとして，図表2-5に示されるように[24]，①水平型多角化，②垂直型多角化，③集中型多角化，④集成（コングロマリット）型多角化，の4つに分類している。

図表2-5 多角化のタイプ

顧客＼製品	新製品 技術関連あり	新製品 技術関連なし
同じタイプ	水平型多角化	水平型多角化
従来と全く同じ顧客	垂直型多角化	垂直型多角化
類似タイプ	(1)* 集中型多角化	(2)* 集中型多角化
新しいタイプ	(3)* 集中型多角化	集成型多角化

（顧客側の縦見出し：新しい使命（需要））

*(1) マーケティングと技術が関連しているもの
*(2) マーケティングが関連しているもの
*(3) 技術が関連しているもの
（出所） Ansoff, H.I. [1965] 訳書165頁。

〈スタイナー〉[25]

　スタイナーは，カリフォルニア大学ロサンゼルス校（UCLA）経営大学院の教授などを歴任し，戦略的管理論の芽生えとなった経営計画論の分野のパイオニアの１人として活躍した。

　主著は，*Top Management Planning* [1969] と *Strategic Planning* [1979] の２冊である。トップ・マネジメント階層の意思決定や長期経営計画の重要性を強調し，包括的な経営計画論の体系を構築した。スタイナーは，これらの著作において，図表2-6に示されるように[26]，経営計画の構造および経営計画策定のプロセスを提示した。

　スタイナーの経営計画の構造は，①計画前提，②計画策定，③実施と見直しというプロセスによって構成されている。ここで計画前提とは，①目標，②トップ・マネジメントの価値観，③基本データベースのことであり，計画策定のいわば土台のことである。

　計画策定のプロセスは，①戦略的計画，②中期プログラミング，③短期計画

図表2-6　経営計画の構造とプロセス

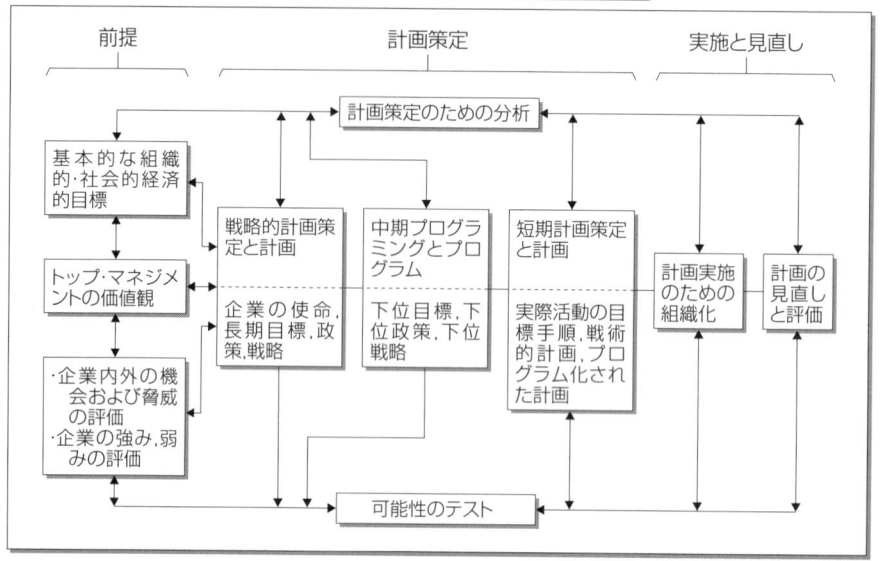

(出所) Steiner,G.A. [1969] p.33.

の3つに分類された。計画策定の後は，計画実施のための組織化，さらに計画実施の結果が測定・評価され，次期の計画策定にフィードバックされる。スタイナーの経営計画の構造およびプロセスは，経営科学（ORなど）における問題解決のプロセスの影響を色濃く受けており，問題解決のための意思決定プロセスを計画策定プロセスとみなしていることに特徴がある。

〈ポーター〉[27]

　ポーターは，1969年にプリンストン大学工学部を卒業後，ハーバード大学大学院に入学し，1973年に博士号を取得した。1982年には，ハーバード大学経営大学院の教授に弱冠34歳の若さで就任した。競争戦略論の世界的権威として知られており，「現代の孫子」とでもいうべき存在である。

　ポーターの主著は，『競争の戦略』（Competitive Strategy,1980）および『競争優位の戦略』（Competitive Advantage,1985）の2冊である。

　『競争の戦略』は，競争戦略論の金字塔といわれている。ポーター［1980］によれば，業界の魅力度と業界内の競争的地位が収益性を規定する。ポーター

第2章 経営管理論の生成と発展

は，特定の事業分野における業界の収益性を規定する要因として，①新規参入の脅威，②代替製品・サービスの脅威，③買い手の交渉力，④売り手の交渉力，⑤業者間の敵対関係，の5つをあげた。

また，ポーター［1980］は，競争優位のタイプおよび顧客ターゲットの範囲という2つの概念を組合せて，次の3つの競争の基本戦略を提示した[28]。

① コスト・リーダーシップ戦略（cost leadership strategy）：同一製品・サービスを，競合企業と比較して低コストで生産し，コスト面で優位性を確保する。
② 差別化戦略（differentiation strategy）：自社の製品・サービスに何らかの独自性を出し，顧客の「ニーズの束」に対して競合企業との差をつけることによって，相対的かつ持続的な優位性を保つ。
③ 集中戦略（focus strategy）：市場を細分化して，特定のセグメントに対して経営資源を集中する。

さらに，『競争優位の戦略』では，競争優位を診断し，強化するための基本

図表2-7 価値連鎖の基本形

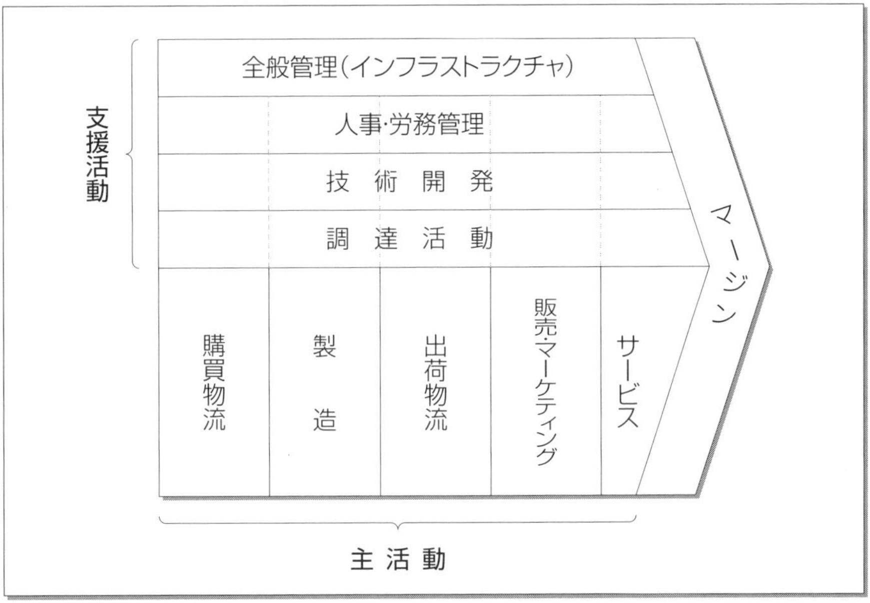

支援活動	全般管理（インフラストラクチャ）				マージン
	人事・労務管理				
	技術開発				
	調達活動				
	購買物流	製造	出荷物流	販売・マーケティング	サービス
	主活動				

（出所）　Porter, M.E. ［1985］訳書49頁。

的なフレームワーク（分析枠組み）として，「価値連鎖（value chain）」という新たな概念が提示された。

価値連鎖は，企業のすべての活動およびその相互関係を体系的に検討するためのフレームワークである。価値連鎖は，図表2-7に示されるように[29]，主活動と支援活動の2つによって構成される。なお，ここでいう価値とは，「顧客が企業の提供するものに進んで支払ってくれる金額のこと」である。

価値連鎖の主活動として，①購買物流（原材料仕入れ・品質検査など），②製造（組立・テストなど），③出荷物流（受注処理・出荷など），④販売・マーケティング（広告宣伝・販売促進など），⑤サービス（修理など）の5つがあげられる。

また，価値連鎖の支援活動として，①全社活動（企業全体の経営管理），②人事・労務管理（募集・賃金管理など），③技術開発（オートメーション・機器設計など），④調達活動（原材料・エネルギーなど）の4つがあげられる。

❷ 戦略的管理論の特性

上述したように，戦略的管理論は，環境という概念を不確実性や他組織に限定せず，広く企業活動を促進しあるいは制約する外的要因と解釈し，外的要因とのかかわりの中で，企業の将来の発展の方向を構築することを重視している。戦略的管理論の中核は，経営戦略に関する議論であることはいうまでもない。

6 社会的管理論

❶ 社会的管理論の概要

社会的管理論は，従来の経営管理論の枠組みを拡大して，「企業と社会」がどのようなかかわり方をするか，社会的ニーズをどのように取り込むかなど，いわゆる「社会性」を追求する経営管理論である。社会的管理論について考察する場合，様々な観点があるものの，ここでは，①地球環境問題，②企業倫理，

③マクロとミクロの両立，の3点を取り上げ，社会的管理論が「時代の要請」となりつつある現状について考察する。

〈地球環境問題〉

わが国では，旧環境庁以来，地球環境問題として，①地球温暖化，②オゾン層の破壊，③酸性雨，④海洋汚染，⑤生物多様性の減少，⑥森林の減少，⑦砂漠化，⑧有害廃棄物の越境移動，などが取り上げられてきた。

アーサー・D・リトル社環境ビジネスプラクティス［1997］によれば，このような地球環境問題に対する企業の取組み姿勢は，図表2-8に示されるように[30]，①反発，②受動的対応，③能動的対応，④差別化，と徐々に変化しつつある。現実に，環境ビジネスの市場規模は，急速に拡大している。地球環境問題は，近年，企業経営に多大のインパクトを与えるようになりつつある。

例えば，自動車業界における燃料電池車の開発競争は，第一義的には，環境負荷の軽減を目的にしているが，燃料電池車の開発を製品開発戦略さらには経営戦略の観点から捉えると，自動車業界における当該企業の生存を賭けた新たな戦略分野として位置づけることができる。もしも「トップランナー方式」が普及すると，燃料電池車の開発は，まさに企業の生死を賭けた経営戦略になる。

このように，従来の戦略分野とは次元を異にする環境経営戦略は，今後ますます重要性を増すことは間違いない。

図表2-8　環境問題に対する企業の姿勢の変化

反発 (Reactive)	受動的対応 (Responsive)	能動的対応 (Proactive)	差別化 (Competitive)
30年以上前	5～25年前	日本の現状	米国の現状

（出所）　アーサー・D・リトル社［1997］29頁。

〈企業倫理〉

　近年，不正や不法などの企業犯罪をはじめとする企業不祥事が，一流企業を含めて多発している。経営者に直接起因するこのような企業不祥事の原因を調査すると，企業倫理（business ethics）に関するものが多い。

　鈴木辰治＝角野信夫編［2000］が指摘するように，企業倫理は，「企業と社会」とのかかわり方が，企業からの観点ではなく，社会からの観点にあり，従来の観点とは全く異なる。すなわち，「企業⇒社会」というアプローチではなく，「社会⇒企業」というアプローチが企業倫理ということになる[31]。

　日本における企業倫理の研究は，主としてドイツの「道徳規準論」や米国における「社会的責任論」で展開された理論を中心として行われてきた。わが国の企業倫理の研究は，雪印乳業・雪印食品，三菱自動車，浅田農産などの企業不祥事を契機として，最近とみに盛んになってきたが，その研究は日本独自のものというよりは，主として米国の「企業の社会的責任」に関する研究を基礎として行われている[32]。

　水谷雅一［1995］は，図表2-9に示されるように[33]，今後の企業倫理のもつ基

図表2-9　「経営経済性」と「経営公共性」

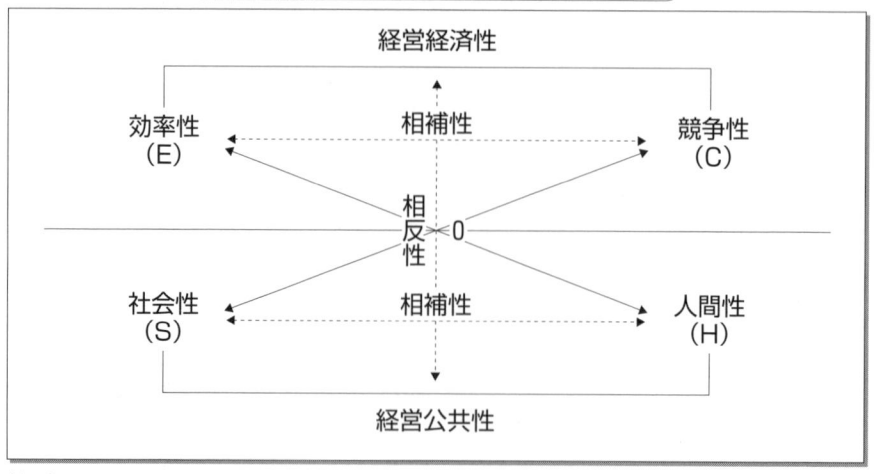

経営経済性

効率性(E)　相補性　競争性(C)

相反性　0

社会性(S)　相補性　人間性(H)

経営公共性

（出所）　水谷雅一［1995］52頁。

本的視点を，①「効率性原理」「競争性原理」，②「人間性原理」「社会性原理」の２つに求め，その対話的かつコミュニケーション的な均衡を図ることが企業倫理の実践であると述べた。

従来，図表2-9に示される「効率性原理」と「人間性原理」の相反性と均衡化は，主として企業内部の経営のあり方として捉えられてきた。他方，近年では，主として企業外部における「競争性原理」と「社会性原理」の相反性とその克服が重要な課題となりつつある。企業倫理を取り上げざるを得ない社会的背景として，①企業不信の高まり，②成熟化社会の進展，③グローバル化の進展，④市場経済体制の普遍化，⑤地球環境問題の深刻化，などがあげられる。

〈マクロとミクロの両立〉

上述した地球環境問題や企業倫理にみられるように，「企業と社会」との関係性が重要な論点になりつつある。このことは，第１章で述べた企業の社会的責任の範囲が拡大しつつあることを示している。すなわち，「企業⇒社会」という観点に加えて，「社会⇒企業」という観点から経営管理を認識すると，必然的に経営管理論の対象領域が拡大する。従来の経営管理論では，主として「企

図表2-10　経営戦略の体系と社会戦略

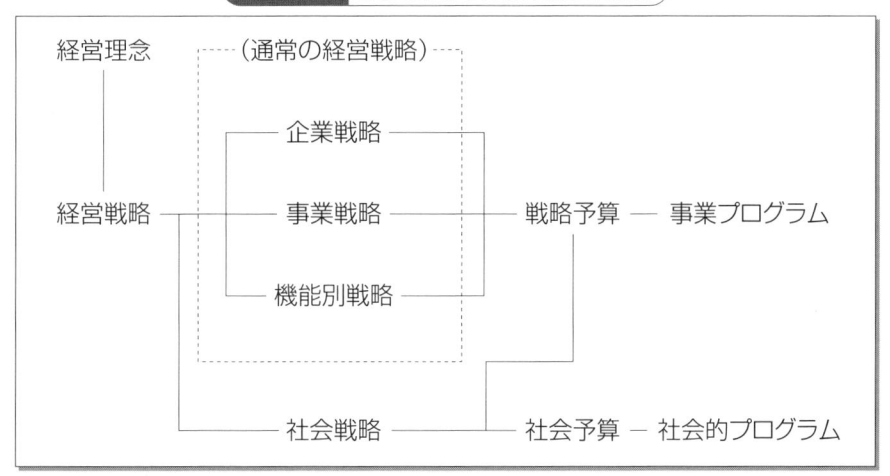

```
経営理念 ┬─── (通常の経営戦略) ───┐
         │    ┌─ 企業戦略 ─┐       │
経営戦略 ─┼────┼─ 事業戦略 ─┼─ 戦略予算 ─ 事業プログラム
         │    └─ 機能別戦略 ┘       │
         └──── 社会戦略 ──────── 社会予算 ─ 社会的プログラム
```

(出所)　森本三男 [1994] 330頁。

業⇒社会」という観点から，市場性，営利性，効率性などを重視してきたが，さらに「社会⇒企業」という観点を加えると，社会性，倫理性，人間性，コンプライアンス（法令遵守），価値観，ビジョナリーなどを重視した経営管理が求められる。

森本三男［1994］は，図表2-10に示されるように[34]，かなり早い時期から社会戦略を経営戦略の体系に組み込んでいる。社会戦略の狙いは，企業市民（corporate citizenship）の概念で議論されているように，本来の企業活動に加えて，社会をよりよいものにするために，応分の社会貢献を果たすことである。

社会戦略においては，その軸足が「顧客満足」から「社会満足」に変わる。「戦略的社会性」を基盤として，企業倫理をもちつつ，「社徳」の高い企業活動を目指す社会戦略であれば，それはほぼ例外なく利益に還元されることが，多くの事例によって実証されている。企業活動は，つまるところ，「世のため人のため」になる存在でなければならない。

❷ 社会的管理論の特性

「企業と社会」との関係は，システム論的にいえば，サブシステムと全体システムとの関係にある。サブシステムである企業（ミクロ）の存続・発展が全体システムである社会（マクロ）の存続・発展の原動力になるという側面を否定することはできない。逆に，企業（ミクロ）の存続・発展が全体システムである社会（マクロ）の疎外要因となることも多い。

この「マクロとミクロのジレンマ」に関する問題は，①「マクロの合理・ミクロの不合理」，②「ミクロの合理・マクロの不合理」といわれる現象によって多くの研究者が注目してきた問題である。「マクロとミクロのジレンマ」を克服し，「マクロとミクロの両立」を図らない限り，マクロもミクロもその存在自体危うくなる。

「マクロとミクロの両立」を図るためには，マクロ＝ミクロ思考が不可欠である。「マクロとミクロの両立」は，具体的には，社会性と市場性の両立である。

2000年代以降，「戦略的社会性」という観点が実践的にも理論的にも「時代の要請」として取り入れられ始めた。この背景には，社会貢献，社会満足，企

業倫理，社徳など，社会的管理論が追求する社会性あるいは「戦略的社会性」の追求が，実は「市場性」「営利性」の追求と矛盾しないという現実がある。今後，経営管理の社会化はますます進展するものと思われる。

1) テイラーについては，Taylor,F.W.［1895］，Taylor,F.W.［1903］，Taylor,F.W.［1911］の他に，Merrill,H.F.［1966］，北野利信編［1977］，車戸實編［1987］，Wren,D.A.［1994］，Crainers,S.［2000］，宮田矢八郎［2001］などの学説史を参照した。
2) Taylor,F.W.［1903］訳書122-125頁を要約し，図表化した。
3) フォードについては，Ford,H.［1926］の他に，北野利信編［1977］，車戸實編［1987］，Crainers,S.［2000］，宮田矢八郎［2001］などの学説史を参照した。
4) ファヨールについては，Fayol,H.［1916］の他に，Merrill,H.F.［1966］，北野利信編［1977］，車戸實編［1987］，Wren,D.A.［1994］，Crainers,S.［2000］，宮田矢八郎［2001］などの学説史を参照した。
5) メイヨー＝レスリスバーガーについては，Mayo,E.［1933］，Roethlisberger,F.J.［1952］の他にMerrill,H.F.［1966］，北野利信編［1977］，車戸實編［1987］，Crainers,S.［2000］，宮田矢八郎［2001］などの学説史を参照した。
6) リッカートについては，Likert,R.［1961］，Likert,R.［1967］の他に，北野利信編［1977］，車戸實編［1987］などの学説史を参照した。
7) マグレガーについては，McGregor,D.［1960］の他に，車戸實編［1987］，宮田矢八郎［2001］などの学説史を参照した。
8) ハーズバーグについては，Herzberg,F.［1966］,Herzberg,F.［1987］の他に，北野利信編［1977］，宮田矢八郎［2001］などの学説史を参照した。
9) Herzberb,F.［1987］p.112.
10) マズローについては，Maslow,A.H.［1954］，Maslow,A.H.［1970］の他に，宮田矢八郎［2001］などの学説史を参照した。
11) Maslow,A.H.［1970］訳書56-72頁を図表化した。
12) バーナードについては，Barnard,C.I.［1938］の他に，北野利信編［1977］，車戸實編［1987］，Wren,D.A.［1994］，Crainers,S.［2000］，宮田矢八郎［2001］などの学説史を参照した。
13) サイモンについては，Simon,H.A.［1947/1976］，Simon,H.A.［1969/1981］,Simon,H.A.［1997］の他に，北野利信編［1977］，車戸實編［1987］，宮田矢八郎［2001］などの学説史を参照した。
14) サイアート＝マーチについては，Cyert,R.M.＝March,J.G.［1963］の他に，北野利信編［1977］，車戸實編［1987］，宮田矢八郎［2001］などの学説史を参照した。
15) バーンズ＝ストーカーについては，Burns,T.＝Stalker,G.M.［1968］の他に，高柳暁＝飯野春樹編［1991］など，条件適応理論に関する学説史を参照した。
16) ウッドワードについては，Woodward,J.［1965］，Woodward,J.［1970］の他に，北野利信編［1977］，車戸實編［1987］などの学説史を参照した。
17) ローレンス＝ローシュについては，Lawrence,P.R.＝Lorsch,J.W.［1967］の他に，車戸實編［1987］，宮田矢八郎［2001］などの学説史を参照した。

18) チャンドラーについては，Chandler,A.D.Jr.［1962］，Chandler,A.D.Jr.［1977］の他に，北野利信編［1977］，車戸實編［1987］，Crainers,S.［2000］，宮田矢八郎［2001］などの学説史を参照した。
19) アンゾフについては，Ansoff,H.I.［1965］，Ansoff,H.I.［1979］，Ansoff,H.I.［1988］の他に，北野利信編［1977］，車戸實編［1987］，Crainers,S.［2000］，宮田矢八郎［2001］などの学説史を参照した。
20) Ansoff,H.I.［1965］訳書6頁，またはAnsoff,H.I.［1988］訳書4-8頁。
21) Ansoff,H.I.［1965］訳書137頁。
22) Ansoff,H.I.［1965］訳書100頁。
23) 詳しくは，岸川善光［2006］117-119頁を参照されたい。
24) Ansoff,H.I.［1965］訳書115頁。
25) スタイナーについては，Steiner,G.A.［1969］，Steiner,G.A.［1977］，Steiner,G.A.＝Miner,J.B.［1977］，Steiner,G.A.［1979］の他に，北野利信編［1977］などの学説史を参照した。
26) Steiner,G.A.［1969］p.33.
27) ポーターについては，Porter,M.E.［1980］，Porter,M.E.［1985］，Porter,M.E.［1990］，Porter,M.E.［1998a］，Porter,M.E.［1998b］の他に，車戸實編［1987］，Crainers,S.［2000］，宮田矢八郎［2001］などの学説史を参照した。
28) Porter,M.E.［1980］訳書18,61頁。
29) Porter,M.E.［1985］訳書49頁。
30) アーサー・D・リトル社環境ビジネス・プラクティス［1997］29頁。
31) 鈴木辰治＝角野信夫編［2000］1頁。
32) 同上書8頁。
33) 水谷雅一［1995］52頁。
34) 森本三男［1994］330頁。

第3章 経営管理の体系

本章では，総論のまとめとして，経営管理について体系的に理解するために，5つの観点を設定し，それぞれの観点から経営管理について考察する。

第一の観点として，経営管理の対象である経営システムについて考察する。まず，経営システムの基本構造について理解を深める。次いで，経営システムが機能・経営資源・情報の連鎖であることを理解する。さらに，経営管理の機能であるフィーバック・コントロールの概念について考察する。

第二の観点として，経営管理の範囲に着目し，総合経営管理と機能別管理について考察する。まず，総合経営管理について理解を深める。次いで，機能別管理について考察する。さらに，総合経営管理と機能別管理の関連性について理解する。

第三の観点として，経営管理の階層について考察する。具体的には，経営管理者の階層，経営管理者の階層による職能の相違，経営管理者の階層によるスキルの相違，の3点について理解を深める。

第四の観点として，経営管理のプロセスについて考察する。まず，管理過程（マネジメント・プロセス）の概念について理解し，次いで，管理過程における各種機能について考察する。さらに，管理過程論の特徴について言及する。

第五の観点として，経営管理論の位置づけについて考察する。まず，経営学における経営管理論の位置づけについて理解を深める。次いで，経営管理論の隣接諸科学について概観する。さらに，ビジネス・スクールにおける経営管理論の位置づけについて考察する。

1 経営管理の対象

❶ 経営システムの基本構造

　経営管理の対象である企業をはじめとする経営システムについて考察する。従来，システムの訳語として，系，体系，組織，制度などがあてられてきた。システムの要件としては，①2つ以上の複数の構成要素による集合体であること，②複数の構成要素が何らかの相互関連性を有していること，③複数の構成要素は共通の目的を持ち，この目的のために機能すること，の3つがあげられる。

　システムの構造は，図表3-1に示されるように[1)]，①インプット（入力，投入），②スループット（変換処理，変換プロセス），③アウトプット（出力，産出），④フィードバック（反送），の4つの要素によって構成される。

① インプット（入力，投入）：ヒト，モノ，カネ，情報などの経営資源
② スループット（変換処理，変換プロセス）：研究開発，生産などの機能
③ アウトプット（出力，産出）：財（有形財），サービス（無形財）などの価値
④ フィードバック（反送）：所期のアウトプットが得られない場合，再度，インプットに戻す

図表3-1　システムの構造

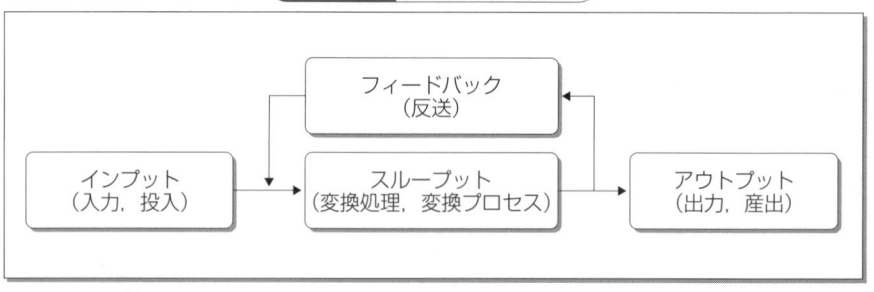

```
        ┌─────────────┐
        │ フィードバック │
        │    （反送）    │
        └───▲─────┬───┘
            │     │
┌────────┐ │ ┌───▼────────┐ ┌────────┐
│インプット│─┴→│ スループット │→│アウトプット│
│(入力,投入)│   │(変換処理,変換│  │(出力,産出)│
│          │   │  プロセス)   │  │          │
└────────┘   └────────────┘  └────────┘
```

（出所）筆者作成。

第3章 経営管理の体系

　経営システムという概念は，各種協働システム（cooperative system）において，上述したシステムに関する要件や構造を援用したものである。

　協働システムは，図表3-2に示されるように[2]，個人としての限界を克服することを目的として，企業，官庁，学校，協会，労働組合，病院，軍隊など多くの形態が存在する。協働システムを研究対象とする場合，機能（行動）に主眼を置くと経営管理論（マネジメント論）になり，構造（経営体，組織）に主眼を置くと経営組織論になる。

　本書では，「経営システムとは，環境主体との対境関係，すなわち環境とのかかわり方を重視する経営体・組織であり，かつ経営体・組織の機能（行動）を含む概念である」と定義し，議論を進めることにする。

　広義の経営システムは，図表3-3に示されるように[3]，①環境主体との対境関係，すなわち環境とのかかわり方を保持する狭義の経営システム，②価値の創出・提供のために直接必要な業務システム，③狭義の経営システムおよび業務システムのフィードバック・コントロールを行う経営管理システム，の3つのサブシステムによって構成される。

図表3-2　各種の協働システム

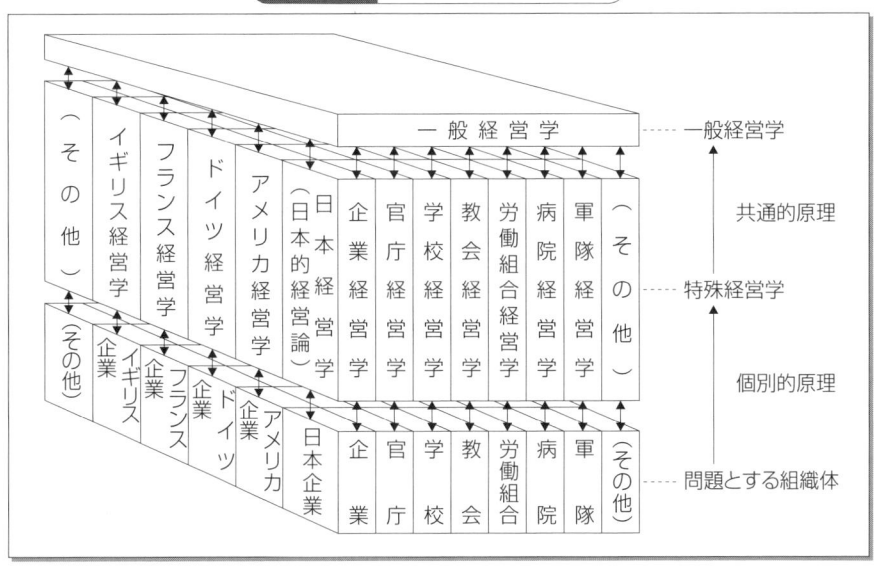

一般経営学	一般経営学
日本経営学（日本的経営論）／アメリカ経営学／ドイツ経営学／フランス経営学／イギリス経営学／（その他）	特殊経営学　共通的原理
企業経営学／官庁経営学／学校経営学／教会経営学／労働組合経営学／病院経営学／軍隊経営学／（その他）	個別的原理
日本企業／アメリカ／ドイツ／フランス／イギリス／（その他）	
企業／官庁／学校／教会／労働組合／病院／軍隊／（その他）	問題とする組織体

（出所）森本三男［1995］5頁。

第一に，オープン・システムである経営システムは，その存続・発展を実現するためには，環境の変化に対応しなければならない。環境の変化に対応するパターンとして，環境適応と環境創造の2つのパターンがあることは，すでに第1章において考察した。

　第二に，価値の創出・提供のために直接必要な業務システムについて概観する。業務システムには，ビジネス・システム，ビジネス・モデル，価値連鎖（バリュー・チェーン），供給連鎖（サプライ・チェーン），需要連鎖（ディマンド・チェーン），ロジスティクスなど，多くの類似概念が存在する。

　本書では，業務システムの基本機能として，最も機能の範囲が広い製造業をモデルとして選択し，①研究開発（R&D），②調達，③生産，④マーケティング，⑤ロジスティクス，の5つの機能を取り上げる。業務システムは，価値（経済的効用）の生産システムであるといえよう。詳しくは第6章で考察する。

　第三に，狭義の経営システムおよび業務システムのフィードバック・コントロールを行う経営管理システムの基本機能は，①経営システム・業務システム

図表3-3　経営システムの基本構造

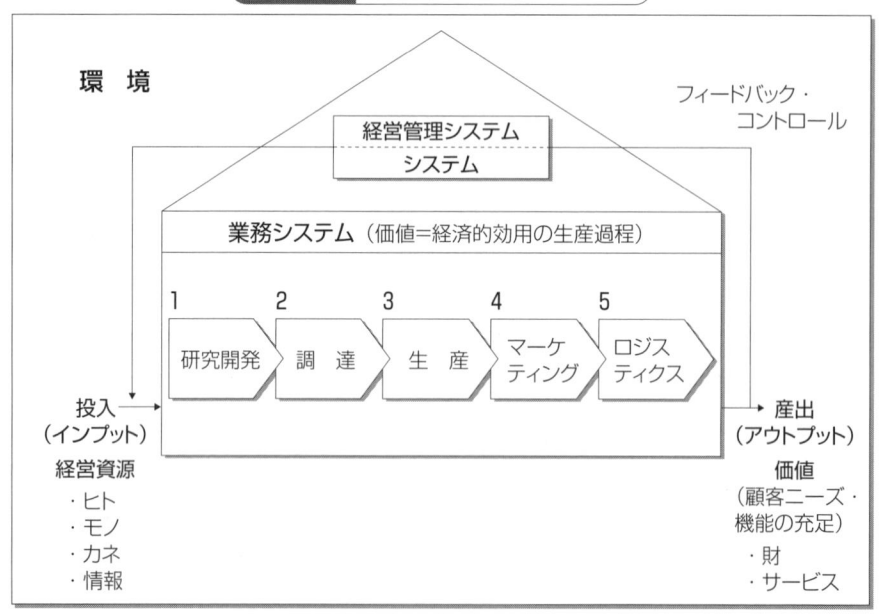

(出所)　森本三男［1995］36頁を参考にして，筆者が作成。

の円滑な運営，②経営システム・業務システムのイノベーション，の2つに大別することができる。

経営管理システムは，下記の分類基準によって体系化することができる。
① 機能（活動）：研究開発，調達，生産，マーケティング，ロジスティクス
② 経営資源：ヒト，モノ，カネ，情報
③ 意思決定：情報活動，設計活動，選択活動，検討活動

❷ 機能・経営資源・情報の連鎖

次に，経営システムの構成要素について考察する。経営システムは，主として，機能・経営資源・情報の連鎖によって構成される。

第一に，本書では，経営管理システムの機能として，①人的資源管理，②財務管理，③情報管理，④法務管理の4つの機能を選択する。また，業務システムの機能として，①研究開発，②調達，③生産，④マーケティング，⑤ロジスティクスの5つの機能を選択する。これらの9つの機能については，第6章の機能別管理において考察する。

第二に，経営資源とは，企業活動を行う上で必要な資源や能力のことである。経営資源は，一般的に，①ヒト，②モノ，③カネ，④情報の4つに区分される。
① ヒト：作業者，熟練工，セールスマン，技術者，研究者，経営者などのことであり，人的資源，人材（人財）といわれることもある。これらのヒト（人的資源）が提供する便益がなければ，企業活動は成り立たない。
② モノ：原材料，部品，建物，工場，設備，土地などのことであり，物的資源ともいわれる。モノ（物的資源）が保持する便益がなければ，企業活動は成り立たない。
③ カネ：手元資金，運転資金，設備投資資金などの資金のことであり，資金的資源ともいわれる。カネ（資金的資源）がなければ，企業活動は成り立たない。
④ 情報：技術，スキル，ノウハウ，ブランド，企業イメージ，暖簾などのことであり，情報的資源ともいわれる。情報的資源は，伊丹敬之 [1984] などによって強調された資源の概念であり，見えざる資産（invisible asset）とい

われることもある。最近では，能力（ケイパビリティ），コンピタンス，知識など，多くの類似用語が併せて用いられている。

経営資源は，図表3-4に示されるように[4]，外部からの調達が容易であるか否かによって，①可変的資源，②固定的資源の2つに大別される。

① 可変的資源：企業活動の必要に応じて，市場など外部から調達できる経営資源のことである。ヒト（人的資源）では未熟練工，モノ（物的資源）では原材料，部品などが可変的資源の例としてあげられる。

② 固定的資源：市場など外部から調達することが難しく，自社で蓄積しなければならない経営資源のことである。ヒト（人的資源）では熟練工，情報的資源では組織風土，ブランド，企業イメージ，顧客の信用などが固定的資源の例としてあげられる。

可変的資源と固定的資源の2つを比較すると，経営資源としての重要度は，固定的資源のほうが可変的資源よりも高い。固定的資源は，①市場で調達することが困難であり，内部蓄積に依存する，②固定的資源の価値は企業ごとに異なる，③無形財のため目に見えないものが多い，④多重利用可能性が高い，⑤企業の競争力の源泉になる，などの特徴があげられる。

第三に，情報は，上述した機能（研究開発，調達，生産，マーケティング，ロジスティクス）については，機能別情報（研究開発情報，調達情報，生産情報，マーケティング情報，ロジスティクス情報）が，経営資源管理のためには，人的資源管理，財務管理，情報管理，法務管理に必要な情報が欠かせない。

このように，経営システムの構成要素として，機能・経営資源・情報がその

図表3-4　経営資源の分類

```
経営資源 ┬ 可変的資源
         └ 固定的資源 ┬ 人的資源
                      ├ 物的資源
                      ├ 資金的資源
                      └ 情報的資源 ┬ 環境情報
                                   ├ 企業情報（グッドウィル）
                                   └ 情報処理特性
```

（出所）　吉原英樹＝佐久間昭光＝伊丹敬之＝加護野忠男［1981］26頁。

中核をなしており，機能・経営資源・情報を連結するための効果的な連鎖が必要不可欠である。

❸ フィードバック・コントロール

　経営管理システムは，図表3-3で明らかなように，①環境主体との対境関係，すなわち環境とのかかわり方を保持する狭義の経営システム，②価値の創出・提供のために直接必要な業務システムに対して，フィードバック・コントロール（feedback control）を行うことをその基本機能とする。

　フィードバック・コントロールは，出力・産出（アウトプット）に関する情報を入力・投入（インプット）側に再送する（再び戻す）ことによって，変換処理，変換プロセスを制御することである。フィードバック（feedback）は，出力・産出（アウトプット）の変化に対して，変化を減少させる方向に制御する「ネガティブ・コントロール」と，変化を増加する方向に制御する「ポジティブ・コントロール」に大別される。

　フィードバックとは対照的に，出力・産出（アウトプット）とは関係なく，ある条件下において，システムの制御のために，常に決められた入力・投入（インプット）を加えることをフィードフォワード（feedforward）という。

　近年では，例えば，高度なフィードバックを可能にするPOS（Point of Sales）データがリアルタイムの情報に近づくことによって，フィードフォワードに限りなく近い機能を果たすようになりつつある。このように，フィードバックとフィードフォワードの適切な組み合わせが，システムの制御を最適なものにする。

　学術的には必ずしも正確な表現とはいえないものの，フィードバックとフィードフォワードについて，その概念を理解するために，身近な運転の事例についてみてみよう。車を運転する場合，速度標識とスピードメーターを比較して，現在のスピードが速度標識の基準速度よりもオーバーしている場合，速度標識の基準速度に合わせて減速することをフィードバックという。また，これから急な坂道を登る場合，速度標識の基準速度を維持するために，前もってアクセルを踏むことをフィードフォワードという。

フィードバック・コントロールは，①経営システム・業務システムの円滑な運営，②経営システム・業務システムのイノベーション，の2つを実現するために行われる。

第一に，経営システム・業務システムの円滑な運営とは，フィードバックとフィードフォワードによって，経営システムの構成要素間の適合を図りつつ，経営システムの出力・産出（アウトプット）に関する所期の目標を実現するために，入力・投入（インプット）および変換処理，変換プロセスを効果的かつ効率的に制御することである。変換処理，変換プロセスとは，価値（経済的効用）の生産システム，すなわち，本書でいう業務システムのことである。

第二に，経営システム・業務システムのイノベーションとは，環境とのかかわり方の革新（ドメインの再定義など），経営システムの構成要素の革新，業務システムの革新などのことである。先の運転の事例でいえば，速度標識の基準速度が現状にそぐわないので基準速度を変更するとか，道路の幅を拡張して基準速度を上げることなどがこれに該当するであろう。

2 総合経営管理と機能別管理

❶ 総合経営管理

企業活動は，人的資源管理，財務管理，情報管理，法務管理，研究開発，調達，生産，マーケティング，ロジスティクスなど，様々な活動によって営まれている。これらの活動を機能面からみると，活動とは機能の遂行に他ならない。例えば，研究開発活動とは，研究開発の機能を遂行することである。

経営管理は，これらの企業活動を対象としているので，経営管理について体系的に考察する第二の観点として，経営管理の対象である活動（機能）の範囲をあげることができる。具体的には，これらの企業活動（機能）の全体を経営管理の対象とするか，個別の活動（機能）を経営管理の対象とするかという観点である。

企業活動（機能）の全体を対象範囲としたものを総合経営管理といい，個別の機能を経営管理の対象としたものを機能別管理という。この両者は，全体と個の関係にあるので，全体管理と個別管理，または全般管理と部門管理という分類がなされることもある。

　総合経営管理は，上でみたように機能別管理の総和である。しかし，総合経営管理は，ただ単に個別の機能別管理を積み上げたものではない。総合経営管理では，個別の機能別管理を全体的な観点から整合性をもったものにすることが何よりも重要である。

❷ 機能別管理

　従来，企業活動に必要な機能について，経営コンサルティング機関を中心として様々な実証研究がなされてきた。例えば，米国の経営コンサルタント協議会（ACME）［1976］の詳細な研究はその集大成ともいえよう[5]。

　本章では，すでに述べたように，経営管理システムとして，①人的資源管理，②財務管理，③情報管理，④法務管理の4つの機能を，また，業務システムとして，①研究開発，②調達，③生産，④マーケティング，⑤ロジスティクスの5つの機能を取り上げる。詳しくは，第6章機能別管理において考察する。

〈経営管理システム〉

① 人的資源管理：職務設計，人的資源フロー・マネジメント，報酬マネジメント，労働条件，労使関係など。
② 財務管理：資金調達，資金運用，財務計画，経営分析，財務諸表など。
③ 情報管理：情報戦略，情報資源管理，情報システム開発，情報システム運用など。
④ 法務管理：M&A，内部統制システム，知的財産権，会社法，コーポレート・ガバナンスなど。

〈業務システム〉

① 研究開発：研究開発計画，研究開発管理，各機能間の連携・調整など。
② 調達：調達コスト管理，資材管理，在庫管理，購買管理，外注管理，倉庫管理など。

③　生産：生産計画，生産方式，生産管理，自動化，生産情報システムなど。
④　マーケティング：マーケティング・システム，戦略的マーケティング，マーケティング・ミックス，ソシオ・エコロジカル・マーケティングなど。
⑤　ロジスティクス：ロジスティクス・システム，ロジスティクス・ネットワーク，物流センター，物流，ロジスティクス・コスト，在庫管理など。

❸ 総合経営管理と機能別管理の関連性

上述したように，経営管理の範囲によって，総合経営管理と機能別管理に分類することができるが，実際の経営管理の局面では，この両者は密接な関連性を有する。

総合経営管理では，①外部環境の変化と各機能別管理との関連づけ（環境対応，戦略形成など），②個別の機能別管理の基盤づくり（方針，計画など），③個別の機能別管理の全体的な統合（利益管理，予算管理など），の3点が極めて重要である。換言すれば，この3点を充足していない総合経営管理はその存在意義がないといっても過言ではない。

他方，この総合経営管理のレベルは，機能別管理のレベルによって規定される。例えば，総合経営管理の一環として，環境変化に対応（適応，創造）するための経営戦略を策定したとしても，経営戦略を実行するための機能が効果的に遂行されなければ，経営戦略は「絵に描いた餅」にすぎない。

また，実際の経営管理の局面において，総合経営管理と機能別管理は，後述するマネジメント・サイクルによって連結される。このように，総合経営管理と機能別管理は，全体と個の関係であると同時に，相互に密接な補完性をもっている。

3 経営管理の階層

❶ 経営管理者の階層

図表3-5　経営管理者の階層

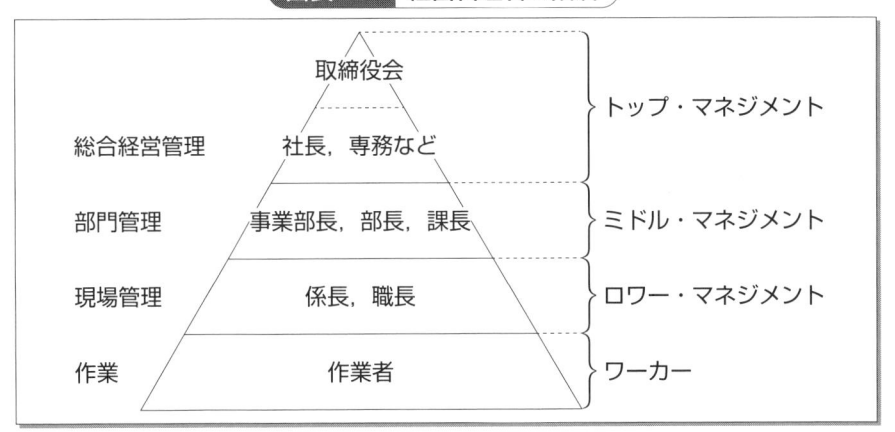

	取締役会	トップ・マネジメント
総合経営管理	社長，専務など	
部門管理	事業部長，部長，課長	ミドル・マネジメント
現場管理	係長，職長	ロワー・マネジメント
作業	作業者	ワーカー

(出所)　岸川善光〔1999〕80頁。

　経営管理について体系的に考察する第三の観点として，経営管理の階層があげられる。これは経営管理の階層分化に着目し，経営管理者の階層と階層別の職能との関連性について考察するものである。

　経営管理者の階層は，通常，図表3-5に示されるように[6]，次の3つの階層に区分される。

① 　トップ・マネジメント（top management）
② 　ミドル・マネジメント（middle management）
③ 　ロワー・マネジメント（lower management）

　トップ・マネジメントは，代表取締役社長をはじめとする最高経営管理者のことをいう。この最高経営管理者のことを単に経営者ということがある。

　ミドル・マネジメントは，事業部長，部長，課長などの中間経営管理者を指す。この中間経営管理者のことを単に管理者ということがある。

　ロワー・マネジメントは，係長，職長など下級経営管理者のことである。この下級経営管理者は，通常，監督者といわれることが多い。現実に，この下級経営管理者は，大半の企業において管理職ではない場合が多い。

❷ 経営管理者の階層による職能の相違

　次に，上で述べた経営管理者の3つの階層と，彼らが果たすべき職能との関

図表3-6 経営管理者の階層による職能の相違

	対象領域	期間	内容	技法
トップ・マネジメント	全社的	長期的	戦略的	計数的
ミドル・マネジメント	↕	↕	↕	↕
ロワー・マネジメント	現場的	短期的	業務的	直接的

(出所) 岸川善光［1999］81頁。

連性についてみてみよう。

　トップ・マネジメントの職能は総合経営管理である。経営管理の対象領域は全社に及び，期間的には中長期的な課題を取り扱うことが多い。内容的には，環境変化に対応（適応，創造）するための経営戦略の策定や経営計画の策定が主な職能になる。

　ミドル・マネジメントの職能は部門管理である。各部門の活動を計画・統制し，総合経営管理との整合性を保持することが重要な役割となる。ロワー・マネジメントの職能は現場管理であり，日常的な現場の作業を直接的に指示監督する。

　経営管理者の階層による職能は，図表3-6に示されるように[7]，①対象領域，②期間，③内容，④技法の4つの観点から整理すると，3つの階層による職能の相違が明確に存在する。

❸ 経営管理者の階層によるスキルの相違

　上で，経営管理者の階層によって職能が異なることを確認した。果たすべき職能が異なれば，経営管理者の階層ごとに必要とされるスキル（技能）は当然ながら異なることはいうまでもない。

　カッツ（Katz,R.L.）［1955］やテリー＝フランクリン（Terry,G.R.＝Franclin,S.

G.)［1982］は，経営管理者に共通して必要なスキルとして，①コンセプチュアル・スキル（conceptual skill），②ヒューマン・スキル（human skill），③テクニカル・スキル（technical skill）の3つをあげている[8]。

① コンセプチュアル・スキルとは，構想化技能のことで，組織における個別の活動（機能）の相互関係を理解して，企業活動を全体的視点から包括的にとらえる総合化（経営ビジョンの策定など）の能力のことである。

② ヒューマン・スキルとは，対人技能のことで，他人の心情を理解し，共感をもち，他人の権利を尊重する能力のことである。これは顧客との折衝や部下の指導などあらゆる人間関係において必要とされるスキルである。

③ テクニカル・スキルとは，技術的技能のことで，職務の遂行過程で必要な手法，装置，技術などを適切に利用する能力のことである。

ところで，①コンセプチュアル・スキル，②ヒューマン・スキル，③テクニカル・スキルの3つのスキルは，すべての経営管理者にとって不可欠ではあるものの，経営管理者の階層によってその重要度が異なる[9]。

また，ヒューマン・スキルは，経営管理者のすべての階層において必要とされる。しかし，コンセプチュアル・スキルはトップ・マネジメントに，テクニカル・スキルはロワー・マネジメントにより多く必要とされるのである。

4 経営管理のプロセス

❶ 管理過程（management process）

経営管理について体系的に考察する第四の観点として，経営管理のプロセスがあげられる。この経営管理のプロセスは，通常，管理過程と呼ばれる。

管理過程とは，管理活動の遂行順序（開始から完了まで）のことである。この管理過程の内容について，第2章で考察したファヨール以来，図表3-7に示されるように[10]，すでに多くの研究者が管理過程の内容について自説を提唱しているものの，まだ定説にまでには至っていない。ちなみに，現代の中国にお

図表3-7　管理過程の内容

年代	人名 \ 区分	計画	組織化	指令	動機づけ	統制	調整	要員化	結合	伝達	決定	創造・革新	批判
1916	ファヨール	○	○	○		○	○						
1928	デイビス	○	○		○								
1943	アーウィック	○	○	○		○	○						
1947	ブラウン	○	○		○			○					
1951	ニューマン	○	○		○			○					
1955	クーンツ＝オドンネル	○	○	○		○		○					
1958	アレン	○	○	○		○							
1961	山本安次郎	○											○
1963	フォックス	○	○										
1963	ミー				○							○	
1964	マッシー	○	○			○		○		○	○		
1967	ヒックス	○	○		○					○	○		
1970	降旗武彦					○							
1972	アルバース	○	○	○									
1977	テリー				○	○							
1987	藤芳誠一	○	○	○								○	

「計画」には計画（planning），予測（forecast）を含む。「指令」には監督（supervising），指揮（directing），命令（command），指導（instruction）を含む。
「動機づけ」には動機づけ（motivating），活性化（actuating），影響化（influencing）を含む。
(出所)　藤芳明人［1989］88頁（藤芳誠一編［1989］，所収）。

いて，社会主義市場経済を理論的に主導する中国社会科学院［1993］では，管理過程として次の7つの機能を選択している[11]。

① 意思決定：市場環境分析，戦略的意思決定など。
② 計画：長・短期計画，科学的な予測など。
③ 組織：機構，機能，人員，責任・権限の明確化など。
④ 指揮：情報，生産経営指揮システムなど。
⑤ 統制：目標・計画・基準と現状との比較，偏差の防止など。
⑥ 協調：対話，会議，計画図表，情報システムなど。

⑦　奨励：賞罰手段，物質的奨励と精神的奨励など。

❷ 管理過程における機能

　上述したように，管理過程には様々な学説があるものの，本書では，テリー＝フランクリン［1982］に準拠して，管理過程を，①計画設定（planning），②組織編成（organizing），③動機づけ（motivating），④統制（controlling）の4つに区分して考察する。

① 計画設定

　計画設定とは，「企業がその環境に適合して存続・発展しうる方向を定め，それを実現していくためのコースを選択する活動である」。計画設定には次の活動が含まれる。

・経営方針：基本方針，経営理念など。
・経営目標：売上目標，利益目標など。
・経営計画：総合計画，個別計画など。
・経営戦略：製品・市場戦略，競争戦略など。

この中で，経営設定の中枢ともいえる経営計画についてみてみよう。経営計画は，一般的に，次の3つに分類されることが多い。

・計画の対象による分類：総合計画，個別計画
・計画の期間による分類：長期計画，中期計画，短期計画
・計画の内容による分類：戦略的計画，戦術的計画

　計画の対象による分類は，経営計画の対象領域が企業全体に及ぶか，あるいは特定領域に限定されるかによって，総合計画と個別計画に区分される。総合計画は，企業活動全体にわたる計画であり，利益計画がその典型である。他方，個別計画は，特定領域に限定した計画であり，①機能別，②地域別，③プロジェクト別など多様な分類基準が考えられる。機能別には，研究開発計画，調達計画，生産計画，マーケティング計画，ロジスティクス計画といった個別計画が策定される。地域別には，営業所別，工場別といった個別計画が策定される。プロジェクト別には，新製品開発プロジェクト，合理化プロジェクトなど，プロジェクトごとに個別計画が策定される。

計画の期間による分類は，経営計画の対象期間の長短で分類したものであり，長期計画は5年以上，中期計画は3年，短期計画は1年以内という区分が広く普及している。長期計画の主な目的は，将来のあるべき姿を描くことである。
　しかし，最近では環境の激変に伴い，不確定要素が多すぎてあるべき姿を描くことが困難であるという理由により，長期計画を策定する企業が激減している。中期計画は，3年計画として策定され，その初年度がそのまま短期計画になる。通常，ローリング・プラン（rolling plan）の形態が採用され，常に3年分の計画が同時に更新される。短期計画は，具体的な業務実行計画であり，予算の形態をとることが多い。
　計画の内容による分類は，環境対応のパターン（企業と環境とのかかわり方）によって分類したものであり，戦略的計画と戦術的計画に区分される。戦略的計画は，企業が環境変化に対応（適応，創造）していくための計画であり，製品・市場構造や業務プロセスの抜本的な見直しなどがこれに該当する。これに対して戦術的計画は，環境変化とは直接的には関係なく，日常業務を効率的に実施するための計画である。
　計画策定は，上でみたように，将来の企業活動を対象別，期間別，内容別に予定することによって，企業活動の基本線を明示し，諸活動の事前調整や統合を図ることにその意義があるといえよう。

② **組織編成**

　組織編成とは，目標あるいは計画達成のための手段として，経営組織を編成し，協働システムを維持する機能である。その主な内容は次のとおりである。

- 職務分割：職務要件など。
- 部門編成：職務配分，職位など。
- 人員配置：要員見積りなど。
- 責任・権限：分掌規定，権限規定など。

　組織編成の具体的な内容については，第5章において改めて考察する。

③ **動機づけ**

　動機づけとは，集団の目標達成のために，組織構成員に職務遂行に意欲を喚起する機能である。その主な内容は次のとおりである。

- リーダーシップ：指令，指導など。
- コミュニケーション：伝達，報告など。
- 誘因：給与，表彰など。

　リーダーシップとは，集団の目的達成を促進するために，組織構成員の行動に影響を与えるリーダーの行動のことである。リーダーシップについては，第2章で考察した新古典的管理論を中心として様々な研究がなされてきた。特に，リッカートの参加的リーダーシップ論がその典型である。

　リッカートによれば，リーダーシップを発揮するためには，①上司が部下を支持する，②経営管理者は「連結ピン」としての機能を果たしつつ集団的意思決定を行う，③高い業績目標を設定する，などの施策が必要とされた。

　コミュニケーションとは，意思決定の内容を組織構成員に伝達することである。コミュニケーションの経路には，公式的経路と非公式的経路があり，その両者によって組織構成員は意思決定の内容を共有することができる。良好なコミュニケーションを維持するためには，文字どおりコミュニケーションの双方向性が不可欠である。

　誘因とは，動機づけの要因のことである。誘因は給料や賞与などの経済的な誘因，仕事の達成感や自己の成長などの非経済的な誘因の2つに区分される。経済的な誘因については，テイラーの科学的管理法以来，その内容が詳細に検討されてきた。例えば，テイラーの差別出来高給制度はその典型である。非経済的な誘因については，新古典的管理論で詳細に検討された。すなわち，メイヨー＝レスリスバーガーのインフォーマル組織，リッカートの管理システムの形態，マグレガーの個人目標と組織目標の統合，ハーズバーグの動機づけ要因—衛生要因，マズローの欲求5段階説などは，ある面では非経済的な誘因を考察した学説ということもできよう。

　ところで，最近では動機づけの考え方が変わりつつある。従来の動機づけ理論は，上でみたように，経営管理者のリーダーシップ，経済的な誘因，非経済的な誘引などによって，組織構成員の職務遂行の意欲を持続的に喚起することに主眼がおかれてきた。

　しかし，従来の動機づけ理論は，動機づけのメカニズム（構造，過程）を体

系的に説明できるレベルにまだ至っていない。すなわち，動機づけの要因を様々な観点から列挙して考察したにすぎないからである。

このような欠点を克服するために，ブルーム（Vroom,V.H.）を始祖とする期待理論などが，動機づけのメカニズムを解明するための糸口として，再度新たな視点から研究されている。期待理論とは「人間は主観的な期待価値を最大化する結果を予測して行動を選択する」という人間仮説に基づいた動機づけ理論の1つである。今後，この期待理論をはじめとして，様々な観点から動機づけの理論構築が試みられることによって，そのメカニズムが次第に解明されるであろう。

④ 統　制

統制は「実際の企業活動を計画どおりに実行させる機能である」。統制という用語は，日常用語では支配と同義語として用いられたりするので，混乱を避けるために，最近ではコントロールという用語が次第に多く用いられるようになりつつある。統制の主な内容は次のとおりである。

・業績の測定：実績の集計など。
・達成度分析：計画と実績との比較，差異分析など。
・是正措置：修正指示，再発防止など。

まず，統制は管理過程の最後のプロセスに位置しており，業績の測定がその出発点になる。いうまでもなく，計画設定の基準と業績測定の基準は同一でなければならない。基準が異なると業績の測定はできない。

次に，達成度とは計画に対する実績の比率のことであるので，達成度分析では計画との比較が欠かせない。計画と実績にギャップがあればその原因を分析する。このことを差異分析という。

さらに，是正措置では，業績を測定し，達成度を分析したとしても，実際の企業活動を計画どおりに実行させるには，是正措置が必要不可欠である。この是正措置は次の計画設定の基本線でもある。

ところで，実際に統制を行うには，統制のための情報システム（コントロール情報システム）が必要である。この統制のための情報をいかに是正措置に反映させるかという観点からみて，先述したように，①フィードバック，②フィ

ードフォワードという2つの方法がある。

フィードバックとは，実際の行動が計画や基準から逸脱している場合，是正措置として実際の行動を計画や基準に近づけることである。フィードフォワードとは，実際の行動が計画や基準から逸脱することを事前に把握して，事前に是正措置をとることである。統制にはこの両者が欠かせない。

経営管理の階層別にみた管理過程の重要度は，図表3-8に示されるように[12]，計画設定，組織編成は上位の階層ほど重要な機能となり，動機付け，統制は下位の階層になるほど重要度が高くなるといえよう。ところで，上で考察した管理過程と類似した概念として，マネジメント・サイクルがある。管理過程とマネジメント・サイクルを同一視する研究者もいれば，同一ではなく類似の概念という研究者もいる。

マネジメント・サイクルは，一般的に，PDS（Plan-Do-See）サイクルないしはPDCA（Plan-Do-Check-Action）サイクルと呼ばれる[13]。マネジメント・サイクルと経営管理の階層との関連性は，全体と個の整合性を保持するためには，経営管理の階層ごとのマネジメント・サイクル（P-D-S）が相互にかつ有機的に連結されなければならない。

図表3-8　経営管理の階層別にみた管理過程の重要度

	管理過程
	①計画設定　②組織編成　③動機づけ　④統制
トップ・マネジメント	
ミドル・マネジメント	
ロワー・マネジメント	

経営管理の階層

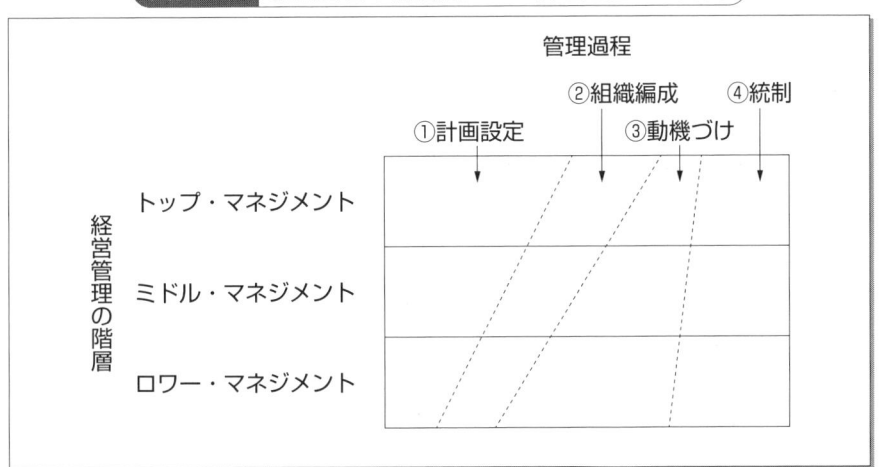

（出所）　岸川善光〔1999〕89頁。

❸ 管理過程論の特徴

次に，管理過程論の特徴について考察する。具体的には，管理過程論の利点と欠点について考察する。

ここでも管理過程学派の代表的な論者であるテリー＝フランクリン［1982］に従って考察する。テリー＝フランクリン［1982］は，管理過程論を採用する利点として，次の8つをあげている[14]。

① 経営管理の概念的枠組みが包括的で理解しやすい。
② 管理者教育に有用である。
③ 簡便な枠組みであるので，他の学派の研究成果の取込みが容易である。
④ 枠組みに柔軟性があり，革新や進歩が促進される。
⑤ 管理過程に沿って経営管理の知識と技法を示すことができる。
⑥ 経営管理者に管理過程に沿った問題解決の場を提供する。
⑦ 経営管理に沿って管理の諸原則を示すことができる。
⑧ 経営管理者の管理哲学の展開が容易である。

テリー＝フランクリン以外にも，管理過程を重視する内外の研究者は，管理過程論の主な利点として，①普遍性，②包括性，③柔軟性などをあげている。

他方，管理過程論には多くの欠点がある。管理過程論の利点がそのまま欠点になるとさえいえよう。すなわち，普遍的であるということは，具体的な現象に対する説明能力に乏しく，特定の状況には適合しないということを意味する。どの研究分野においても，理論がより洗練化されるに従って，条件性や相対性が強調される傾向が高まるが，管理過程論はその要請に応えることができない。

また，包括性があるということは，概略的で理論的な厳密さに欠けていることを意味する。ノーベル経済学賞を受賞したサイモンは，管理過程における管理原則が互いに矛盾しており，どの管理原則を採用すべきかの明確な基準もないとして管理過程論を痛烈に批判している。

さらに，柔軟性があるということは，理論的な整合性に乏しいということに他ならない。このことに対して，管理過程論は論理一貫性がないままいくつかの経験則を寄せ集めているに過ぎないという批判がある。

第3章 経営管理の体系

図表3-9 修正的管理過程論

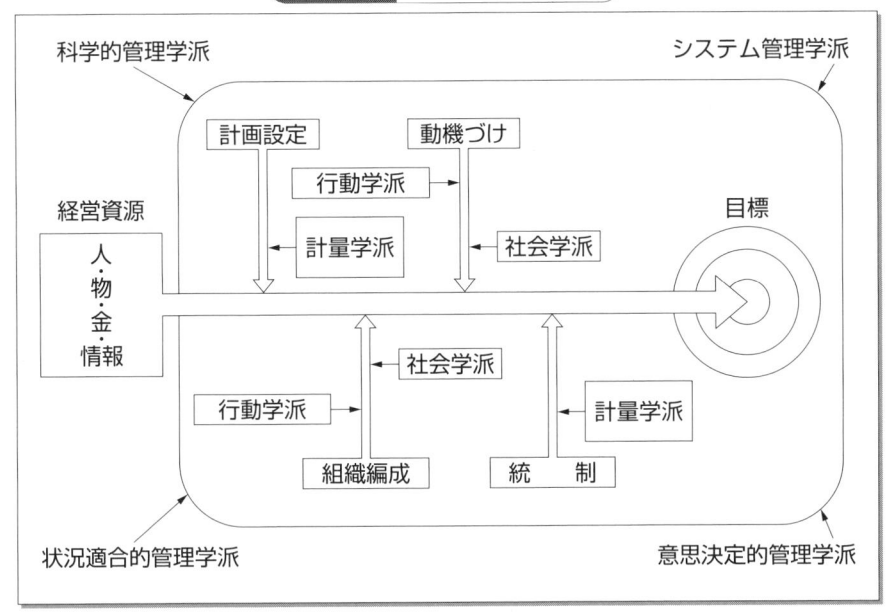

（図：科学的管理学派、システム管理学派、状況適合的管理学派、意思決定的管理学派の枠内に、経営資源（人・物・金・情報）から目標に向かう過程として、計画設定（行動学派・計量学派）、動機づけ（行動学派・社会学派）、組織編成（行動学派・社会学派）、統制（社会学派・計量学派）が示される）

（出所） Terry,G.R.=Franklin,S.G.〔1982〕pp22-33.

このように，管理過程論の特徴として，様々な利点と欠点が混在している。管理過程論は，理論的に看過できないほどの大きな欠点をもちながら，一定の実践的有効性をもつがゆえに，今も経営管理論の主流の1つに数えられている。

テリー＝フランクリンは，これらの利点・欠点を踏まえて，自らの立場を修正的管理過程学派と位置付けた。テリー＝フランクリンが提唱する修正的管理過程論（modified management process theory）は，図表3-9に示されるように[15]，彼らが分類した①科学的管理学派，②行動学派，③社会学派，④システム管理学派，⑤状況適合的管理学派，⑥意思決定管理学派，⑦計量学派，⑧管理過程学派の8つの学派を，管理過程論を中核として統合したものである。

修正的管理過程論は，伝統的な管理過程論を中核として，他の学派の成果を柔軟に吸収し，常に時代の要請に応える経営管理論を目指してはいるものの，管理過程論の利点と欠点の大半は残されたままといえよう。

5 経営管理論の位置づけ

　経営管理を体系的に考察する第五の観点として，経営管理論の位置づけについて考察する。具体的には，①経営学における経営管理論の位置づけ，②経営管理論の隣接諸科学，③ビジネス・スクールにおける経営管理論の位置づけ，の3点について概観する。

❶ 経営学における経営管理論の位置づけ

　わが国の経営学は，戦前は主としてドイツ経営学，戦後は主として米国経営学に大きな影響を受けたとされている。

　ドイツ経営学は19世紀末頃，商科大学の設立と同時に生まれた。ドイツ経営学は，経営経済学と経営社会学の2つの分野から構成されるという見方が一般的である。

　経営経済学は，国民経済学とは別個の立場にたち，1912年頃の有名な私経済学方法論争を経て，様々な学派が生まれた。藻利重隆［1967a］によれば，①理論的経営経済学，②規範的経営経済学，③技術論的経営経済学の3つの学派に分類される[16]。経営経済学の研究対象は，商品の生産過程である。

　経営経済学は，商品の生産過程における人間の問題を研究対象とした。特に，労働者の疎外の問題が大きく取り上げられた。

　米国経営学は，大学教授を中心として発展したドイツ経営学とは異なり，テイラーの科学的管理法に代表されるように，主として生産現場の実務家や経営コンサルタントによって発展した。

　米国経営学についても，藻利重隆［1967b］によれば，①管理論的経営学，②制度論的経営学，③経済学的経営学の3つの学派に分類される[17]。管理論的経営学は，経営管理論または経営管理学と呼ばれることがある。制度論的経営学は，株式会社の性格やその行動などを研究の中心的課題とする。経済学的経営学は，近代経済学の分析手法を現代の企業活動の研究に導入したものである。

また，経営管理論とドイツ経営学との関連性は，研究対象や研究の方法論の類似性からみて，経営経済学の中の技術論的経営経済学が経営管理論にほぼ該当するものと思われる。

次に，経営管理論と米国経営学との関連性は，管理論的経営学は経営管理論そのものであり，米国経営学の主流となっている。さらに，現代の経営管理論は，制度論的経営学や経済学的経営学の研究対象および方法論を取り込みつつあるので，米国経営学と経営管理論の実態は極めて類似している。

しかし，経営管理論と経営学を比較すると，経営学のほうが当然ながら研究対象の範囲が広い。例えば，経営学には経営管理論に加えて，経営戦略論，経営組織論，経営史などが含まれるので，経営管理論よりもその対象領域は広い。

ところで，わが国の大学の経営学部・商学部，大学院の経営学研究科・ビジネス研究科などにおいて，経営管理論は，①経営戦略論，②経営組織論，③経営情報論，④マーケティング論などとともに，経営学を構成する重要な科目として位置づけられてきた[18]。

企業の活動（機能）に関する研究に主眼を置いている経営管理論の理解を深めるには，企業など組織の構造に研究の主眼を置いている経営組織論などの研究もあわせて必要である。

❷ 経営管理論の隣接諸科学

さらに，図表3-10に示されるように[19]，経営学の隣接科学と経営管理論との関連性について理解を深めることも必要不可欠である。

以下，経営学の7つの隣接科学について，経営管理論との関連性を中心に概観する。

① 経営学と経済学：経営学の研究対象である企業活動は，マクロ的な経済の動向，セミマクロ的な産業の動向などに大きな影響を受ける。したがって，経営管理について多面的に理解しようとすれば，マクロ的な経済に関する経済学およびセミマクロ的な産業に関する産業組織論など，経済学の知識が必要不可欠である。

② 経営学と社会学：社会学は社会の諸現象を観察・認識し，諸現象の因果関

係を発見・検証し，一般的な法則性を見出すことを目的としている社会科学の1分野であるので，社会学から経営管理に応用できる事柄は多い。

③ 経営学と工学：テイラーの科学的管理法以来，経営学と工学との関係性には長い歴史がある。近年，ICTの進展など経営管理と情報通信工学との関係が注目をあびている。ビジネス・モデル特許など新たな経営管理の領域について考察する場合，情報通信工学など工学の知識は必要不可欠である。

④ 経営学と会計学：会計学は，企業の経営成績（損益計算書）と財政状態（貸借対照表）に関して，体系的な知識を蓄積している。経営管理を遂行する場合，企業活動を計数的に把握することは必須事項であり，そう意味からも経営管理論と会計学は極めて深い関連性を有する。

⑤ 経営学と情報論：情報システムや情報ネットワークの進展に伴って，経営情報論という学問分野がすでに確立しており，企業活動と情報との関連性に関して学際的なアプローチが採用されている。経営管理論でも，情報論との学際的なアプローチが欠かせない。

⑥ 経営学と法学：企業は真空に存在しているのではなく，民法，会社法などの法律に準拠しつつ企業活動を行っている。民法，会社法などにとどまらず，ビジネス・モデル特許など極めて経営管理に密着した分野が台頭しており，経営管理と法学との関連性は従来にも増して密接なものになりつつある。

⑦ 経営学と国際論：今後のわが国の企業活動は，東アジアにその重点をシフ

図表3-10　経営学の隣接科学

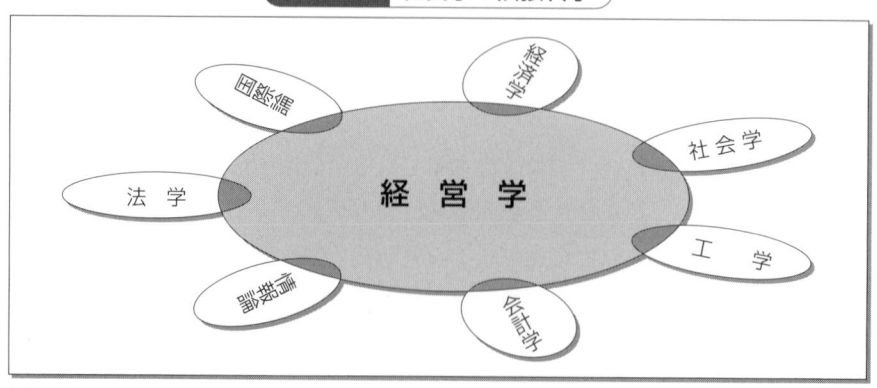

(出所)　岸川善光［2002］19頁。

トすることが予測されている。そうなると必然的に，東アジアの国々の歴史，地理，文化，言語などについての理解が欠かせない。アジア論をはじめとした国際関係論の知識が経営管理論にも必要不可欠になりつつある。

❸ ビジネス・スクールにおける経営管理論の位置づけ[20]

米国には，1908年に創設されたハーバード・ビジネス・スクールをはじめとして，約700校のビジネス・スクールが存在するといわれている。その中でも，トップ・テンといわれるハーバード大学，スタンフォード大学，ノースウェスタン大学，ダートマス・カレッジ，ペンシルバニア大学，MITなどのビジネス・スクールの卒業生は，世界中の企業の経営者として，あるいは経営コンサルタントなどの専門的職業人として，多くの人が目覚しい活躍をしている。

これらのビジネス・スクールにおいて，経営管理論はどのような位置づけになっているのであろうか。ハーバード・ビジネス・スクールは，フォード，ゼロックス，ゼネラルフーズなど一流企業の会長・CEOを輩出し，すべての教育カリキュラムをケース・メソッドによって実施している。ハーバード・ビジネス・スクールのカリキュラムを例にとって，ビジネス・スクールにおける経営管理論の位置づけについてみてみよう。

ハーバード・ビジネス・スクールのカリキュラムは，同校のMBAプログラム資料によれば，第一学年の必修科目は，①マーケティング，競争戦略，生産管理，組織行動，会計学，人的資源管理，財務管理，マネジメント・コントロールなど各機能別分野の科目，②意思決定論，コミュニケーション論などマネジメント技法に関する科目，③企業環境論，によって構成されている。

第二学年目の必修科目は，経営政策論（management policy and practice）だけである。この科目は，第一学年で履修する各機能分野別の科目群を統合するための科目とされており，いわゆるトップ・マネジメントの経営を扱う科目である。経営政策論は，経営戦略の「策定（形成）」と「実行」という2つの部分から構成されている。

わが国でも，慶応義塾大学，早稲田大学，国際大学，筑波大学，青山学院大学など，MBAプログラムが急増しつつある。1978年に，MBAプログラム第一

号として開設された慶応義塾大学大学院経営管理研究科（慶応ビジネス・スクール）でも，マーケティング，財務管理，経営組織論など，経営者としての意思決定能力を身につけるために，ほとんどの授業がケース・メソッドによって行われている。

　上でみたように，米国でもわが国でも，ビジネス・スクールのMBAプログラムでは，経営管理論は，マーケティング，生産管理，人的資源管理，財務管理，マネジメント・コントロールなど，各機能別分野の科目として位置づけられている。

1）システム関連文献を参考にして，筆者が作成。
2）森本三男［1995］5頁。
3）同上書36頁を参考にして，筆者が作成。
4）吉原英樹＝佐久間昭光＝伊丹敬之＝加護野忠男［1981］26頁。
5）ACME［1976］では，企業活動に必要な機能を層別分類して，「機能系統図」として提示している。
6）岸川善光［1999］80頁。
7）同上書81頁。
8）Katz,R.L.［1955］pp.33-42. および，Terry,G.R.＝Franclin,S.G.［1982］p.7.
9）同上。
10）藤芳明人［1989］88頁（藤芳誠一編［1989］，所収）。
11）中国国務院発展研究センター編［1993］84-87頁。
12）岸川善光［1999］89頁。
13）同上書90頁。
14）Terry,G.R.＝Franclin,S.G.［1982］p.37.（ただし，筆者が要約している。）
15）同上書pp.22-33.
16）藻利重隆［1967a］13-15頁。
17）藻利重隆［1967b］22-24頁。
18）岸川善光［2002］17頁。
19）同上書19頁。
20）ビジネス・スクールの項は，丹下博文［1992］，土屋守章［1974］，和田充夫［1991］およびハーバード大学・ビジネス・スクールのMBAプログラム資料を参照した。

第4章 経営戦略

本章では，環境主体との対境関係，すなわち環境主体とのかかわり方を保持する狭義の経営システムにおいて，最も重要な位置づけを占める経営戦略について考察する。

第一に，経営戦略の意義について考察する。具体的には，企業と環境とのかかわり方，経営戦略の定義，経営戦略の構成要素，の3点について理解を深める。

第二に，ドメインについて考察する。まず，ドメインの意義について理解を深め，次いで，ドメイン定義の要件について考察する。さらに，企業の存続・発展のために，ドメインの再定義が欠かせないことを理解する。

第三に，製品・市場戦略について考察する。まず，製品・市場戦略の意義について理解する。次いで，多角化戦略について理解を深める。さらに，製品・市場戦略の根底にある差別化と細分化について考察する。

第四に，経営資源の蓄積・配分について考察する。具体的には，経営資源の意義，PPM(プロダクト・ポートフォリオ・マネジメント)，選択と集中，の3点について理解を深める。

第五に，競争戦略について考察する。まず，競争戦略の意義について理解する。次いで，競争の基本戦略について理解を深める。さらに，競争環境のダイナミズムについて考察する。

第六に，ビジネス・システム戦略について考察する。まず，ビジネス・システム戦略の意義について理解する。次いで，供給連鎖について理解を深める。さらに，供給連鎖を軸として，ビジネス・システムの形態として，垂直的統合と水平的統合について考察する。

1 経営戦略の意義

❶ 企業と環境とのかかわり方

　第3章で考察したように，経営システムの3つのサブシステムの中で，環境主体との対境関係，すなわち企業と環境とのかかわり方を保持する狭義の経営システムは，経営システム全体にとって極めて重要な意義を有する。

　企業と環境とのかかわり方は，図表4-1に示されるように[1)]，①どのような顧客に，どのような製品・サービスを提供するか，②そのために，どのようなビジネス・システムを構築するか，③そのビジネス・システムには，どのような経営資源と能力を必要とするか，の3点が骨格になる。

図表4-1　企業と環境とのかかわり方

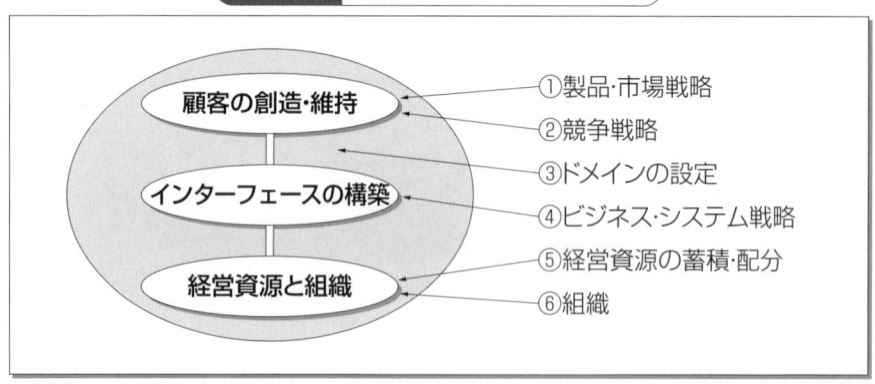

- 顧客の創造・維持 ── ①製品・市場戦略
- 　　　　　　　　　　②競争戦略
- インターフェースの構築 ── ③ドメインの設定
- 　　　　　　　　　　④ビジネス・システム戦略
- 経営資源と組織 ── ⑤経営資源の蓄積・配分
- 　　　　　　　　　　⑥組織

（出所）　岸川善光［2006］12頁。

❷ 経営戦略の定義

　もともと軍事用語である戦略（strategy）の語源は，ギリシャ語のstrategosからきたもので，本来の意味は，将軍の術（the general's art）であるという。

　1960年代の米国において，戦略という概念を経営学の分野ではじめて用いたといわれているチャンドラー［1962］は，「経営戦略とは，企業の基本的な長

期目標や目的を決定し，これらの諸目標を遂行するために必要な行動のコースを採択し，諸資源を割り当てること」と定義した[2]。

アンゾフ［1965］は，戦略を「部分的無知の状態のもとでの意思決定のためのルール」と定義している[3]。また，これに関連して戦略的意思決定について，「企業と環境との間の関係に関する決定」と定義した[4]。戦略的意思決定とは，主としてどのような製品・市場分野を選択するかにかかわる決定である。

ホッファー＝シェンデル（Hofer,C.W.＝ Shendel,D.E.）［1978］は，戦略を「組織がその目的を達成する方法を示すような，現在ならびに予定した資源展開と環境との相互作用のパターン」と定義した[5]。

次に，わが国の研究者による経営戦略の定義についてみてみよう。

石井淳蔵＝奥村昭博＝加護野忠男＝野中郁次郎［1996］は，戦略は「環境適応のパターン（企業と環境とのかかわり方）を将来志向的に示す構想であり，企業内の人々の意思決定の指針となるもの」と定義している[6]。

大滝精一＝金井一頼＝山田英夫＝岩田智［1997］は，「将来の構想とそれにもとづく企業と環境の相互作用の基本的なパターンであり，企業内の人々の意思決定の指針となるもの」と定義した[7]。また，ミンツバーグ（Mintzberg,H.）［1987］を引用して，経営戦略の概念として，①計画としての経営戦略，②策略としての経営戦略，③パターンとしての経営戦略，④ポジションとしての経営戦略，⑤パースペクティブとしての経営戦略，の5つを紹介している。

野中郁次郎［2002］は，戦略を「環境の機会や脅威にマッチした資源の蓄積と展開についての基本デザイン」と簡潔に定義している[8]。

上述したように，経営戦略の定義には多種多様な概念が混在している。しかし，それらを整理すると，いくつかの共通項に集約することができる。

共通項の第一は，「経営戦略とは，環境対応パターン（企業と環境とのかかわり方）に関するものである」という点である。経営戦略は，先述した環境変化のリスクを企業発展の「機会」と企業存続の「脅威」に選別し，環境変化に対して創発的に対応することにその意義がある。

共通項の第二は，「経営戦略とは，企業の将来の方向に一定の指針を与える構想である」という点である。ここで構想とは，軍事用語でいうグランド・デ

ザインに相当する概念である。

共通項の第三は,「経営戦略とは,企業におけるさまざまな意思決定の指針の役割を果たす」という点である。

上でみたように,経営戦略には多種多様な概念が混在しているものの,これらの共通項を整理して,本書では,「経営戦略とは,企業と環境とのかかわり方を将来志向的に示す構想であり,組織構成員の意思決定の指針となるもの」と定義して議論をすすめることにする。

❸ 経営戦略の構成要素

経営戦略の構成要素については,すでに様々な研究成果が蓄積されている。ここではその中から,アンゾフ［1965］,ホッファー＝シェンデル［1978］,石井淳蔵＝奥村昭博＝加護野忠男＝野中郁次郎［1996］,大滝精一＝金井一頼＝山田英夫＝岩田智［1997］,の4つの先行研究を取り上げ,そのアウトプットを概括的にレビューする。

アンゾフ［1965］は,経営戦略の構成要素として,①製品・市場分野,②成長ベクトル,③競争優位性,④シナジー,の4つを取り上げている[9]。

ホッファー＝シェンデル［1978］は,経営戦略の構成要素として,①ドメインの定義,②資源展開,③競争優位性の獲得,④シナジー,の4つをあげている[10]。

石井淳蔵＝奥村昭博＝加護野忠男＝野中郁次郎［1996］は,上述したアンゾフ［1965］やホッファー＝シェンデル［1978］などの先行研究を踏まえつつ,経営戦略の構成要素として,①ドメインの定義,②資源展開の決定,③競争戦略の決定,④事業システムの決定,の4つをあげている[11]。

大滝精一＝金井一頼＝山田英夫＝岩田智［1997］は,伝統的な経営戦略論の構成要素（内容）として,主としてホッファー＝シェンデル［1978］に準拠しつつ,①事業領域（ドメイン）,②資源展開,③競争優位性,④シナジー,の4つを取り上げている[12]。さらに,大滝精一＝金井一頼＝山田英夫＝岩田智［1997］は,この伝統的な4つの経営戦略の構成要素に加えて,「創造性」,「社会性」の2つを付加している。

第4章 経営戦略

図表4-2　経営戦略の構成要素

	アンゾフ [1965]	ホッファー＝ シェンデル [1978]	石井淳蔵他 [1996]	大滝精一他 [1997]	岸川善光 [2006]
①ドメイン	—	○	○	○	○
②製品・市場戦略	○	—	—	—	○
③資源展開	—	○	○	○	○
④競争戦略	○	○	○	○	○
⑤ビジネス・システム	—	—	○	—	○
⑥その他				創造性 社会性	創造性 革新性 社会性

（出所）　岸川善光 [2006] 69頁。

　上でみた主な先行研究を比較すると，図表4-2に示されるように[13]，いくつかの異同点が見えてくる。なお，この経営戦略の構成要素に関する先行研究の異同点の抽出は，①先行研究の著者が意識的に経営戦略の構成要素として取り上げ，自ら明示的に指摘しているか，②当該戦略要素を章レベルの独立した項目として取り扱っているか，という2つの基準を設定し，それに基づいて先行研究の比較分析を行った。

　したがって，図表4-2に○印がない場合でも，著書全体をみた場合，当該戦略構成要素について，その著者が経営戦略の構成要素として全く記述をしていないという意味ではない。

　上述した先行研究の異同点に関する考察を踏まえて，本書では，経営戦略の構成要素として，下記の5つの構成要素を選択する。
①　ドメイン：自社の戦略空間は何か，自社の事業は何か，自社の事業の再構築をいかに行うか，など。
②　製品・市場戦略：どのような製品・市場分野を選択するか，どのようなセグメンテーション具体的には，製品差別化と市場細分化を行うか，新製品開

97

発，新市場開拓をいかに行うか，など。
③　経営資源の蓄積・配分：必要な経営資源をどのように蓄積するか，限られた経営資源を何にどのように配分するか，独自の資源展開によってどのようなコア・コンピタンスを形成するか，など。
④　競争戦略：誰を競争相手とするか，何を競争力の源泉として戦うか，競争力をどのように利用するか，競争力をいかに効率的につくるか，など。
⑤　ビジネス・システム戦略：ビジネス・システムをいかに構築するか，企業間関係をどのように変革するか，など。

2 ドメイン

❶ ドメインの意義

　ドメイン（domain）とは，一般的には，領土・範囲・領域など，地理的な概念を表す言葉である。生物でいえば，生活空間，生存空間などを意味する。企業の場合，榊原清則［1992］は，「組織体がやりとりをする特定の環境部分のことをドメインという」と定義している[14]。すなわち，その企業の活動領域，存在領域，事業領域，事業分野のことをドメインという。
　オープン・システムである企業の場合，環境との関わりを通じてのみ，その存続・発展が可能になるので，特定の環境部分すなわちドメインを主体的に設定することは，企業の存続・発展にとって極めて重要なことである。
　ドメインを設定することによる効果として，①その企業に関するアイデンティティ（同一性）の規定，②組織構成員の努力やエネルギーの方向づけ，③企業が事業を推進する上で，必要とされる経営資源に関する指針の提示，などがあげられる。
　ドメインの概念は，様々な分析レベルで適用される。具体的には，対象とするレベルが企業の場合，企業ドメイン（corporate domain）といい，その企業の活動領域，存在領域，事業領域，事業分野を指す。また，対象とするレベルが

事業の場合，事業ドメイン（business domain）といい，事業レベルの活動領域，存在領域，事業領域，事業分野を指す。

　企業ドメインとは，その企業の特定の環境部分を主体的に設定することであり，企業の目的・使命に関する基本的な答を出すことである。すなわち，その企業の将来のあるべき姿，その目指すべき方向に関する基本的な考え方といえよう。また，最も典型的な事業ドメインは，①誰に，②何を，③どのように提供するか，という3つの要素に基づいて定義されることが多い。

　エーベル（Abell,D.F.）[1980]は，①企業が対応すべき顧客層，②企業が充足すべき顧客ニーズ（顧客機能），③企業が保有する技術，の3次元モデルを提示した[15]。

❷ ドメイン定義の要件

　レビット（Levitt,T.）[1960]は，「マーケティングの近視眼（marketing myopia）」という有名な論文の中で，ドメインの定義が企業の成長にとって決定的な役割を果たした事例を紹介している。レビットによれば，企業の成長が停滞する要因として，市場の飽和よりもむしろ経営者によるドメイン定義の失敗に起因することが多いという。

　レビットは，米国の鉄道会社が凋落した原因は，旅客や貨物輸送の需要が減少したからではなく，鉄道だけでは輸送需要が満たされなくなった結果として生じたものである，と述べている。

　すなわち，鉄道会社の斜陽化の原因は，鉄道会社が自らの事業を輸送事業と定義せずに，鉄道事業と定義したために，自社の顧客をむざむざ航空機，乗用車，トラック，船舶など他の輸送会社に奪われたのである。

　ドメインの定義は，①物理的定義，②機能的定義，の2つの方法に大別される。望ましいドメイン定義を考える場合，この2つの方法の特徴について熟知しておく必要がある。物理的定義とは，既存の製品に基づいて，しかもその物理的実体に着目したドメイン定義のことである。

　図表4-3に示されるように[16]，1/4インチのドリル，鉄道会社，映画会社，バレンタイン・チョコレートなどがその事例である。物理的定義は，カバーする

図表4-3　物理的定義と機能的定義

物理的定義	1/4インチのドリル	鉄道会社	映画会社	バレンタイン・チョコレート
機能的定義	1/4インチの穴	輸　送	娯　楽	愛

(出所)　Levitt,T.［1960］等を参考にして筆者が作成。

事業の領域や範囲が空間的にみても限定的で狭く，時間的にみても限定的で，変化や発展の方向性を示すことが困難な，いわゆる「マーケティングの近視眼」的な定義の方法である。

　機能的定義とは，製品や技術そのものではなく，製品や技術がどのような機能を顧客に提供するかという顧客志向の視点にたって，ドメインを定義する方法である。図表4-3に示されるように，1/4インチの穴，輸送，娯楽，愛が顧客の視点からみた機能，ニーズ，価値であり，このような視点からドメインを定義することを機能的定義という。

　上述した鉄道会社の事例に焦点を絞ると，鉄道（railroad）は，物理的定義の典型であり，輸送（transportation）は，機能的定義の典型である。このように，レビットは，物理的定義よりも機能的定義を推奨し，製品よりも顧客機能を重視すべきことを主張した。

❸　ドメインの再定義

　上述したエーベル［1980］の三次元モデル（①顧客層，②顧客機能，③技術）も，あるいは，榊原清則［1992］の三次元モデル（①空間の広がり，②時間の広がり，③意味の広がり）も，ドメイン定義の要件は，企業成長に伴って変化する。企業の長期的な存続・発展を考えると，ドメイン定義の要件は，変化することこそ常態であるともいえよう。

　エーベル［1980］は，図表4-4に示されるように，①顧客層，②顧客機能，

図表4-4　再定義のための戦略代案

戦　略	活動の広がり（あるいは差別性）		
	顧客層	顧客機能	技　術
1	同　じ	同　じ	ちがう
2	同　じ	ちがう	同　じ
3	ちがう	同　じ	同　じ
4	同　じ	ちがう	ちがう
5	ちがう	ちがう	同　じ
6	ちがう	同　じ	ちがう
7	ちがう	ちがう	ちがう

（出所）　Abell,D.F.［1980］訳書230頁。

③技術，の3次元のそれぞれについて，「広がり」と「差別化」を組合せることによって，ドメインの再定義のための7つの戦略代案を提示した[17]。

3　製品・市場戦略

❶ 製品・市場戦略の意義

　企業活動の基本は，特定の製品（サービスを含む）を，特定の市場に提供して，その対価を得ることであるといえる。現在の製品・市場が企業に安定した利益をもたらしていても，環境の変化によって，いつ売上・利益が減少するとも限らない。そのような事態に備えて，将来どの事業分野において，どのような製品を，どのような市場に提供するか，を決定するのが製品・市場戦略（product-market strategy）である。具体的には，製品分野と市場分野との組合せを決定し，製品・市場構造そのものを決定する戦略を製品・市場戦略という。

　製品・市場戦略を策定する上で，現在の製品・市場を基点にして，将来の方向を検討するスタイナー（Steiner,G.A.）［1979］の製品・市場マトリックスは，極めて有用なツールである。

製品・市場マトリックスは，製品および市場について，①現在，②関連あり，③関連なし，の３つに区分される[18]。現在の製品・市場分野では，共通する経営資源を利用できるのでリスクは低いが，関連のない分野でのリスクは極めて高い。

リスクには，①企業発展の機会という側面，②企業存続にとって脅威という側面，という２つの側面がある。この製品・市場マトリックスは，まさにリスクを機会とみるか脅威とみるかのツールでもある。

スタイナー［1979］の製品・市場マトリックスでいえば，現在および関連する分野において比較的にリスクが低いのは，共通の経営資源（共有経営要素）を効果的に利用できるからに他ならない。

第２章ですでに考察したように，アンゾフ（Ansoff,H.I.）［1965］は，このような共通の経営資源（共有経営要素）を有機的に結合させることによって生まれる効果をシナジー（synergy）と呼んだ。シナジーとは，いわば相乗効果のことである。シナジーは，通常，次の４つに区分される[19]。

① 販売シナジー：新事業分野（製品・市場）に進出するにあたって，現在の流通経路，販売組織，広告・宣伝，販売促進，ブランド・イメージなどの利用によって生まれる相乗効果。

② 生産シナジー：新事業分野（製品・市場）に進出するにあたって，現在の生産設備（工場，機械，工具など），原材料，技術ノウハウなどの利用によって生まれる相乗効果。

③ 投資シナジー：新事業分野（製品・市場）に進出するにあたって，現在の工場，機械・設備などの利用による相乗効果。

④ 経営管理シナジー：新事業分野（製品・市場）に進出するにあたって，現在の経営管理者が現在の事業分野で身につけた経営管理ノウハウ，スキルなどの利用によって生まれる相乗効果。

製品・市場戦略では，どの製品分野，どの市場分野に進出するかの決定は極めて重要である。アンゾフ［1965］は，製品と市場をそれぞれ現有分野と新規分野に分け，その組み合わせによって，①市場浸透戦略，②市場開発戦略，③製品開発戦略，④多角化戦略，の４つの製品・市場分野をあげている。アンゾ

フはこれを成長ベクトルと呼んだ。成長ベクトルは，現在の製品・市場分野との関連において，企業がどの方向に進むかを決定するツールである。
① 市場浸透戦略（market penetration strategy）：現有の製品・市場分野にとどまり，売上を伸ばし，シェア（市場占有率）を高めていく戦略である。
② 市場開発戦略（market development strategy）：現有の製品で新たな市場を開拓して，成長の機会を見出していく戦略である。
③ 製品開発戦略（product development strategy）：現有の市場に対して新製品を投入して，売上の増大を図る戦略である。
④ 多角化戦略（diversification strategy）：製品，市場とともに新たな分野に出し，そこに成長の機会を求める戦略である。

❷ 多角化戦略

多角化戦略とは，上述したように，製品，市場ともに新たな分野に進出し，そこに成長の機会を求める戦略である。

多角化は，共通の経営資源（共有経営要素）をもたない分野に進出するのでリスクも大きい。多角化の動機は企業ごとに異なるものの，一般的に，次の3つに集約することができよう。
① 製品のライフ・サイクル：製品にはライフ・サイクルがあるので，主力の単一製品だけに依存していると，その製品が衰退期に近づき需要が減退するに伴って，企業の存続そのものが危うくなる。
② 利益の安定：業界内での競争の激化，代替品の出現による需要減退など様々な競争要因によって，安定的に利益を確保することは極めて困難である。そこで，安定的な利益の確保を目指して，異なる業界や異なる分野の製品・市場分野に進出する。
③ 余剰資源の活用：企業活動を通じて，どの企業にも未利用経営資源が蓄積される。具体的には，経営ノウハウ，ブランド，顧客の評判などが未利用経営資源の例としてあげられる。

このように，多角化の動機を考察すると，多角化は企業成長の機会だけではなく，企業存続の脅威に対するリスク・ヘッジ（危険分散）としての役割も大

きいことが分かる。

　次に，多角化のタイプとして，アンゾフ［1965］は，水平型多角化，垂直型多角化，集中型多角化，集成型（コングロマリット型）多角化，の4つに分類している[20]。

① 水平型多角化：現在の製品分野の顧客を基盤として，現在の製品分野に関連した製品を投入することである。例えば，自動車メーカーがオートバイやクルーザーに進出しているのはこの水平型多角化の典型的な事例である。
② 垂直型多角化：供給連鎖（サプライ・チェーン）の川上（原材料）から川下（消費）にかけて，複数の事業分野で事業を展開することである。垂直型多角化はさらに，現在の事業分野から川下に進出する前方的多角化，逆に，川上に進出する後方的多角化，の2つに区分される。
③ 集中型多角化：特殊なマーケティング能力，技術能力をもつ企業が，現在の製品・市場に関連する事業分野に進出することである。
④ 集成型（コングロマリット型）多角化：現在の製品・市場分野とほとんど関連性のない事業分野進出することである。

　多角化は企業成長の機会として，さらにリスク・ヘッジ（危険分散）の手段として，世界中の企業において広く推進されている。また，多角化のタイプもますます多様化しつつある。

❸ 差別化と細分化

　製品・市場戦略においては，コトラー（Kotler,P.）［1989b］，コトラー＝アームストロング（Kotler,P.＝Armstrong,G.［2001］），やアーカー（Aaker,D.A.）［1984］［2001］らの指摘を待つまでもなく，製品一般，市場一般を対象とした漠然とした戦略では，製品・市場戦略の所期の効果を実現することはほとんど期待できない。特定の顧客ニーズ，標的市場，標的業界を絞り込むことが不可欠である。製品・市場戦略を効果的ならしめるには，製品，市場，業界について，複数のセグメント（segment）に分割することがその前提となる。すなわち，製品・市場戦略には，①製品差別化，②市場細分化，の2つが必要不可欠である。

　製品差別化（product differentiation）とは，製品の品質，性能，包装，販売経

路，サービスなど，製品の特性を基準として，他社の製品と差異をつけて，顧客に異なる製品であることを認識させることである。最近では，差別化という用語の他に，区別化，差異化などの類似用語が用いられることもある。

製品差別化は，企業すなわち供給側の多様性と異質性を認識することによって，競合企業に対する製品面における差別優位性を実現しようとする戦略的概念である。

市場細分化（market segmentation）とは，市場全体を複数のセグメントに分割することである。すなわち，市場細分化は，市場すなわち需要側における多様性と異質性を認識することによって，コトラー［1989b］が指摘するように，様々な細分化＝セグメンテーション（segmentation）の基準に基づいて，市場をいくつかの顧客別のセグメント（部分集合）に分割することである。

市場細分化に必要な要素としては，①規模（広がり），②類似性，③測定可能性，④接近可能性，⑤防御可能性，などがあげられる。

市場細分化を行う場合，どのような細分化の基準を選択するか，が最も重要な課題である。細分化の基準としては，顧客のタイプ，顧客に求められる機能・性能，価格に対する敏感さ（センシティビティ），用途，ブランド・ロイヤルティ，ブランド知覚などがあげられる。さらに，人口統計的なデータをもとにした顧客の一般的な分類基準として，地域，所得水準，規模，業種，年齢，性別，職業などが考えられる。

4 経営資源

❶ 経営資源の意義

経営資源とは，第3章ですでに考察したように，企業活動を行う上で必要な資源や能力のことである。経営資源は，一般的に，①ヒト，②モノ，③カネ，④情報，の4つに区分される。

この経営資源をどのように蓄積し，何にどのように配分するか，という経営

資源の蓄積・配分に関する組合わせは，経営戦略において極めて重要な課題である。経営資源の蓄積・配分に関する組合わせのことを経営資源ポートフォリオという。経営資源の蓄積を適切に行うことによって，新しい事業のシーズが自然に生まれることがあり得る。

経営資源の蓄積・配分には，考慮すべきいくつかの基礎的条件がある。以下，①経験曲線効果，②プロダクト・ライフ・サイクル，③限界収穫，の3点に焦点を絞って考察する。

〈経験曲線効果〉

経営資源の蓄積と配分に関する第一の基礎的条件として，経験曲線効果があげられる。経験曲線とは，第2章で考察したように，「製品の累積生産量が2倍になると，単位あたりコストが20〜30％低減する」という生産量とコストに関する経験則のことである。ここで経験とは累積生産量のことである。なお，累積生産量が倍増することによって得られるコスト低減効果のことを「経験曲線効果」という。

図表4-5で示した経験曲線は[21]，「累積生産量が2倍になると，単位あたりコストが20％低減する」という事例を図示したものである。この場合，累積生産量が8倍になるとコストがほぼ半分になるので，競合する企業に対して圧倒的

図表4-5　経験曲線

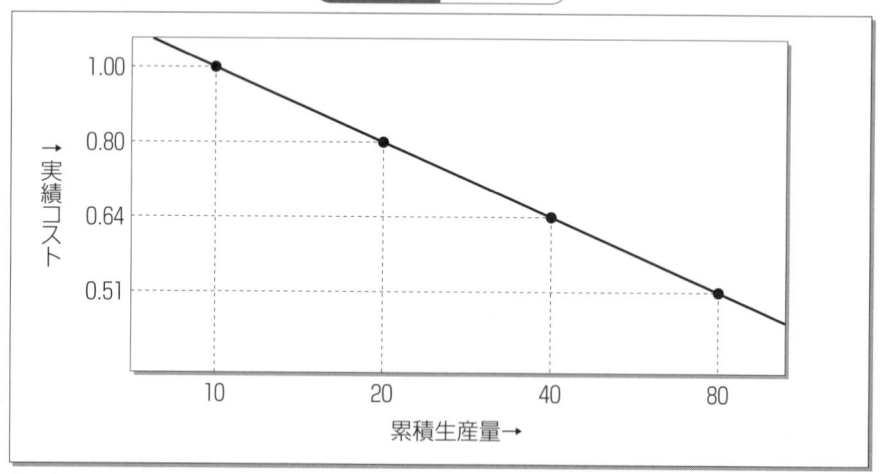

(出所)　岸川善光 [1999] 109頁。

な競争優位性を得ることができる。累積生産量はシェア（市場占有率）によって裏づけられるので，シェアの増大が極めて重要な課題とされる。経営資源の蓄積・配分において，経験曲線効果の実現を可能にする経営資源の蓄積・配分が欠かせない。

〈プロダクト・ライフ・サイクル〉

プロダクト・ライフ・サイクルと経営資源の蓄積・配分の関係性について考察する。製品には，人間と同じように寿命がある。製品の寿命，すなわち製品が開発されてから衰退するまでの一連のプロセスのことをプロダクト・ライフ・サイクルという。プロダクト・ライフ・サイクルは，通常，図表4-6に示されるように[22]，①開発期，②導入期，③成長期，④成熟期，⑤衰退期，の5つに区分される。

① 開発期：新しい機能を創出したり，既存の製品を抜本的に改良するなど，新たに製品を開発する段階のことである。この段階では，開発コストが発生するので多額の資金が必要になる。

② 導入期：開発された製品が市場に導入され，その価値や効用が消費者（顧客）に認知されはじめる段階のことである。この段階では，まだ市場規模は小さく，導入のためのコスト（広告宣伝費など）が発生するので，売上も利

図表4-6　プロダクト・ライフ・サイクル

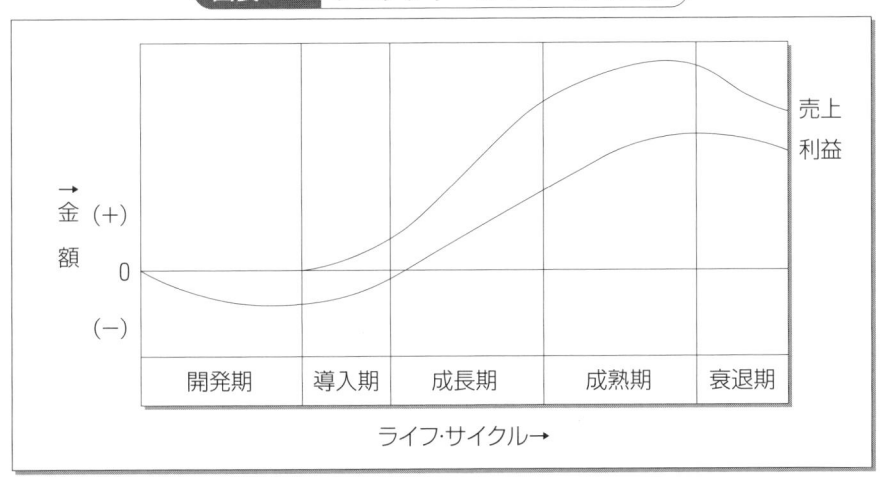

（出所）　岸川善光［1999］108頁。

益も多くは期待できない。
③　成長期：製品が市場に浸透し，需要が急速に伸びる段階のことである。この段階では，売上や利益は伸びるものの，シェア（市場占有率）を拡大するための競争が激化し，多くの資金需要が発生する。
④　成熟期：製品が市場に広く普及し，市場成長率が次第に低下する段階のことである。この段階では，市場の細分化（セグメンテーション）が進み，各企業のシェア（市場占有率）はほぼ固定する傾向が強い。
⑤　衰退期：市場はほぼ飽和状態になり，需要は減退し，売上や利益も次第に減少する段階のことである。この段階では，撤退する企業も見られるものの，他方では，新たな資金需要を必要としないので，利益面で好転する企業がある。

プロダクト・ライフ・サイクルの初期（開発期，導入期）では，開発コストや広告宣伝費などのキャッシュ・アウトフローが発生し，キャッシュ・インフローはまだ多くない。成長期や成熟期になると，キャッシュ・インフローもキャッシュ・アウトフローも多くなる。衰退期では，キャッシュ・インフローが低下するものの，キャッシュ・アウトフローも大幅に低減する。

このように，プロダクト・ライフ・サイクルとキャッシュ・フローとの間には極めて重要な関係性がある。

図表4-7　限界収穫逓減と限界収穫逓増

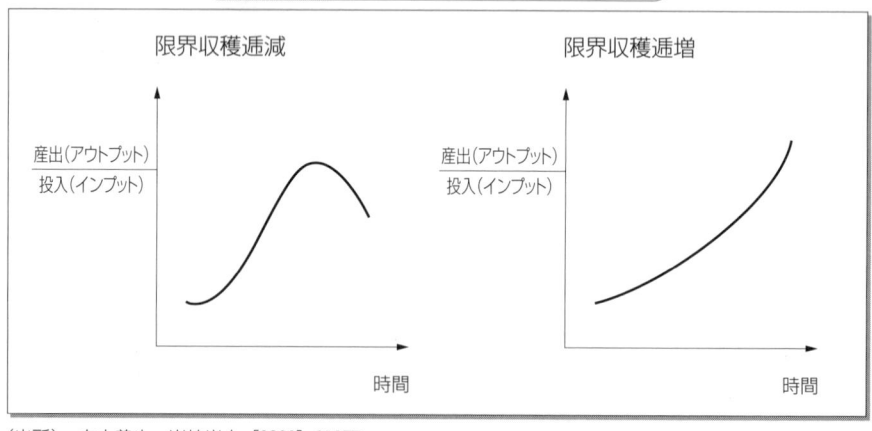

(出所)　寺本義也＝岩崎尚人［2000］212頁。

〈限界収穫〉

　経営資源の蓄積と配分に関する基礎的条件の第三として，限界収穫について考察する。限界収穫とは，図表4-7に示されるように[23]，限界産出量／限界投入量のことである。具体的には，生産要素の単位当たり投入量（限界投入量）を増大したとき，単位当たり産出量（限界産出量）が減少する場合，「限界収穫逓減」という。逆に，生産要素の単位当たり投入量（限界投入量）を増大したとき，単位当たり産出量（限界産出量）が増大する場合，「限界収穫逓増」という。従来，多くの企業が支配されてきたのは「限界収穫逓減」の法則である。

① ヒト（人的資源）：疲労などの理由によって，限界収穫は逓減する。
② モノ（物的資源）：故障などの理由によって，限界収穫は逓減する。
③ カネ（資金的資源）：模倣などの理由によって，限界収穫は低減する。

　しかし，情報（情報的資源）の場合，資源としての特性が，ヒト（人的資源），モノ（物的資源），カネ（資金的資源）とは異なるので，疲労，故障，模倣などの理由で，一義的に限界収穫が低減するとは限らない。

❷ プロダクト・ポートフォリオ・マネジメント（PPM）

　次に，プロダクト・ポートフォリオ・マネジメント（PPM：Product Portfolio Management）の主な目的は，多角化した製品・市場分野（事業分野）に対する経営資源の配分を適正化することにある。具体的には，企業全体を事業や製品のポートフォリオ（資産一覧表）としてとらえ，各事業，各製品に投下される経営資源の必要度，優先度などを，ポートフォリオ・マトリックスを用いて総合的に分析して，経営資源の選択と集中を図る。

　PPMにおける戦略策定のための組織単位のことをSBU（Strategic Business Unit：戦略事業単位）という。SBUは，GE社でPPMを導入する際に導入されて以来，世界各国に普及した。SBUは，①自己完結性，②認識可能性，③競合存在性，などいくつかの要件を満たす必要がある。

　PPMは，図表4-8に示されるように[24]，横軸に相対的マーケット・シェアをとり，自社の強みを測定する代用特性とした。この横軸は，資金創出量（現金

図表4-8　PPM（ボストン・コンサルティング・グループ）

	高	低
市場成長率　高	花形製品	問題児
市場成長率　低	金のなる木	負け犬

相対的市場占有率

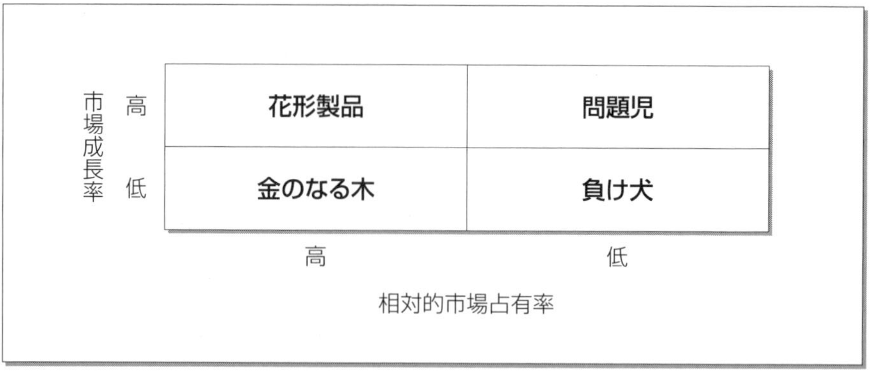

（出所）アベグレン＝ボストン・コンサルティング・グループ編［1977］71頁。

流入量）を意味する。すなわち，自社の強みが高ければ，資金の創出が可能で，現金流入量が増大するからである。縦軸には市場成長率をとり，事業の魅力度を測定する代用特性とした。

　この縦軸は，資金需要量（現金流出量）を意味する。すなわち，市場の成長率が高ければ，シェア（市場占有率）を確保するための資金需要が高くなり，現金流出量が増大するからである。このように，PPMでは，横軸に相対的マーケット・シェア（市場占有率），縦軸に市場成長率をとり，それらを組み合わせて，花形製品，金のなる木，問題児，負け犬という4つの象限に区分した。4つの象限は，それぞれ次のような事業特性をもつ。

① 花形製品：市場占有率が高く，かつ自社のシェアが高い象限のことである。この象限では，自社のシェアが高いので，現金流入量は多いものの，成長率を維持し，シェアを維持するために現金流出量も多い。

② 金のなる木：市場成長率は低いものの，自社のシェアが高い象限のことである。この象限では市場成長率が低いので，新たな投資を抑制することができる。したがって，現金流出量よりも現金流入量が大きくなり，他の事業のキャッシュ・フローの源泉として位置づけられる。

③ 問題児：市場成長率は高いものの，自社のシェアが低い象限のことである。ここでは投資を怠ると他の企業との競争に負けるので，多額の投資すなわち現金流出量を必要とする。

④　負け犬：市場成長率も自社のシェアもともに低い象限のことである。自社のシェアが低いので現金流入量は少ない。状況によっては早期の撤退が必要になる。プロダクト・ライフ・サイクルでは，衰退期に該当することが多い
PPMの本質は，経営資源の蓄積・配分のツール，特に，キャッシュ・フロー・マネジメントに焦点をあてたツールである。

❸ 選択と集中

　経営資源の蓄積・配分において，選択と集中が必要不可欠である。なぜならば，経営資源は無限ではなく，有限であるという厳然たる事実があるからである。そこで本節では，①コア・コンピタンス，②M＆A，③アウトソーシング，の3点に焦点を絞って考察する。

〈コア・コンピタンス〉

　ハメル＝プラハラード（Hamel, P.＝Plahalad,C.K.）[1994]によれば，「コア・コンピタンスとは，顧客に対して他社には真似のできない自社ならではの価値を提供する企業の中核的な力のこと[25]」である。すなわち，コア・コンピタンスとは，顧客に特定の利益をもたらす一連のスキルや技術をいう。近年，このコア・コンピタンスが経営資源ベースの経営戦略論を中心として，重要な経営資源とみなされつつある。

　コア・コンピタンスは，製品単位で競争優位の源泉を検討するのではなく，もっと幅広く，企業全体の競争力としてとらえる概念である。

　ハメル＝プラハラード[1994]によれば，コア・コンピタンスには，①顧客価値，②競合会社との違い，③企業力を広げる，という3つの要件が不可欠である[26]。

　このように，企業力としてのコア・コンピタンスは，個別的なスキルや技術を指すのではなく，むしろそれらを束ねたものである。従来の経営資源の概念が要素に注目したものであるのに対して，コア・コンピタンスの概念は，要素を組み合わせる能力に注目した概念であるといえる。

〈M＆A（merger and acquisition）〉

　M＆A（合併・買収）とは，文字通り，合併・買収のことであり，近年，経

営資源の外部調達の方法として脚光をあびている。従来，わが国ではM&Aは，企業の乗っ取りというイメージが広く社会に浸透し，経営戦略の主流とはなり得なかった。

　M&Aの背景としては，わが国だけでなく世界的な潮流として，規制緩和や税制改革，さらに独禁法改革・緩和など，事業のプラットフォームの革新に対する迅速な対応，投資機会の枯渇による資金過剰対策，事業の再編・再構築などがあげられる。

　M&A戦略は，①新事業分野への進出，②製品力の向上，③市場支配力の拡大，④海外市場の獲得，⑤研究開発力の強化，⑥多角化による既存事業とのシナジーの実現，⑦生産コストの低減，⑧管理費の削減など，数多くの狙いが考えられるものの，企業の置かれた立場およびタイミングによってその重要性は企業ごとに異なる。

　M&A戦略の最大の利点としては，製品・市場，ノウハウなどの経営資源を迅速に調達することによって，競争企業に対する競争優位を獲得することができることである。

〈アウトソーシング〉

　近年，企業活動を取り巻く環境は激変しており，競争も激化の一途をたどっている。このような環境下，アウトソーシングを行う企業が増えている。アウトソーシングとは，企業活動に必要な活動(機能)の一部を，外部の企業に継続的に委託することである。経営資源の外部調達の新たな方法であるといえよう。

　アウトソーシングの効果としては，①外部の企業に競争原理を導入することによって，高品質で迅速なサービスを安価に得ることができる，②固定費の変動費化によって，変化に対する柔軟な対応力を得ることができる，③自社の活動（機能）を本業に特化させることによって，より深いコア・コンピタンス（独自能力）を蓄積することができる，④外部の企業を活用することによって，必要な投資を削減することができる，などのメリットを得ることができる。

第4章 経営戦略

5 競争戦略

❶ 競争戦略の意義

　競争戦略（competitive strategy）とは，「特定の事業分野，製品・市場分野において，競合企業（競争相手）に対して，持続可能な競争優位（sustainable competitive advantage）を獲得するために，環境対応のパターンを将来志向的に示す構想であり，組織構成員の意思決定の指針となるもの」[27]である。

　競争戦略では，「競合企業（競争相手）に対して，いかに持続可能な競争優位を獲得するか」ということが最も重要である。そのためには，下記の4点が課題となる。

① 競合企業（競争相手）：競争戦略では，まず「誰を競合企業（競争相手）とするか」を選択しなければならない。近年では，競合企業（競争相手）は，同一製品・類似製品の生産者だけでなく，代替品の生産者，潜在的代替品の生産者など，その範囲が拡大しつつある。

② 競争力の源泉：競争戦略において，「何を競争力の源泉として戦うか」ということは，極めて重要な課題である。競争力の源泉は，企業が顧客のためにつくり出すことのできる価値である。価値は顧客が喜んで払ってくれる対価であり，基本的には，同等の便益を競合企業（競争相手）よりも安い価格で提供するか，あるいは競争企業（競争相手）の製品・サービスと比べて顧客にとって魅力のある特異性をもった便益を提供するか，の2つに大別される。

③ 競争力の活用：競争戦略において，「競争力をどのように活用するか」ということも重要である。競争の方法，場，タイミングを考慮しつつ，競争力を活用することによって，競争優位の獲得という所期の目的を実現することができる。

④ 競争力の構築：競争戦略において，「競争力をいかに効率的につくるかということは，競争戦略の根源的な課題である。競争力の源泉である価値は，

113

製品，価格，ブランドなど製品に直接的に関連するもののみならず，近年では，ビジネス・システム，企業文化など，多くの要素が考えられる。

市場における競争環境は，常に変化している。例えば，産業構造の変化，新たな規制の出現や規制緩和の促進，社会的価値観の変化，技術革新の進展など，競争環境は，変化こそが常態であるともいえる。これらの競争環境の変化は，企業に多くのリスクをもたらす。企業はこのような環境変化のリスクに対応しつつ，競争に打ち勝つことによってのみ，存続し発展することができる。

ポーター (Porter,M.E.) [1980] によれば[28]，業界の魅力度と業界内の競争的地位が収益性を規定するという。ポーター [1980] は，「業界の収益性を規定する5つの要因」として，①新規参入の脅威，②代替品（製品・サービス）の脅威，③買い手の交渉力，④売り手の交渉力，⑤業者間の敵対関係，の5つをあげている。すなわち，業界の収益力は，業界内だけではなく，業界の外にある環境要因も大きく影響することを示している。

❷ 競争の基本戦略

ポーター [1980] は，図表4-9に示されるように[29]，競争優位のタイプおよび顧客ターゲットの範囲という2つの観点を組み合わせて，競争の基本戦略として，①コスト・リーダーシップ戦略，②差別化戦略，③集中戦略，の3つをあげている。以下，3つの競争の基本戦略について考察する。

〈コスト・リーダーシップ戦略〉

コスト・リーダーシップ戦略 (cost leadership strategy) とは，同一製品・サービスを，競争企業と比較して低コストで生産し，コスト面で優位性を確保するという戦略である。この戦略は，主として「経験曲線効果」を活用することによって実現することができる。

〈差別化戦略〉

差別化戦略 (differentiation strategy) とは，自社の製品・サービスに何らかの独自性を出し，顧客の「ニーズの束」に対して競合企業（競争相手）との差をつけることによって，相対的かつ持続的な優位性を保つための戦略である。

差別化の手段としては，①製品そのもの（品質，性能，デザイン，ブランド

図表4-9　競争の基本戦略

	競争優位	
	他社より低いコスト	差別化
広いターゲット	1. コスト・リーダーシップ	2. 差別化
狭いターゲット	3a. コスト集中	3b. 差別化集中

（縦軸：顧客ターゲットの範囲）

（出所）Porter, M.E.［1980］訳書61頁。

など）の特異性による差別化，②販売促進（広告，セールスマンの数，見本市・展示会の開催頻度など）の特異性による差別化，③流通システム（流通チャネル，取引形態，マージンなど）の特異性による差別化，などさまざまな差別化が行われている。

〈集中戦略〉

　コスト・リーダーシップ戦略と差別化戦略が業界全体を対象としているのに対して，集中戦略（focus strategy）は市場を細分化して，特定のセグメントに対して経営資源を集中する戦略である。集中戦略は，コスト集中戦略と差別化集中戦略に分けられる。

❸ 競争環境のダイナミズム

　ところで，競争環境はマーケット・ライフ・サイクルによって大きく異なることが観察される。マーケット・ライフ・サイクルは，①導入期，②成長期，

③成熟期，④衰退期，の4つの段階に区分することができる[30]。
① 導入期：製品が市場に導入され，その価値や効用が消費者（顧客）に徐々に認知されはじめる段階のことである。この段階では，売上はまだ小さく，導入のためのコスト（広告宣伝費など）が発生するので，利益もキャッシュ・フローもマイナスである場合が多い。
② 成長期：製品が市場に浸透し，需要が急速に伸びる段階のことである。売上・利益は急増する。競合企業（競争相手）は増え，市場浸透のためのコストも増大するが，キャッシュ・フローは，次第にプラスに転換する。
③ 成熟期：製品が市場に普及し，市場成長率が徐々に低下する段階のことである。この段階では，特徴のある競合企業（競争相手）が増加するが，資金需要は減少するので，キャッシュ・フローはプラスを維持する。
④ 衰退期：市場はほぼ飽和状態になり，需要は減退し，売上も利益も次第に減少する段階のことである。競合企業（競争相手）は減少し，キャッシュ・フローは，通常マイナスに転換する。

上述したマーケット・ライフ・サイクルに準拠して，ライフ・サイクルごとに，競争要因がどのように変化するかについて考察する。
① 導入期：導入期における競争要因は，製品認知および市場拡大に重点が置かれる。すなわち，いかに顧客のニーズを迅速かつ正確に理解するか，いかに顧客のニーズを技術的に実現するかなど，製品認知および市場拡大に関する競争要因は，顧客ニーズと技術との相互作用のあり方にかかわるものが多い。
② 成長期：成長期における競争要因は，市場浸透およびブランド化に重点が置かれる。市場浸透およびブランド化に最も効果的な競争要因は，「業界標準（デファクト・スタンダード）」を獲得することである。
③ 成熟期：成熟期における競争要因は，シェア（市場占有率）の維持とブランド・ロイヤルティに重点が置かれる。シェア（市場占有率）の維持は，経験曲線効果を取り込む対応でもあり，キャッシュ・フローの増加のためにも不可欠である。
④ 衰退期：衰退期における競争要因は，生産性の確保および選択的対応に重

点が置かれる。競合企業（競争相手）が減少し、資金需要も減少するので、製品差別化と市場細分化への対応がうまくいけば、キャッシュ・フローの増加が見込めることもある。まさに選択的対応が欠かせない。

6 ビジネス・システム戦略

❶ ビジネス・システム戦略の意義

従来,「どのような顧客に，どのような製品（サービスを含む）を提供するか」という製品・市場戦略が経営戦略の中核とされてきた。近年では，顧客に価値を届けるための仕組み（ビジネス・システム）が，経営戦略において急激に重要性を増大しつつある。

ビジネス・システム（business system）の概念は，比較的新しいので，まだ統一的な見解は存在しないといえよう。例えば，①ビジネス・システム，②ビジネス・モデル，③ビジネス・プロセス，④価値連鎖（バリュー・チェーン），⑤供給連鎖（サプライ・チェーン），⑥需要連鎖（ディマンド・チェーン），⑦ロジスティクスなど，多くの類似概念が存在し，概念間に相互に重複が見られ，混乱さえ生じている。そこで，まず類似概念を含めて，先行研究における主な定義について概観する。

第一に，加護野忠男[1999]は，「顧客に価値を届けるために行われる諸活動を組織化し，それを制御するシステムをビジネス・システムという[31]」と定義している。

第二に，國領二郎[1999]は，ビジネス・モデルの定義を，①誰にどんな価値を提供するか，②そのために経営資源をどのように組み合わせ，その経営資源をどのように調達し，③パートナーや顧客とのコミュニケーションをどのように行い，④いかなる流通経路と価格体系のもとで届けるか，というビジネスのデザインについての設計思想である[32]」と定義している。

第三に，ダベンポート（Davenport,T.H.）[1993]は，「ビジネス・プロセスと

は，特定の顧客に対して，特定のアウトプットを作り出すために，デザインされ構造化された評価可能な一連の活動のことである[33]」と定義している。

第四に，価値連鎖（バリュー・チェーン）は，すでに第2章で考察したように，ポーター［1980］が提示した「価値活動の内部的な連結関係から競争優位の源泉を創出するためのフレームワーク（分析枠組み）のこと」である。価値連鎖は，企業間価値連鎖である「価値システム」の1つの構成要素でもある。

第五に，供給連鎖（サプライ・チェーン）は，「生産者起点による製品の流れ，機能連鎖，情報連鎖のこと」である。製造業の場合，①調達，②製造，③マーケティング，④物流，⑤顧客サービス，の5つの機能，または研究開発を含めて6つの機能によって構成されることが多い。

第六に，需要連鎖（ディマンド・チェーン）は，「消費者起点による製品の流れ，機能連鎖，情報連鎖のこと」である。機能としては，供給連鎖と同一であるものの，顧客ニーズ主導型のビジネスの構造である。

第七に，米国ロジスティクス管理協議会［1986］によれば，「ロジスティクスとは，顧客のニーズを満たすために，原材料，半製品，完成品およびそれらの関連情報の産出地点から消費地点に至るまでのフローとストックを効率的ならしめるように計画，実施，統制することである」。

本書では，「ビジネス・システムとは，顧客に価値を届けるための機能，経営資源を組織化し，それを調整・制御するシステムのことである」[34]と定義して議論を進める。ちなみに，ビジネス・システム戦略は，このビジネス・システムを競争優位の源泉とする戦略のことである。

❷ 供給連鎖（サプライ・チェーン）

近年，競争環境は激変しており，企業レベルにおける競争だけでなく，提携，連合，統合，事業基盤共有，合併など，「企業間関係」の革新を伴う企業グループ間の競争も次第に熾烈さを増している。この熾烈な競争の背景には，供給連鎖（supply chain）をめぐる主導権争いがある。

供給連鎖（サプライ・チェーン）とは，「生産者起点による製品の流れ，機能連鎖，情報連鎖のこと」である。具体的には，製品の開発から消費に至る一

連のプロセスのことである。製造業の場合，一般的には，①調達，②製造，③マーケティング，④物流，⑤顧客サービス，の5つの機能の連鎖によって構成されることが多い[35]。これに研究開発を加えて，6つの機能の連鎖とすることもある。供給連鎖は，ビジネス・システムの典型例でもある。

供給連鎖は，その性格上複数の企業にまたがるので，供給連鎖の組み替えを図ると，必然的に連合，提携，事業基盤の共有，統合，合併など「企業間関係」の革新を伴うことになる。

供給連鎖の概念は，図表4-10に示されるように[36]，①物流の時代（1980年代中頃以前），②ロジスティクスの時代（1980年代中頃から），③SCM（サプライチェーン・マネジメント）（1990年代後半から）の時代，という3つの段階を経て普及しつつある。

近年では，物流の時代，ロジスティクスの時代を経て，供給連鎖（サプライ

図表4-10　SCM（サプライチェーン・マネジメント）の発展過程

	物流	ロジスティクス	サプライチェーン・マネジメント
時期（日本）	1980年代中頃以前	1980年代中頃から	1990年代後半から
対象	輸送，保管，包装，荷役	生産，物流，販売	サプライヤー，メーカー，卸売業者，小売業者，顧客
管理の範囲	物流機能・コスト	価値連鎖の管理	サプライチェーン全体の管理
目的	物流部門内の効率化	社内の流通効率化	サプライチェーン全体の効率化
改善の視点	短期	短期・中期	中期・長期
手段・ツール	物流部門内システム機械化，自動化	企業内情報システム POS，VAN，EDIなど	パートナーシップ，ERP，SCMソフト，企業間情報システム
テーマ	効率化（専門化，分業化）	コスト＋サービス 多品種，少量，多頻度，定時物流	サプライチェーンの最適化 消費者の視点からの価値 情報技術の活用

（出所）　SCM研究会[1999]15頁を筆者が一部修正。

チェーン・マネジメント）の時代になり，企業間情報ネットワークの構築によって，供給連鎖（サプライチェーン）全体の効率が飛躍的に向上しつつある。

❸ 垂直的統合と水平的統合

次に，供給連鎖（サプライチェーン）を基軸として，ビジネス・システムの形態について考察する。ビジネス・システムの革新は，①垂直的統合（vertical integration），②水平的統合（horizontal integration），の2つの方法によってなされることが多い。

① 垂直的統合：垂直的統合とは，原材料の調達から製品の販売，顧客サービスに至る機能（業務，活動）を垂直的な流れとみて，2つ以上の機能（業務，活動）を1つの企業内にまとめることをいう。

垂直的統合には，2つの方向がある。原材料の調達から製品の販売に至る機能（業務，活動）の内，原材料調達に近いほうを川上，製品販売に近いほうを川下というが，この川下の方向に向かうものを前方統合（forward integration）といい，川上の方向にさかのぼるものを後方統合（backward integration）という。

素材メーカーが完成品の生産に進出したり，完成品メーカーが既存の流通チャネル（卸・小売）を回避して，直販を行うなどは前者の例であり，逆に，完成品メーカーが原材料の生産に乗り出したり，小売店が自社ブランドの製品を生産するなどは後者の例である。

② 水平的統合：同種の事業分野，製品・市場分野に進出し，事業範囲を拡大することを水平的統合という。企業同士を結合することによって達成されることが多く，同種の事業分野における企業の合併を意味して使われる場合が多い。

水平的統合の目的は，主として，規模の経済の実現と競争優位の獲得である。国際競争力を高めるために大銀行同士が合併したり，類似製品を生産しているメーカー同士が合併するケースがこれにあたる。

水平的統合は，研究開発，生産，マーケティングなど機能（業務，活動）を結合することによって，規模の利益の実現が可能になる他に，生産拠点の再配

置，設備投資の重複の排除，管理組織の削減などの利益が得られる。

ところで，供給連鎖は，ビジネス・システムの形態という視点から分類すると，垂直的統合の典型例であるといえる。ちなみに，ポーター［1980］の価値連鎖も，ビジネス・システムの形態としては，機能（業務，活動）を垂直的に連結したビジネス・システムである。ただし，供給連鎖が企業間機能（業務，活動）の連結を基本とするのに対して，価値連鎖は，企業内機能（業務，活動）の連結にすぎない。ポーターは，この弱点を自覚して，各企業の価値連鎖を連結した価値システムという概念を後で提示した。ポーターの価値システムは，供給連鎖とほぼ類似のビジネス・システムといえよう。

1）岸川善光［2006］12頁。
2）Chandler,A.D.Jr.［1962］訳書13頁。
3）Ansoff,H.I.［1965］訳書20頁。
4）同上書7頁。
5）Hofer,C.W.＝Shendel,D.E.［1978］訳書30頁。
6）石井淳蔵＝奥村昭博＝加護野忠男＝野中郁次郎［1996］7頁。
7）大滝精一＝金井一頼＝山田英夫＝岩田智［1997］12-13頁。
8）野中郁次郎［2002］45頁。
9）Ansoff,H.I.［1965］訳書135-140頁。
10）Hofer,C.W.＝Shendel,D.E.［1978］訳書30-33頁。
11）石井淳蔵＝奥村昭博＝加護野忠男＝野中郁次郎［1996］8-11頁。
12）大滝精一＝金井一頼＝山田英夫＝岩田智［1997］14-15頁。
13）岸川善光［2006］69頁。
14）榊原清則［1992］6頁。
15）Abell,D.F.［1980］訳書37頁。
16）Levitt,T.［1960］等を参考にして筆者が作成。
17）Abell,D.F.［1980］訳書230頁。
18）Steiner,G.A.［1979］p.180.
19）Ansoff,H.I.［1965］訳書100,137頁。
20）同上書165頁。
21）岸川善光［1999］109頁。
22）同上書108頁。
23）寺本義也＝岩崎尚人［2000］212頁。
24）アベグレン＝ボストン・コンサルティング・グループ編［1977］7頁。
25）Hamel,P.＝Prahalad,C.K.［1994］訳書11頁。
26）同上書260-265頁。
27）岸川善光［2006］164頁。

28）Porter,M.E.［1980］訳書18頁。
29）Porter,M.E.［1980］訳書61頁。
30）グロービス・マネジメント・インスティテュート編［1999a］80頁。
31）加護野忠男［1999］787頁。(神戸大学大学院経営学研究室編［1999］，所収)。
32）國領二郎［1999］24頁。
33）Davenport,T.H.［1993］訳書14-15頁。
34）岸川善光［2006］193頁。
35）同上書［2006］203頁。
36）SCM研究会［1999］15頁を筆者が一部修正。

第5章 経営組織

　本章では，経営管理の実践の場である経営組織について考察する。従来，経営管理論と経営組織論の両者は，概念的に混同されるほど密接な関係をもっている。経営管理について学ぶ上で経営組織に関する理解は必要不可欠である。

　第一に，経営組織の編成について考察する。まず，組織の概念について理解する。次いで，環境─経営戦略─組織の関連性について考察する。さらに，組織形態について理解を深める。

　第二に，組織の動態化について考察する。まず，動態化の必要性について理解する。次いで，動態化の実態について考察する。さらに，今後動態化を進める際の指針の1つとなるであろうネットワーク型組織について考察する。

　第三に，組織における人間行動について考察する。まず，組織行動論（ミクロ組織論）の意義について概観する。次いで，個人レベルのテーマとして，パーソナリティ，モティベーション，学習について考察する。さらに，集団レベルのテーマとして，コミュニケーション，リーダーシップについて理解を深める。

　第四に，組織文化について考察する。まず，組織文化の意義について理解する。次いで，組織文化の形成と革新について考察する。さらに，組織シンボリズムについて概観する。

　第五に，組織変革について考察する。まず，組織の発展モデルについて理解する。次いで，組織学習について考察する。さらに，戦略的組織革新について理解を深める。

　第六に，組織間関係について考察する。まず，組織間関係の意義について理解する。次いで，組織間関係のパースペクティブについて考察する。さらに，組織間関係の革新について理解を深める。

1 経営組織の編成

❶ 組織の概念

　第1章で述べたように,現代は「組織の時代」である。社会の様々な分野において,企業組織をはじめとする組織が極めて大きな役割を果たしている。企業組織の他にも,政治組織,宗教組織など様々な組織が存在するものの,ここでは企業組織に焦点を絞って考察する。

　組織の概念については,図表5-1に示されるように[1],時代によって,また経営組織論の各学派によって,その組織観は大きく異なる。しかし,各学派（古典的組織論,新古典的組織論,近代的組織論,適応的組織論,戦略的組織論,社会的組織論）が追求する組織の目的は異なるものの,組織理論の発展の方向性には,合理性⇒人間性⇒システム性⇒条件適応性⇒戦略性⇒社会性という「一定の法則性」が見受けられる。

　第2章で考察したように,近代的組織論の元祖であるバーナード［1938］は,「組織とは,2人またはそれ以上の人々の意識的に調整された活動や諸力のシステムである[2]」と定義した。バーナードは,主体的な人間観を前提として,

図表5-1　経営組織論の発展段階

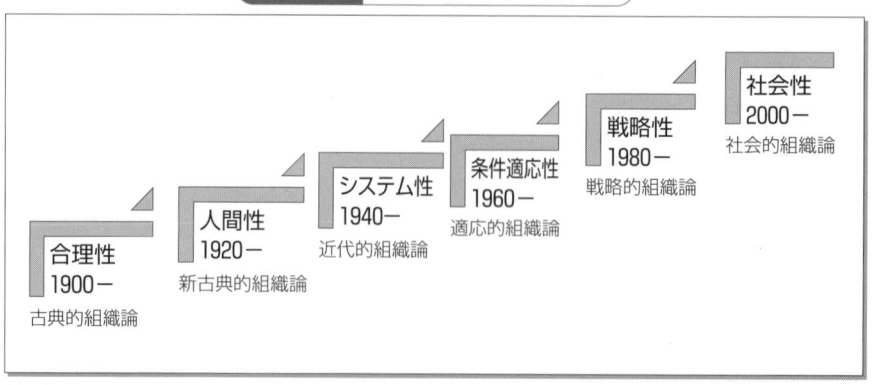

段階	時代	学派
合理性	1900—	古典的組織論
人間性	1920—	新古典的組織論
システム性	1940—	近代的組織論
条件適応性	1960—	適応的組織論
戦略性	1980—	戦略的組織論
社会性	2000—	社会的組織論

（出所）　岸川善光［2007b］29-74頁を参考にして筆者が図表化した。時代区分は大体の目安である。

組織の本質を人間の協働システム (cooperative system) と認識しており，その観点から組織の定義を行っている。もともと組織は，個人目的達成上の制約 (constraint) を克服するために，他者との協働関係を構築しようとする時に発生する。バーナードは，組織成立の基本的要素として，①共通目的 (a common purpose)，②協働意欲 (willingness to cooperate)，③コミュニケーション (communication)，の3つをあげた[3]。

このバーナードに先立つ古典的組織論では，合理的な職能構造や職務体系を設計することを重視したので，組織編成における様々な組織原則を生み出した。厳密にいえば，これらは原則と呼べるものではなく，一種の経験則であるが，ここでは一般の用語法に従って，最も基本的な4つの組織原則についてみておこう。

① 専門化の原則 (specialization)：目的達成のために遂行すべき職能を，各組織構成員に合理的に配分し，各組織構成員が専門性を習得することによって，いわゆる分業の効果が活かされる組織を設計しなければならない。

② 権限・責任一致の原則 (parity of authority and responsibility)：権限と責任は，職務を仲介とした対応関係にあるので，各組織構成員は職務を遂行する場合，同じ大きさの権限と責任が与えられなければならない。

③ 命令一元化の原則 (unity of command)：組織構成員はすべて，常に一人の上司（経営管理者）からのみ命令を受けるべきであり，命令した上司に結果を報告しなければならない。

④ 統制範囲の原則 (span of control)：一人の経営管理者が直接統制できる部下の数には，時間的・空間的・生理的に限界があるので，統制範囲には自ずと限界がある。

❷ 環境─経営戦略─組織の関係性

すでに第1章と第4章で考察したように，企業と環境は，相互に密接な関係性を有している。具体的には，環境変化と経営戦略は極めて密接な関係がある。同様に，経営戦略と組織も極めて密接な関係がある。今日では，組織について考察する場合，この環境─経営戦略─組織の適合関係がますます重視されるよ

うになりつつある。

　従来，経営戦略と組織の関係は，明確に区分されてきた。「組織構造は戦略に従う」という有名なチャンドラーの命題も，「戦略は組織によって規定される」というアンゾフの命題も，共に経営戦略と組織の「二分法」を採用している。

　観点はやや異なるものの，アンドリュース（Andrews,K.R.）[1971] も，戦略策定と実施という「二分法」をとっている。ちなみに，アンドリュースのいう戦略策定の内容には，環境における機会と脅威の分析，自社の経営資源の強みと弱みの分析，社会的役割，経営者の価値観などが含まれ，実施の内容としては，組織構造，組織プロセス，組織行動，トップ・マネジメントのリーダーシップなどが含まれる。

　ところが最近では，経営戦略と組織の関係は，上で述べた「二分法」ではなく，経営戦略と組織との区分は，相互依存的・相互補完的であり，曖昧であることが徐々に明らかになりつつある。例えば，経営戦略と組織との相互浸透モデルと呼ばれているアプローチがその典型である。

　経営戦略と組織の相互浸透モデルについていくつかみてみよう。例えば，ピーターズ＝ウォーターマン（Peters,T.J.＝Waterman,R.H.）[1982] は，組織の構成要素として，①戦略，②組織構造，③システム，④人材，⑤スキル，⑥行動様式，⑦共通の価値観，の7つをあげている[4]。いわゆる7Sモデルと呼ばれる組織モデルであり，経営戦略と組織構造だけでなく，7つの要素が相互に錯綜しながら浸透している。

　マイルズ＝スノー（Miles,R.E.＝Snow,C.C.）[1978] も，経営戦略と組織の相互浸透モデルの例としてあげることができる。マイルズ＝スノー[1978] は，企業の環境適応の形態を経営戦略と組織の2軸によってとらえ，①防衛型，②先取り型（探究型），③分析型，④反応型（受身型），の4つに分類した[5]。

　マイルズ＝スノーの分類を用いて，経営戦略と組織の関係をみてみよう。例えば，環境の変化を先取りして経営戦略を策定する場合と，環境変化に適応するために経営戦略を策定する場合では，結果として経営戦略と組織の適合が得られたとしても，そのプロセスは大きく異なる。チャンドラーの命題のように「組織構造は戦略に従う」といった単純な一方向のプロセスではありえない。

すなわち，経営戦略と組織の関係は，双方向的で相互依存的であるといえる。

このように，ピーターズ＝ウォーターマン［1982］やマイルズ＝スノー［1978］は，いずれも経営戦略と組織との関係を相互依存的・相互補完的な関係と想定しており，経営戦略と組織の相互浸透モデルに関する先駆的な研究として位置づけることができよう。

❸ 組織形態

上で，環境—経営戦略—組織の関係性について概観したが，それらの関係性を明確に意識するか否かを問わず，古典的組織論の時代から，多くの組織形態が現実に設計されてきた。組織形態とは，職位や部門を組織単位として，組織構造をパターン化したものである。基本的な組織形態として，①ライン組織，②職能別組織（機能別組織），③ライン・アンド・スタッフ組織，④事業部制組織，の4つに分類することができる。

〈ライン組織〉

ライン組織は，トップ・マネジメントから最下層の作業者まで，指揮命令系統が一貫している組織形態である。すべての組織構成員は，直属の上司の命令にのみ従い，その結果を命令した上司にのみ報告する。

ライン組織では，先にみた「命令一元化の原則」が厳密に適用されるので，上位者と下位者の関係は極めて明確である。このことから，ライン組織は別名，直系組織とか軍隊式組織といわれることもある。

ライン組織の利点として，ライン組織では，命令系統および権限・責任関係が明確であるため，上位者の意思が末端にまで容易に浸透する。したがって，トップ・マネジメントの強力なリーダーシップのもとに，全体統一的な行動を迅速にとることができる。

しかし，組織規模の拡大に伴って，上位者は多種多様な経験と能力を要求されるようになり，その負担が過重となるため，結果として経営管理が十分に行えなくなることがある。また上下関係のみを重視するので，水平的な連携を必要とする職務の遂行に弊害を生じることが多い。

〈職能別組織（機能別組織）〉

　職能別組織（機能別組織）は，職能別に分割された上位者が，それぞれの職能ごとに下位者を管理する組織形態である。第2章で考察したテイラーによって考案された職能別職長組織がベースになった組織形態である。

　職能別組織（機能別組織）は，先に述べた組織原則の内，「専門化の原則」を適用した組織であるので，上位者は特定の職能についてのみ専門的に部下を指導すればよい。したがって，ライン組織と比較すると上位者の負荷は軽減する。

　他方，専門化を進めるにしたがって，上位者と下位者の関係が錯綜し，指揮命令系統の混乱，責任の所在の不明確さなどの欠点が露呈することがある。

〈ライン・アンド・スタッフ組織〉

　上でみたように，ライン組織は「命令一元化の原則」に準拠することによって「専門化の原則」がおろそかになり，職能別組織（機能別組織）は「専門化の原則」に準拠することによって「命令一元化の原則」がおろそかになりやすい。

　ライン・アンド・スタッフ組織は，ライン組織と職能別組織（機能別組織）の欠点を克服し，両者の利点を活かすために考案された組織形態のことである。

〈事業部制組織〉

　上で，組織の基本的な形態として，①ライン組織，②職能別組織（機能別組織），③ライン・アンド・スタッフ組織，の3つについて考察した。これらはいずれも，権限という観点からみると，権限をトップ・マネジメントに集中した集権型組織である。集権型組織に対して，経営管理に関する権限を下位の階層に分散した組織を分権型組織という。

　事業部制組織は，上で述べた分権型組織の典型である。すなわち，特定の事業を組織単位として，事業ごとに利益責任をもたせた組織のことである。今日では，大企業を中心に多くの企業が事業部制組織を採用している。なぜ，大企業を中心に多くの企業が事業部制組織を採用するのであろうか。様々な背景があるものの，①集権的な職能別組織（機能別組織）の弊害，②官僚制の弊害，

第5章 経営組織

図表5-2 製品別事業部制組織

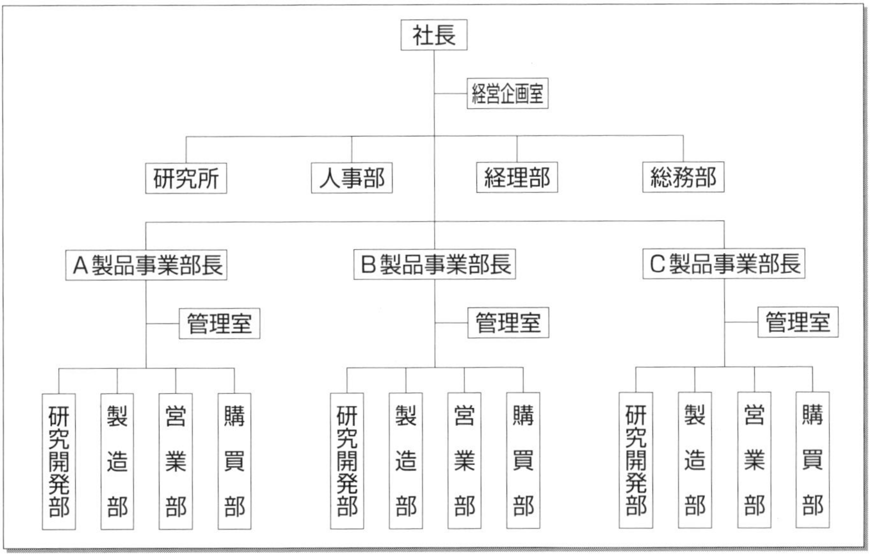

```
                           社長
                            │
                         経営企画室
    ┌──────┬──────┼──────┬──────┐
  研究所   人事部   経理部   総務部
    
  ┌─A製品事業部長─┐  ┌─B製品事業部長─┐  ┌─C製品事業部長─┐
         管理室              管理室              管理室
  研究 製 営 購      研究 製 営 購      研究 製 営 購
  開発 造 業 買      開発 造 業 買      開発 造 業 買
  部  部 部 部      部  部 部 部      部  部 部 部
```

(出所) 岸川善光 [1999] 133頁。

③製品の多様化，の3点が主な背景としてあげられる。

このように，事業部制組織が採用される背景は様々であるものの，事業部制組織は特定の事業を組織単位とするので，特定の事業単位として，製品，市場，地域のいずれを機軸とするかによって，①製品別事業部，②市場別事業部，③地域別事業部，の3つに分類することができる。製品別事業部は，図表5-2に示されるように[6]，製品を機軸として組織が編成される。

次に，分権型組織の典型である事業部制組織の利点と欠点についてみてみよう。事業部制組織の主な利点は，次の3つである。

① 利益責任の明確化：事業部制組織は，事業ごとに利益責任をもたせた組織であるので，事業部がそのまま独立採算単位（プロフィット・センター）になる。利益責任という明確な判断基準に基づいて事業部の経営管理が遂行されるので，事業部の目標達成に対する動機づけが，事業部内において容易に浸透することが期待される。

② 経営者の育成：事業部はいわば「企業内企業」のような位置づけになるので，事業部長は事業部の経営管理について大幅な自由裁量権が与えられる。

このプロセスを通じて，事業部長は全般経営管理者（経営者）としての包括的な知識や経験を実践の中で身につけることができる。

③ 経営資源の蓄積・配分：事業部制組織では，利益責任を負うことに関連して，事業部で必要とする経営資源の蓄積・配分の責任も負うことになる。すなわち，経営資源の蓄積・配分のスピードが速くなることが期待できる。

他方，事業部制組織の欠点として，次の3つをあげることができる。

① 経営資源の重複：上でみた経営資源の蓄積・配分の迅速さの利点が，往々にして経営資源の重複という欠点になることがある。現実に，同じような部門や装置などに重複して投資する二重投資や三重投資の事例が，事業部制組織を採用している企業で多くみられる。

② 意思決定の近視眼化：事業部制組織では，事業部ごとにかつ期間ごとに利益責任が課せられるので，必然的に事業部中心の短期的な意思決定が多くなる。そのために，中長期的な投資のタイミングが遅れるなどの弊害が多くの企業で観察される。

③ 全社的意思決定との非整合性：事業部制組織は，分権型組織の典型であるので，基本的には総合経営管理に必要な機能を除けば，すべての機能が事業部に委ねられることになる。その結果，各事業部は本部（本社）の基本方針を無視する行動をとったりするようになる。

上述したように，事業部制組織は，分権型組織に特有の様々な利点と欠点を有している組織形態の1つである。事業部制組織は，大企業を中心として数多く採用されているものの，決して万能の組織形態ではない。しかし，環境の変化が激しい今日では，集権的な職能別組織（機能別組織）と比較して，事業部制組織のもつ利点が次第に評価され，中堅企業や中小企業の一部にも事業部制組織の採用が増加しつつある。

2 組織の動態化

第5章 経営組織

❶ 動態化の必要性

　近年，多くの企業において，官僚制組織の弊害や大企業病の蔓延など，経営組織に関する問題が多発しており，大きな経営問題になりつつある。

　まず，官僚制組織の弊害についてみてみよう。官僚制組織とは，周知のように，ドイツの社会学者であるウェーバー［1922］が描いた合理的な組織モデルのことである。理念的なモデルであるので，単に行政組織のみならず，企業組織においても適用することができる。

　ウェーバー［1922］のいう官僚制組織の特質は，次の4つに集約することができよう。

① 権限のヒエラルキー：組織目的の遂行に必要な職務が体系的に確立され，その遂行に必要な権限（命令権限と強制手段）が規則によって与えられている。さらに，法の支配を前提とはしているものの，権限のヒエラルキーによる支配・服従は妥当性を有する。

② 規則の体系化：組織目的の遂行に必要なすべての職務について，一連の規則と手続きが存在し，発生しそうなすべての事態に対する対策が，理論的にも実務的にも網羅されている。具体的には，業務分掌規定や職務権限規定などを指す。

③ 文書主義：職務はすべて文書を手段として遂行される。この文書主義は，非人格化とか非情性と呼ばれることもある。すなわち，私情によって職務の遂行が左右されることのないように，すべての職務は原則として文書によって処理される。

④ 専門化：組織構成員は，専門知識や能力に基づいて選抜される。具体的には，門閥や出自などには一切関係なく，専門知識と能力があれば採用され昇進する。

　ウェーバーによって，最も合理的な組織として提示された官僚制組織ではあるものの，今日では，非能率，形式主義，顧客軽視，事なかれ主義，画一主義など，ありとあらゆる罵詈雑言が浴びせられており，多くの弊害が指摘されている。官僚制組織の弊害はなぜ起こるのであろうか。

官僚制組織の弊害を考察する場合，様々な原因が考えられるものの，ここでは，①機械モデル，②クローズド・システムの2つを選択し，その弊害について考察することにする。

　まず，機械モデルによる弊害について考察する。官僚制組織の組織観は，機械モデルを採用していることに尽きるといえよう。ここで機械モデルとは，組織構成員を機械の歯車とみる見方のことである。すなわち，機械モデルによれば，組織構成員は一定の刺激に対して一定の反応を示すロボット，人形，機械の歯車と同じようなものである。機械モデルをあまりにも重視した結果，文書主義，非人格化，非情性などの官僚制組織の特質が裏目に出て，非能率，形式主義，顧客軽視，事なかれ主義，画一主義などの弊害の原因となっている。

　次に，クローズド・システムによる弊害について考察する。官僚制組織では，上でみたように組織目的の遂行に必要な職務があらかじめ網羅されている。このことは，組織をオープン・システムではなく，クローズド・システムとみていることに他ならない。組織をオープン・システムと認識すれば，環境が変化しているのに，職務内容をあらかじめ規定するという発想にはならないであろう。組織をクローズド・システムと認識していることが，先例踏襲，法規万能などにつながり，官僚制組織の弊害の原因になっている。

　このように，官僚制組織の弊害について考察すると，大企業病の蔓延という現象も，基本的には官僚制組織の弊害と同じ現象を指していることが分かる。大企業では，中小企業と比較して官僚制組織の採用が多いので，官僚制組織にまつわる問題点がより鮮明に浮かび上がるのである。

❷ 動態化の実態

　次に，上でみた官僚制組織の弊害や大企業病の蔓延という病理現象を克服するために，各企業において組織の動態化に向けてどのように取り組んでいるのであろうか。シンクタンクや経営コンサルティング会社の実態調査によれば，組織の動態化のための施策は，枚挙にいとまがない。ここでは多くの動態化の施策の内，①プロジェクト組織，②マトリックス組織，③カンパニー制，④分社化，の4つについて考察する。

① プロジェクト組織：特定の課題を遂行するために，企業内の各部門から専門家を集めて，一定期間，臨時に編成される組織のことである。プロジェクト組織は，本来，特定部門に属する専門家が，一定期間所属する部門を離れてプロジェクトに専従するので，利害関係部門の代表者によって構成される委員会組織とはその目的が大きく異なる。

プロジェクト組織では，特定プロジェクトの遂行について，プロジェクト・マネジャーに大きな権限が与えられる。プロジェクト・マネジャーには，洞察力，創造力，決断力，調整力など，多くのスキルが要求される。

具体的なプロジェクト組織の事例として，新製品開発プロジェクト，事業提携プロジェクト，情報ネットワーク構築プロジェクトなどがあげられる。これらのプロジェクト組織を効果的かつ効率的に運営するために，米国NASAのアポロ計画，旧国鉄の新幹線建設プロジェクトなど，国家レベルのプロジェクトを推進するために開発された多くのノウハウが転用され，プロジェクト・マネジメントという経営管理の領域を形成している。

② マトリックス組織：マトリックス（matrix）とは，数学でいう行列のことである。すなわち，マトリックス組織とは，図表5-3に示されるように[7]，

図表5-3　マトリックス組織

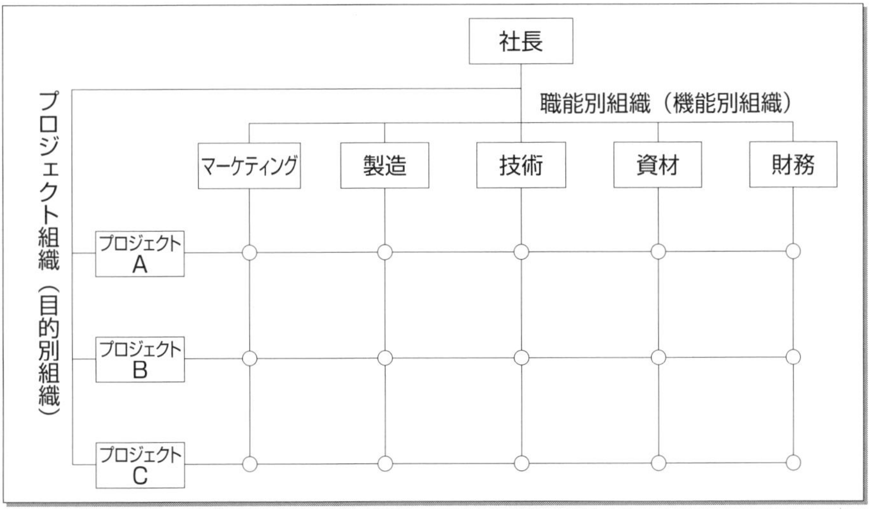

（出所）　岸川善光［1999］138頁。

この行列（横軸と縦軸）に2つの異なる部門をとり，それを井桁状にクロスさせた組織形態のことである。

　マトリックス組織は，通常，職能別組織（機能別組織）とプロジェクト組織を井桁状にクロスさせることが多い。職能別組織（機能別組織）はすでにみたように，職能を専門分化して命令系統を一貫させる縦割り組織であり，一方のプロジェクト組織は，特定の課題を解決するために複数の部門にまたがる横割り組織として編成される。

　このように，マトリックス組織は，縦割り（職能別）と横割り（目的別）という2つの組織編成基準をもつ複合組織であるといえよう。マトリックス組織は，航空宇宙産業，エンジニアリング産業，シンクタンク産業などで多く採用されている。マトリックス組織の実際の運営面では，ツーボス・システム（二人上司）が必然的に存在するので，それに伴うコンフリクトが発生する。

③　カンパニー制：カンパニー制は，事業部制組織と分社制との中間に位置づけられる分権型の組織形態の1つで，擬似分社化あるいは社内分社化ということができよう。近年，カンパニー制の導入が増加している背景として，事業部制組織が本来の分権型組織として十分に機能していないことがあげられる。事業部制組織では，総合経営管理に関する意思決定を除けば，事業部長に大半の権限が委譲されているにもかかわらず，トップ・マネジメントに対する依存から抜けきれないことが多い。カンパニー制では，分権化を徹底し，市場変化への対応，意思決定の迅速化を図るとともに，利益責任の明確化，さらに社内資本金制度の導入によって，資金責任の明確化にまで踏み込むケースが増えている。

④　分社化：分権化を徹底するために，工場や支店，さらに事業部など事業単位の一部を分離独立させて，子会社として経営することである。今まで1つであった会社が，親会社を中心とする企業グループに生まれ変わる。子会社とはいえ独立会社であるので，経営管理に関する自由裁量権が生まれ，自己責任原則が厳密に適用される。持ち株会社の解禁によって分社化が進展した。

❸ ネットワーク型組織

　ネットワークとは，本来，構成要素間の網状の連結様態をさす抽象概念である。ネットワーク社会といわれる今日では，このネットワークという用語が組織を考察する上で，鍵概念（キーコンセプト）の1つになりつつある。特に，組織の動態化とネットワーク型組織との近接性は高い。

　今日では，単独の経済主体で事業に必要なすべての経営資源や情報を保有することは不可能であり，各企業が相互に資源依存および情報依存を前提として事業を展開せざるをえない。このことがネットワーク型組織が増加している背景となっている。

　ネットワーク型組織について考察する前提として，まず，ネットワークの基本構造と組織間ネットワークの2点について概観する。

　ネットワークの基本構造は，図表5-4に示されるように[8]，①メンバー（ネットワーク形成者，ネットワーク参加者），②リンケージ（強結合，弱結合），③バウンダリー（強バウンダリー，弱バウンダリー），の3つの要素を中心に構成される。

　第一の要素であるメンバーの中でも，ネットワーク形成者は極めて重要である。ここでネットワーク形成者とは，特定の明確な目的をもってネットワーク

図表5-4　ネットワークの基本構造

〔メンバー〕
□ ネットワーク形成者
○ ネットワーク参加者

〔リンケージ〕
――― 強結合
------- 弱結合

〔バウンダリー〕
強バウンダリー
弱バウンダリー

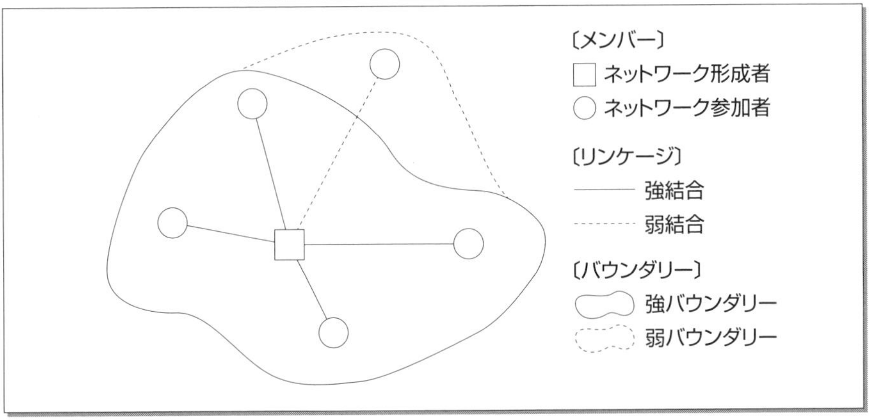

（出所）海老澤栄一［1992］108頁。

を組織する主体のことである。第二の要素であるリンケージには，①公式的な結合（契約，取引等）か，非公式的な結合（信頼，自立性，参加など）かという側面と，②資源・情報の「依存度」に着目する側面，の2つの側面がある。第三の要素であるバウンダリーは，メンバー間の共通の価値観や行動規範によって，メンバーとリンケージを包み込む境界領域を意味する。

ネットワークは「関係性の織物」であり，時間・空間の変化とともに，上で述べた基本構造自体，他組織との関係を深めつつ進化し，組織間ネットワークを形成する。

組織間ネットワークは，図表5-4のネットワークの基本構造に新たなリンケージが発生し，それに伴ってバウンダリーも拡大する。このリンケージのあり方が，①組織間の資源・情報交換，②組織間のパワー関係，③組織間の調整メカニズム，④組織間の構造，⑤組織間の文化，のあり方に決定的な影響を及ぼす。これらの組織間関係については，本章の第6節で考察する。

3 組織における人間行動

❶ 組織行動論（ミクロ組織論）

組織について考察するとき，個人レベル，集団レベル，組織レベル，の3つのレベルに分類される。その中で，主として個人，集団を対象とした研究領域を組織行動論（ミクロ組織論）という。ここで組織行動とは，「組織における人間行動」あるいは「組織の中の人間行動」のことである[9]。

個人レベルのテーマとしては，欲求，価値，パーソナリティ，態度，知覚，モティベーション，能力，学習，キャリアなどがあげられる。本節では，それらのテーマの中から，①パーソナリティ，②モティベーション，③学習，の3つのテーマを取り上げて考察する。

集団レベルのテーマとしては，集団力学，コミュニケーション，人間関係，リーダーシップ，オーソリティ，パワーなどがあげられる。本節では，それら

図表5-5　パーソナリティ構造

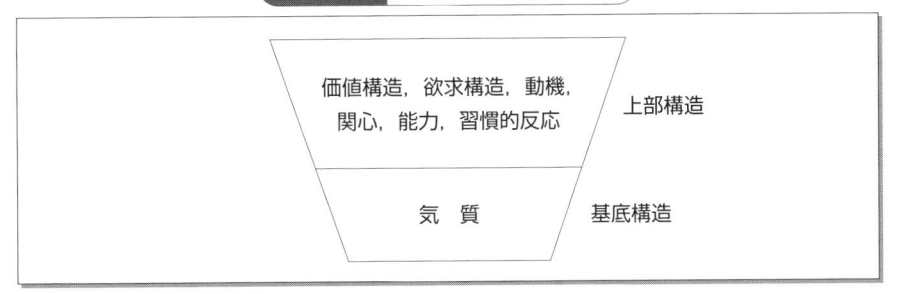

```
        価値構造，欲求構造，動機，
          関心，能力，習慣的反応      上部構造

              気　質              基底構造
```

(出所)　林伸二［2000］60頁。

のテーマの中から，①コミュニケーション，②リーダーシップ，の2つのテーマを選択して考察する。

❷ 個人レベルの人間行動

① パーソナリティ

　組織における人間行動を考察する上で，パーソナリティ（personality）に関する理解は欠かせない。なぜならば，パーソナリティは，「人間の行動全般に作用する総合的な特性」であるので，人間の行動を説明し予測する際の有力な手がかりとなるからである。

　林信二［2000］によれば，パーソナリティ構造は，図表5-5に示されるように[10]，基底構造（気質）と上部構造（価値構造，欲求構造，動機，関心，能力，習慣的反応）によって構成される。

　パーソナリティの決定要因は，遺伝的要因と環境的要因に大別され，パーソナリティの50〜55％は，遺伝的要因で決まるという学説もある。

　次に，パーソナリティの発達段階についてみてみよう。経営管理に直接的に関連する議論として，アージリス（Argyris,C.）［1957］の未成熟・成熟モデル（immaturity-maturity model）が有名である[11]。アージリス［1957］は，パーソナリティを7つの次元（1）受動的・能動的，2）依存的・独立的，3）行動の画一性・多様性，4）関心の程度，5）短期志向・長期志向，6）下位職位・上位職位，7）自己認識の程度）でとらえており，人間は組織の中で経験を積むことによって，7つの次元ごとに，未成熟な性格から成熟した性格へと発達

すると述べている。

パーソナリティ特性は,「人間の行動を特徴づける基本的な要素」でもあるので,人材の有効活用,職業選択など多くの局面において,パーソナリティの更なる研究が必要である。

② モティベーション

モティベーション（動機づけ）とは,一般的に,「目標達成のために,人間行動をある一定の方向に継続的に推進させる意思ないしプロセス」と定義される。

モティベーション理論（動機づけ理論）は,①内容理論,②プロセス理論,の2つに大別することができる。

〈内容理論〉

内容理論とは,「行動を動機づける特定の要因」の解明を重視する理論のことで,①マズロー（Maslow,A.H.）[1954]の欲求5段階説（欲求階層理論）,②マグレガー（McGreger,D.）[1960]のX理論—Y理論,③ハーズバーグ（Herzberg,F.）[1966]の動機づけ—衛生理論,⑤マクレランド（McClelland,D.C.）[1961]の達成動機理論,⑥アルダーファー（Alderfer,C.P.）[1972]のERG理論などがあげられる。

マズロー[1954]の欲求5段階説（欲求階層理論）,マグレガー[1960]のX理論—Y理論,ハーズバーグ[1966]の動機づけ—衛生理論については,すでに第2章で概観した。マクレランド[1961]の達成動機理論は,達成欲求,権力欲求,親和欲求という3つの欲求次元を設定し,その中でも特に達成動機を重視した。アルダーファー[1972]のERG理論は,生存（existence needs）—関係欲求（relatedness needs）—成長欲求（growth needs）の3つの欲求階層の頭文字をとって命名されたものであり,マズロー[1954]の欲求5段階説（欲求階層理論）の延長線上にあるといえよう。

上述した内容理論は,個人の「行動を動機づける特定の要因」の解明を重視する理論であり,経営管理における実践的な指針を提供している。

〈プロセス理論〉

プロセス理論とは,「モティベーションの心理的メカニズムおよびプロセス」

の解明を重視する理論のことで，①アダムズ（Adams,J.S.）［1965］の公平理論，②ブルーム（Vroom,V.H.）［1964］の期待理論，③ポーター＝ローラー（Porter,L.W.＝Lawler,E.E.）［1968］の期待理論などがあげられる。

アダムズ［1965］によって提唱された公平理論（equity theory）は，そもそも分配上の正義とは何かを明らかにしようとする理論である。その基本的な仮定は，人間は不公平を感じると，それを解消しようとするモティベーションが生じるというものである。したがって，不公平の認知が高いほど，モティベーションの強度は高いとされる。

ブルーム［1964］の期待理論は，モティベーション理論の中で，多くの実証研究によって最もその妥当性が裏づけられているとされている。ブルームによれば，行動の強度＝期待（expectancy）×結果の誘発性（valence）と定式化されている。ここで誘意性とは，その事象ないし結果に対して行為者がもつ誘因の価値のことである。換言すれば，結果の魅力度といってもよい。この定式化によって，期待と誘意性の両方が高いときに，人間の行動は最も強まると仮定される。

ブルームの期待理論のベースは，欲求理論，公平理論，強化理論の3つとされている。ブルームは，満足度極大化仮説に立って，モティベーションの数量モデルを構築した。期待理論の特徴は，認知心理学に基づいた確率概念を取り入れたモデルの簡潔さにあり，説明力の高さが多くの研究で裏づけられている。

ポーター＝ローラー［1968］の期待理論は，上述したブルームの期待理論を，さらに洗練化し精緻化したものである。すなわち，ポーター＝ローラー［1968］は，ブルーム［1964］のように，結果をもたらす行動のプロセス全体に対する期待を1つにまとめて考えるのではなく，人間の行動が「所定の業績を実現するという期待」と，その「業績に対する報酬を獲得するという期待」を分離して考えるというモデルである。

ブルーム［1965］やポーター＝ローラー［1968］によって開発された期待理論は，モティベーション理論の中で多くの支持がある。期待理論では，期待，誘意性などを測定するスケール（尺度）が各種開発されている。

③ 学 習

一般的に，学習（learning）とは，新しい知識や技術を習得することである。しかし，組織行動論の領域においては，学習とは，経験の結果，「主体の行動が永続的に変化する活動あるいはプロセス」を指す概念である。

　学習には，学習する主体によって，①個人レベルの学習，②組織レベルの学習，の2つに大別することができる。通常は，学習する主体（行動を変化させる主体）は，基本的に個々の人間であるが，近年では，個人レベルの学習だけでなく，組織レベルの学習に注目が集まっている。組織レベルの学習は，組織学習（organizational learning）や学習する組織（learning organization）の問題として知られている。学習モデルおよび組織学習については，本章第5節で考察する。

❸ 集団レベルの人間行動

① コミュニケーション

　人間は，組織の中で様々なコミュニケーションを行っている。個人行動の7割前後は，コミュニケーションに費やされているという調査結果さえある。コミュニケーションとは，一般的に，「情報を創造し，交換し，共有するプロセス」のことである。意思疎通，情報共有など，多くの類似概念が存在する。

　コミュニケーションは，通常，①送り手，②受け手，③メッセージ，④チャネル，⑤フィード・バック，の5つの要素によって構成される。

　コミュニケーションは，垂直的（上方的，下方的）コミュニケーションか，水平的コミュニケーションか，によってその性格が大きく異なる。垂直的コミュニケーションは，命令・報告がその典型である。水平的コミュニケーションは，同じ階層にある自他部門のメンバーとの調整がその典型である。

　コミュニケーションは，フォーマルかインフォーマルか，によってもその性格が大きく異なる。上述した垂直的コミュニケーションは，概してフォーマル・コミュニケーションと相関関係が高く，水平的コミュニケーションは，インフォーマル・コミュニケーションとの相関関係が高いとされている。

　コミュニケーションは，上述したように「情報を創造し，交換し，共有するプロセス」であるので，送り手のメッセージが受け手に正しく届けられなけれ

ばならない。そのためには，情報メディア（information media）あるいは情報チャネル（information channel）の選択が極めて重要である。

近年，情報メディアの選択において，メディア・リッチネス（media richness）の研究が進展しつつある。メディア・リッチネスの課題は，コミュニケーションにおける情報の不確実性（uncertainty）と多義性（equivocality）を軽減するために，どの情報メディアが適切かを検討することである。

② リーダーシップ

リーダーシップ（leadership）とは，一般に，「組織構成員が組織目標を達成するように方向づける際の影響力ないし影響プロセス」のことである。リーダーシップにおいて，リーダーとフォロワーとの関係性が重要な研究テーマとなる。

リーダーシップ理論は，上述したモティベーション理論と並んで，組織行動論（ミクロ組織論）における中心的な研究テーマとして位置づけられており，①特性理論（資質理論），②行動理論，③リーダーシップ条件適合理論，の3つに大別される。

〈リーダーシップの特性理論〉

リーダーシップ理論の中で，最も古くから存在したのは特性理論である。特性理論は，歴史的に偉大なリーダーを取り上げて，パーソナリティ特性，身体的特徴などの特性を分析しようとするものである。歴史小説などの読み物としては広く受け入れられているジャンルではあるが，科学的な研究とはなりにくいという限界がある。

〈リーダーシップの行動理論〉

リーダーシップの研究は，その後，リーダーの特性ではなく，むしろその「行動特性」を抽出する方向に進展した。一連の行動理論（behavioral theory）がそれである。

① オハイオ研究

オハイオ州立大学の初期の研究では，リーダーシップに関する1,000以上の次元を，①構造形成（initiating structure），②人間配慮（consideration），という2つの次元に集約した。構造形成とは，リーダーが組織の中で果たすべき役割

図表5-6　2つのリーダーシップ研究の相違

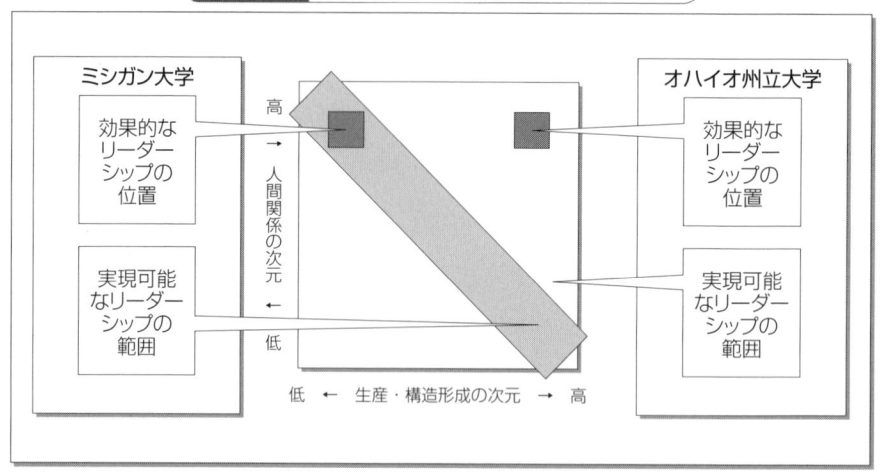

(出所)　上田泰 [2003] 229頁。

を明確に定義し，集団行動を組織化する次元であり，人間配慮とは，相互信頼，尊重などの人間関係の次元のことである。

　オハイオ研究では，2つの次元とも高いリーダーのもとで，フォロワーの生産性，満足度が高くなる傾向があることが明らかになった。一方，2つの次元とも高いリーダーのもとで，欠勤率，退職率が高くなることもあり，2つの次元が高いことが常に望ましいとはいえないことも報告されている。

② ミシガン研究

　オハイオ研究とほぼ同時期に行われたミシガン大学の研究では，リーダーシップ行動を，①生産志向 (production oriented)，②従業員志向 (employee oriented) という2つの次元で識別した。ミシガン研究では，多様な業種にわたり，従業員志向リーダーシップが生産性と正の相関関係，生産志向リーダーシップが生産性と負の相関関係にあることが明らかになった。

　上田泰 [2003] は，図表5-6に示されるように[12]，オハイオ研究とミシガン研究を比較し，その異同点を図示している。図表5-6で明らかなように，類似した次元の研究枠組みでありながら，2つの大学の望ましいリーダーシップ像は大きく異なっている。

〈リーダーシップ条件適合論〉

　上述した特性理論も行動理論も，どのような状況においても普遍的で有効なリーダーシップを追求しようとしていた点では共通している。しかし，リーダーとフォロワーの関係性は常に変化する。あらゆる条件に普遍的に妥当する唯一最善のリーダーシップの存在を否定するリーダーシップ理論をリーダーシップ条件適合論という。以下，①フィードラー（Fiedler,F.E.）[1967]，②ハーシー＝ブランチャード（Hersey,P.＝Blanchard,K.H.）[1977]／[1996]，の2つを取り上げて考察する。

① フィードラー[1967]のコンティンジェンシー理論

　フィードラーは，リーダーシップを検討する際，課業志向性が強いか，人間関係性が強いか，を判断するために，LPC質問票（LPC尺度）を考案した。そして，フィードラーは，1）リーダーとフォロワーの関係，2）課業の構造性，3）リーダーの公式的権力，の3次元を用いて，リーダーシップの有効性に関する操作化を可能にした。その結果，リーダーとフォロワーの関係がリーダーシップに最も影響を及ぼしているなど，多くの示唆を得ることができた。

② ハーシー＝ブランチャード[1977/1996]の状況的リーダーシップ論

　ハーシー＝ブランチャード[1977/1996]は，リーダーシップにとって最も影響力のある状況＝条件は，フォロワーの成熟度（maturity）であると仮定した。ハーシー＝ブランチャード[1977/1996]によれば，成熟度は，①課業遂行に関する責任を負う積極的な意思，②課業遂行に必要な技能，の2つの要素から構成される。この2つの要素を組み合わせると，図表5-7に示されるように[13]，①教示的リーダーシップ（M1），②説得的リーダーシップ（M2），③参加的リーダーシップ（M3），④権限委譲的リーダーシップ（M4）の4つのリーダーシップ・スタイルに分類することができる。ハーシー＝ブランチャードは，M1からM4に至るにつれて次第に成熟度が高くなると考えた。

　フォロワーの成熟度に応じてリーダーシップ・スタイルを変えることは，実務の世界では常識化されており，状況的リーダーシップ論（SL理論）の説明力が高く評価されている。

図表5-7 フォロワーの成熟度と効果的なリーダーシップ

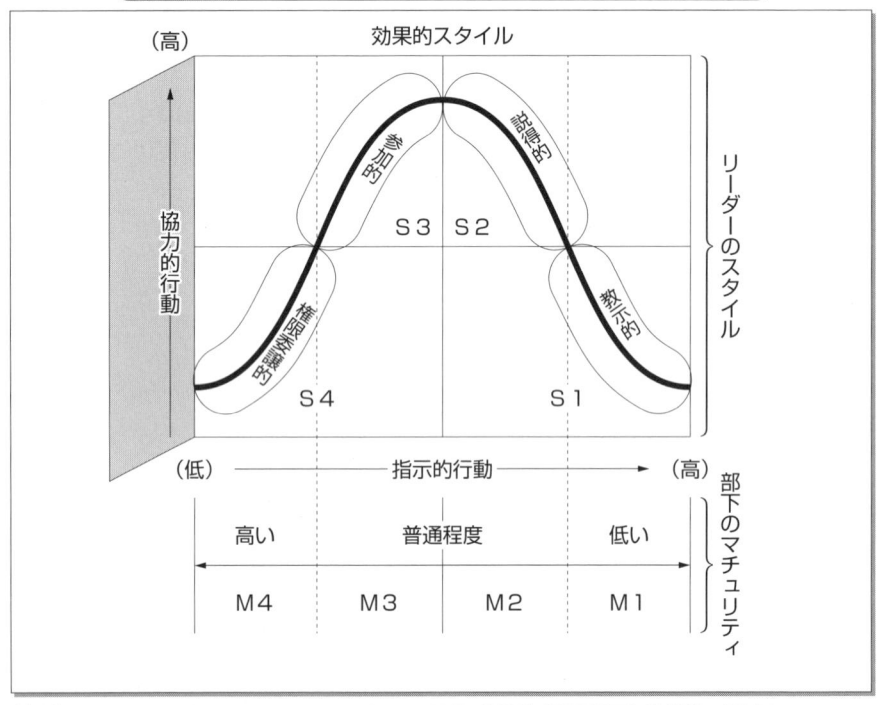

（出所） Harsey,P.＝Blanchard,H.K.＝Johnson,D.E.［1996］訳書197頁を筆者が一部修正。

4 組織文化

❶ 組織文化の意義

　組織文化（organizational culture）とは，一般的に，①「組織構成員の間に共有されている暗黙の了解・態度あるいは固有の観念」，②「組織メンバーによって共有されている価値・規範・信念の集合体」など，組織の目に見えない側面のことをいう。組織文化には，企業文化，経営文化，企業風土，経営風土，組織風土，社風など，多くの類似概念が存在する。

　近年，組織文化は，組織の独自能力を構築する際の源泉として，経営管理に

多大の影響を及ぼすことが明らかになりつつある。組織文化によって，イノベーション志向，成果志向，マーケティング志向など，組織の方向性が変わるからである。

　組織文化の形成要因としては，組織構造や管理システム，創業者に関する伝説，組織に特有の儀式などがあげられるものの，最も大きな要因は，経営者の経営理念およびリーダーシップである。経営理念は，社是・社訓さらには経営方針として明示され，組織構成員にとって共通の行動規範となる。それらが経営者のリーダーシップを通じて，組織構成員の内面に深く浸透し共有され組織文化が形成される。

　こうして形成された組織文化は，通常の組織行動において，組織構成員の思考や行動を規定する機能がある。現実に，個人的目的や欲求をもつはずの組織構成員が，組織内での思考や行動などで共通の様式を示すのは，組織文化すなわち組織構成員に共有されている価値観，行動規範，信念など，組織の目に見えない側面に大きく規定されているからである。

　組織文化には，機能と逆機能がある。それぞれについて簡潔にみてみよう。組織文化の主な機能としては，共有された価値観によって組織構成員を内面的に動機づけ，フォーマルな要因以上に組織構成員の心理的エネルギーを引き出す作用をあげることができる。他方，組織文化の主な逆機能としては，組織構成員の価値観，行動規範，信念があまりにもワンパターン化されて，環境変化への不適応や創造性の欠如といった現象が発生することである。

❷ 組織文化の形成と革新

　組織文化は，上述したように，経営者の経営理念およびリーダーシップ，組織構造や管理システム，創業者に関する伝説，組織に特有の儀式，などによって形成される。

　組織文化は，当該組織をそれ以外の組織と区分する基盤でもあるので，各組織は，独自の組織文化をもつ。ディール＝ケネディ（Deal,T.E.＝Kennedy,A.A.）[1982]は，組織文化の類型として，図表5-8に示されるように[14]，①リスクの大きさ，②成果フィード・バック時間の長さ，という2つの次元によって，①

図表5-8　ディール＝ケネディによる組織文化の分類

	成果フィードバック期間の長さ	
	短い	長い
リスクの大きさ　大	マッチョ文化 （出版，広告代理店，映画会社など） 個人主義 持続力よりもスピード きびしい内部競争 タフな態度を持つ英雄 ギャンブル性	会社を賭ける文化 （コンピュータ会社，石油会社，投資銀行など） 慎重な気風 集団・会議を通じた分析的決定 情報重視 熟練
リスクの大きさ　小	よく働き／よく遊ぶ文化 （販売会社，小売業者など） 努力に価値を置く 集団一体感 スタミナ	手続文化 （電力会社，ガス会社，銀行，保険会社など） 手続 慣例 技術的な完璧さ

（出所）　Deal,T.E.＝Kennedy,A.A.［1982］訳書149-177頁を要約して筆者作成。

マッチョ文化，②よく働き／よく遊ぶ文化，③会社を賭ける文化，④手続文化，の4つに区分した。

　ディール＝ケネディ［1982］の4つの類型は，組織文化の分類としては興味深いものの，経営管理との関連づけは必ずしも十分とはいえない。

　上でみたように，組織文化には機能と逆機能がある。組織文化の機能を活かし，逆機能を克服するためには，組織文化の革新が欠かせない。現実に，組織文化の革新に成功し，業績のV字回復を実現した企業もいくつか存在する。

　組織文化の革新には，組織文化のアセスメントが不可欠である。アセスメントの結果を踏まえて，新たな経営理念の提示，新たな価値観の提示，新たな英雄の発掘，従来の行動様式に対する問題提起，組織開発，人事異動，職務の再設計，報酬システムの革新，組織構造の改革，管理方式とリーダーシップ・スタイルの変更，組織構成員の意識改革など，組織文化の革新のための施策を計画的に推進する必要がある。組織文化を革新する上で，最も重要な要因は，経営者のリーダーシップであるといえよう。

❸ 組織シンボリズム

近年，組織文化をシンボル，イデオロギー，信念，儀式，神話などの概念でとらえる動きが盛んになりつつある。組織シンボリズムの目的は，組織構成員に影響を与えるシンボルに着目し，シンボルとその解釈に焦点をあてて，組織文化について理解を深めることである。従来，組織の考察において，機械的なメタファー，あるいは有機的なメタファーが多く用いられた。例えば，官僚制組織は機械的なメタファーによって考察され，ネットワーク型組織は有機的なメタファーによって考察されてきた。

組織におけるシンボル的な表現では，特定の主観的な意味づけが付与されるという特徴がある。すなわち，このような観点からみると，シンボルおよびシンボリズムは，人間生活のあらゆる側面においてみられる普遍的な現象という見方がなされるようになりつつある。

組織シンボリズムは，組織における「意味の創造」に焦点を置き，組織を共有された「シンボルと意味のシステム」として理解する。シンボルは，意味のある関係性の中で連結されており，人々に活動の関係性を示す。

組織シンボリズムは，組織は機械や有機体ではなく，むしろシアター（劇場）であり，シンボル，儀式，儀礼などによって表現される社会的システムであることが強調される。組織シンボリズムは，伝統的な組織観に代わりうる新たな組織観として今後の研究の深化が期待されている。

5 組織変革

❶ 組織の成長モデル

第1章ですでに考察したように，近年，企業を取り巻く環境は激変している。主な環境要因として，①経済環境，②政治環境，③社会環境，④自然環境，⑤市場環境，⑥競争環境，⑦技術環境，の7つがあげられる。

図表5-9　組織成長の5局面

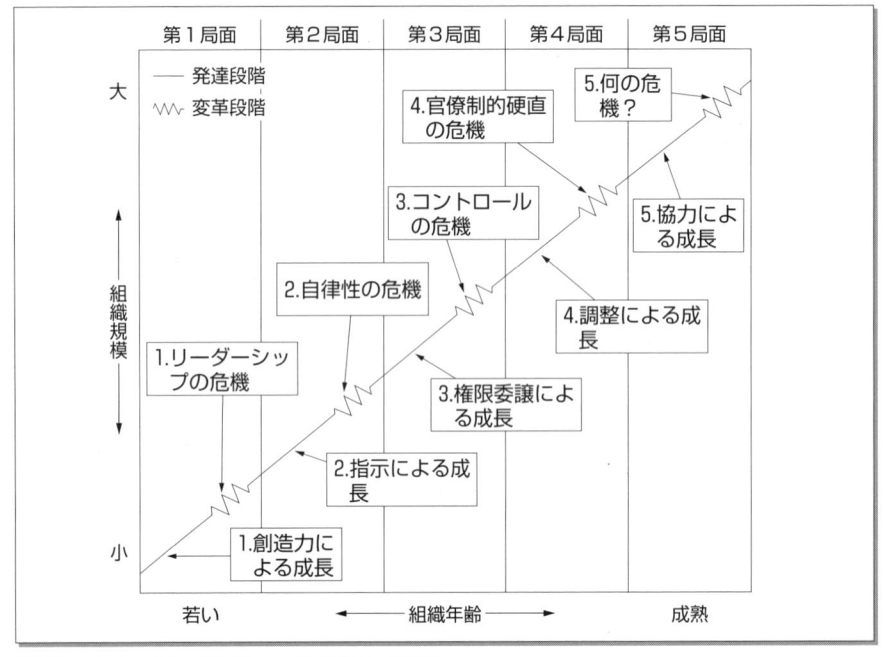

```
           第1局面  第2局面  第3局面  第4局面  第5局面
    大
           ── 発達段階
           ⋀⋁ 変革段階
                              4.官僚制的硬直   5.何の危
                              の危機          機？
組
織                            3.コントロール
規                            の危機                  5.協力によ
模                                                    る成長
           2.自律性の危機
                                              4.調整による成
           1.リーダーシッ                      長
           プの危機
                              3.権限委譲によ
                              る成長
                    2.指示による成
                    長
           1.創造力に
    小     よる成長

           若い    ←―― 組織年齢 ――→   成熟
```

(出所)　Greiner, L.E. [1972] p.41を筆者が一部修正。

　組織はこれらの環境要因の変化，すなわち環境変化に対応するために，常に変化しなければならない。むしろ，変化が常態であるといえよう。組織が環境変化に対応するために，組織構造，組織プロセス，組織文化，従業員の意識などを変革させることを組織変革（organizational change）という。

　組織は上述した環境変化に対応するだけでなく，その成長の局面に伴って，組織変革を必要とする。組織の成長は，図表5-9に示されるように[15]，①組織の生成期（第1局面），②指示による成長期（第2局面），③権限委譲による成長期（第3局面），④調整による成長期（第4局面），⑤協力による成長期（第5局面），の5つの局面があるとされている。

　第1局面では，創業者の創造力によって成長するが，ある程度組織が大きくなると，創業者のリーダーシップに関する危機が発生する。この場合，管理技術の導入などによる組織変革が必要である。

　第2局面では，指示による成長期である。職能別組織（機能別組織）が採用

され，会計・予算制度，作業の標準化などが進展するが，ミドル・マネジメント層が自律性を求めて，創業者との間にコンフリクトが生ずる。すなわち，自律性の危機が発生する。この場合，大幅な権限委譲などの組織変革が必要である。

第3局面は，権限委譲による成長期である。組織の分権化，経営者による例外管理が進展し，組織は順調に成長するが，分権化と総合経営管理との間に新たな緊張関係が発生する。この場合，調整システムの導入などの組織変革が必要である。

第4局面は，調整による成長期である。経営者は本社スタッフの力を借りながら総合経営管理を担当し，業務遂行（実施）部門の管理者は日常業務を分担することによって成長するが，官僚制的硬直の危機が発生する。この場合，各機能間の協力が可能になる組織変革が必要である。

第5局面は，協力による成長期である。この場合，チームワークや自己統制（自己管理）を重視した組織変革が必要である。

組織変革を推進する場合，①漸次的進化，②革新的進化，のいずれを選択するかという問題がある。ここで漸次的進化とは，組織均衡を重視し，適合パラダイムに準拠して，各組織要素間の整合性，適合性を重視するアプローチである。他方，革新的進化とは，不連続な環境変化に対応するために，ゼロベースから組織を再構築するアプローチである。

環境の激変に対応する場合，漸次的進化では組織変革の所期の目的を達成することはできないので，革新的進化が不可欠になるなど，それぞれの組織のおかれた状況によって，いずれのアプローチを選択するかが規定される。

❷ 組織学習

先に述べたように，学習とは，「主体の行動が永続的に変化する活動またはプロセス」のことである。組織学習（organizational learning）は，激しい環境変化の中で，企業が存続し発展するために必要不可欠な要素である。

組織学習は，アージリス＝ショーン（Argyris,C.＝Schone,D.H.）［1978］によれば，その性質および水準によって，①シングル・ループ学習（single-loop lear-

ning），②ダブル・ループ学習（double-loop learning），の2つに区分される。
①　シングル・ループ学習[16]：シングル・ループ学習は，既存の目標・価値基準・規範を遵守しつつ，エラーを修正しより効率的な方法を発見する学習方法である。行動の結果，発見された問題点や課題が，行動の変化のみによって解決される一本のループの中で学習される。
②　ダブル・ループ学習[17]：ダブル・ループ学習は，既存の目標・価値基準・規範そのものに疑問を投げかけ，場合によってはそれを否定することによって，新しい目標・価値基準・規範を生み出す学習方法である。ダブル・ループ学習は，行動の結果に基づいて学習するだけでなく，目標・価値基準・規範などにも修正を加える，という2本のループを通じて問題解決が図られる。組織において，ダブル・ループ学習は極めて重要である。なぜならば，ダブル・ループ学習によって，組織に飛躍的な発展をもたらす可能性が高いからである。

マーチ＝オルセン（March,J.G.＝Olsen,J.P.）［1976/1979］は，組織学習を，組織構成員である個人と組織が参加する「刺激―反応の連鎖」と捉え，具体的には，「個人の信念→個人の行為→組織の行為→環境の反応→個人の信念→…」というサイクルが想定されると述べている[18]。

野中郁次郎＝紺野登［1999］が主張するように，組織的知識創造は，戦略的組織革新において，極めて重要である。彼らの知識創造プロセスは，SECIモデルと呼ばれており，①共同化（socialization），②表出化（externalization），③連結化（combination），④内面化（internalization）の4つの知識変換パターンによって構成される[19]。

野中郁次郎＝竹内宏高［1996］は，組織学習と知識創造の関連性について，「知識が創造されるとき，シングル・ループ学習とダブル・ループ学習が相互に作用しあい，ダイナミックなスパイラルを形成する」と述べている[20]。

❸ 戦略的組織変革

レヴィン（Lewin,K.）［1951］の戦略的組織変革プロセスについて考察する。レヴィン［1951］は，戦略的組織変革プロセスを，①解凍（unfreezing），②移

行（moving），③再凍結（refreezing），の３段階に分類した[21]。
① 解凍：解凍段階において，組織構成員に変革の必要性を認識させることが重要である。それは，組織内に推進力，抵抗力，という２つの不均衡を生み出すことによって実現できる。推進力が抵抗力を上回れば，変革は次の段階，すなわち移行に進み，下回れば変革は生じず，従来の状態が継続される。
② 移行：移行段階において，より望ましい状態や行動を生み出すために，計画的な試みが行われる。従来の行動は，長い期間にわたって行われたものであるのに対して，新しい行動は，初めて経験することが多い。それゆえ，移行段階において，組織構成員の従来の行動を変える取組みが欠かせない。
③ 再凍結：新しい状態や行動を長期にわたって定着する段階である。組織構成員の新しい行動を評価し，何らかのインセンティブを与え，継続させることが重要である。

このように，戦略的組織変革は，変革の必要性の認識⇒望ましい状態の創造の試み⇒新しい状態の定着，を通じて実現できる。戦略的組織変革において，最も重要なことは，経営者が変革の必要性を意識することである。従業員の注意は，既存の戦略，構造，文化，などに大きく制約されており，環境の変化および変革の必要性を認識する可能性は低い。

それゆえに，変革を行う際に，個人にとっても組織にとっても，その変革が魅力的であるという推進力を増加・伝達するためには，変革のリーダー的役割を行う変革型リーダーシップの力が必要となる。

金井壽宏［1999］によれば，変革型リーダーの行動特性として，①ビジョン，②変化への嗅覚，③奨励，④緊張感の醸成，⑤育成，⑥ネットワーク，⑦配慮，の７つがあげられる[22]。この７つの行動特性を備えた変革型リーダーは，戦略的組織変革において，極めて重要な役割を果たすことができる。

6 組織間関係

❶ 組織間関係の意義

　組織間関係（inter-organizational relations）とは，相互に自律的であり，組織間における直接的かつ間接的な依存関係をもつ組織の結びつきのことを指す。現代社会において，組織はほぼ例外なくオープン・システムであり，他の組織との相互依存性を前提として成立している。具体的には，組織が存続・発展するためには，企業と企業，企業と銀行，企業と地域社会など，多種多様なステークホルダーと，ヒト・モノ・カネ・情報の相互依存関係を効果的に継続する必要がある。

　組織間関係論は，取引コスト経済学，新制度学派社会学など，多様な研究領域と密接な関係性を有しており，組織間関係がなぜ形成されるのか，どのように組織間関係が展開されていくのかについて，様々な視点から考察している。

　昨今のグローバル化，企業の大規模化・複雑化に伴って，企業が影響を受ける範囲は拡大するとともに多様化している。今日の組織間関係は，企業提携，M＆A，製販同盟，アウトソーシングなど，様々な手法によって展開されることが一般的なものとなっており，このような組織間関係のマネジメント（経営管理）が，企業経営において極めて重要な課題となりつつある。

　現代におけるICTの潮流は，従来の組織構造や分業体制に大きな革新をもたらし，異業種提携や国際提携など様々な形態での戦略的提携を実現している。

❷ 組織間関係の視座

　山倉健嗣［1993］によれば，組織間関係は，①資源依存パースペクティブ，②組織セット・パースペクティブ，③協同戦略パースペクティブ，④制度化パースペクティブ，⑤取引コスト・パースペクティブ，の5つの視座（パースペクティブ）から分析が行われる。

第5章 経営組織

図表5-10　組織間関係論のパースペクティブ

	主な研究者	前提	論点	特色
資源依存パースペクティブ	フェファー＝サランシック(Pfeffer,J.＝Salancic,G.R.)	組織を基本的分析単位 組織存続のために経営諸資源を獲得・処分 他組織からの依存回避と自律性	なぜ組織間関係が形成されるのか 組織間の非対象関係 （パワー不均衡） 組織間調整メカニズム オープン・システム	依存の操作 資源の集合 情報の集合
組織セット・パースペクティブ	エヴァン(Evan,W.H.)	他組織と投入・産出の交換を行うオープン・システム インプット・アウトプットのアプローチと組織セットの発想の組み合わせ	組織セットを規定する変数（規模，多様性，ネットワークの構造，資源の集中度，メンバーシップの重複性，目標・価値の重複性，対境担当者）	対境関係者に対する注目 包括的な対象領域
協同戦略パースペクティブ	アストレイ＝フォムブラン(Astley,W.G.＝Fombrun,C.J.)	組織の集合体あるいはグループを基本的分析単位 資源依存パースペクティブに対するオールタナティブ	共有された目標・戦略 相互依存，交渉，妥協，共生 協力，共生を重視 共同戦略の分類（同盟型・集積型・有機型）	組織間システム・レベルを研究対象 資源依存パースペクティブと相互補完関係
制度化パースペクティブ	スコット(Scott,W.R.) ディマジオ＝パウエル(Dimaggio,P.J.＝Powell,W.W.)	組織は制度化された環境に内在する存在 他組織との同調や協調に努める	環境からの制約を受け入れる（規範，神話，価値など） 正当性	現象学，社会学の影響 環境決定論に立脚した組織間関係論
取引コスト・パースペクティブ	コース(Coase,R.H.) ウィリアムソン(Williamson,O.E.)	取引を分析単位 取引コスト 組織と市場	市場・中間形態・組織の取引様式の選択 境界問題（市場，中間組織，組織）に焦点	取引コストの最小化に焦点を当てて組織間関係を分析

（出所）　山倉健嗣［1993］33-62頁に基づいて筆者作成。

図表5-10は，5つのパースペクティブごとに，①主な研究者，②前提，③主な論点，④特色を一覧化したものである[23]。

この5つのパースペクティブの中で，フェファー＝サランシック（Pfeffer,J.＝Salancic,G.R.）［1978］が，1970年代の後半に，組織間のパワー現象と組織戦略との相関について分析したことによって，資源依存パースペクティブは，組織間関係論の支配的パースペクティブの地位を確立した。

エヴァン（Evan,W.M.）［1972］が提唱した組織セット・パースペクティブは，マートン（Merton,R.K.）［1949］が提示した役割セットの概念を援用したものである。分析単位である焦点組織，それに関連するインプット組織（供給業者，労働組合，監督官庁，金融機関など），さらに当該組織のアウトプット組織（顧客，流通業者，地域社会など）を組織セットと呼んでいる。組織セット・パースペクティブでは，組織内および組織外の境界に位置する境界連結管理者（企業グループ，系列，戦略的提携，バーチャル・コーポレーションなどの境界管理者）に着目し，資源や情報の流れを分析することを重視する。

1980年代に入って，組織間関係の分析単位が，次第に個別組織から組織の集合体や組織間システムに移行し始めた。その頃，アストレイ＝フォムブラン（Astley,W.G.＝Fombrun,C.J.）による協同戦略パースペクティブは，組織の集合体を分析単位として，組織共同体レベルにおける協同，共生，協力などの組織間活動に焦点をあてた。

制度化パースペクティブは，1980年代に入って定着した組織間関係パースペクティブの1つである。スコット（Scott,W.R.）［1987］，ディマジオ＝パウエル（Dimaggio,P.J.＝Powell,W.W.）などの論者によって提唱された。このパースペマティブは，新制度派組織論の範疇に入る。他組織との同調（conformity）や同型性（isomorphism）の問題を強調している。

取引コスト・パースペクティブは，コース（Coase,R.H.）［1937］とウィリアムソン（Williamson,O.E.）［1975］という年度は異なるものの，2人のノーベル経済学賞受賞者によって提唱された組織間関係パースペクティブである。企業を取り巻くステークホルダーとのあらゆる関係を「取引」という概念でとらえようとしたこのパースペクティブは，経営組織論のみならず，産業組織論など他の

研究領域にも多大なインパクトを及ぼしている。

❸ 組織間関係の革新

　ICT（情報通信技術）の飛躍的な進展によって、「時間の制約」と「空間の制約」を克服できるようになりつつある。従来の物理的距離が情報距離に変わったことによって、社会全体のネットワーク化が急激に進展しつつある。

　ICTの進展に伴って、第一次産業の農林水産業は、農林水産情報業へ、第二次産業の製造業は、製造情報業へ、第三次産業の流通業・サービス業は、流通情報業、サービス情報業へといえるほど変化しつつある。すなわち、1.5次産業や2.5次関係の産業、さらに3.5次産業が、次々と現実化しつつある。

　組織間関係の革新は、企業間関係にとどまらない。例えば、地域社会との組織間関係が進展し、地域クラスターが実現した事例は、枚挙にいとまがない。米国の半導体、スイスの時計、オランダの食品、イタリアのアパレルにみられるように、地域クラスターが果たす役割は極めて大きい。これらの地域クラスターの根源には、企業と地域社会を中核とする組織間関係があることはいうまでもない。

　企業と大学の組織間関係も、急激に進展しつつある。例えば、米国のシリコン・バレーにおいて、ヒューレット・パッカード、サン・マイクロシステム、オラクルなどITベンチャー企業が一流企業に成長した背景には、スタンフォード大学やカリフォルニア大学バークレー校など数多くの大学と、産学の組織間関係があったからである。

　組織間関係の中で、企業間関係の進展はいうまでもない。第4章で考察したように、供給連鎖（サプライ・チェーン・マネジメント）、グローバル・ロジスティクス・ネットワークを中心に、新たなビジネス・システムが国境を越えて次々と生まれている。

　近年では、供給連鎖からさらに一歩進化した需要連鎖（demand chain）の構築が各国で進展しつつある。需要連鎖とは、「顧客起点による製品の流れ、機能連鎖、情報連鎖のこと」である[24]。需要連鎖は、顧客の需要を満たすための機能（業務、活動）の流れ、情報連鎖であるので、顧客との「接点」が極めて

重要になる。具体的には，①接点の形成，②接点のデータベース化，の2点が必要不可欠である。

　需要連鎖は，従来のビジネス・システムとは異なり，生産-販売型のビジネス・システムの形態をとらない。ICTの進展により，顧客の需要をリアルタイムで把握し，組織間関係の基盤（ビジネス・プラットフォーム）を活用することによって，顧客のニーズを的確に充足することができる。各種ステークホルダーとの間に，win-win関係が実現する可能性を秘めている。

---

1) 岸川善光［2007b］29-74頁を参考にして，筆者が図表化した。なお，時代区分は大体の目安である。
2) Barnard,C.I.［1938］訳書75頁。ただし，訳語を筆者が一部（体系⇒システム）修正した。
3) 同上書85-95頁。
4) Peters,T.J.＝Waterman,R.H.［1982］訳書51頁。
5) Miles,R.E.＝Snow,C.C.［1978］訳書38頁。（ただし，訳語を筆者が一部修正）
6) 岸川善光［1999］133頁。
7) 同上書138頁。
8) 海老澤栄一［1992］108頁。
9) 二村敏子他［1982］1頁。
10) 林信二［2000］60頁。
11) Argyris,C.［1957］の他に，北野利信［1977］，上田泰［2003］などの学説史を参照した。
12) 上田泰［2003］229頁。
13) Harsey,B.＝Blanchard,H.K.＝Johnson,D.E.［1996］訳書197頁。ただし，筆者が訳語を一部修正。
14) Deal,T.E.＝Kennedy,A.A.［1982］訳書149-177頁を筆者が要約。
15) Greiner,L.E.［1972］p.41.に基づいて筆者が一部修正。
16) Argyris,C.＝Schone,D.H.［1978］p.18.
17) 同上書p.24。
18) March,J.G.＝Olsen,J.P.［1979］訳書87-97頁。
19) 野中郁次郎＝紺野登［1999］111-114頁。
20) 野中郁次郎＝竹内宏高［1996］64-66頁。
21) Lewin,K.［1951］訳書223-224頁。
22) 金井壽宏［1999］101-104頁。
23) 山倉健嗣［1993］33-62頁に基づいて筆者作成。
24) 岸川善光［2006］207頁。

第6章 機能別管理

本章では,経営システムにおける個別の機能を経営管理の対象とした機能別管理について考察する。

第一に,経営システムの構造(意義,目的・使命,体系)について考察する。

第二に,人的資源管理について考察する。人的資源管理の意義,人的資源管理システムの概要について理解を深める。

第三に,財務管理について考察する。まず,財務管理の意義について理解を深める。さらに,財務管理システムの概要を理解する。

第四に,情報管理について考察する。情報管理の意義および情報管理システムの概要について理解を深める。

第五に,法務管理について考察する。法務管理の意義について理解を深め,さらに,法務管理システムの概要について理解する。

第六に,研究開発管理について考察する。研究開発管理の意義および研究開発管理システムの概要について理解を深める。

第七に,調達管理について考察する。調達管理の意義について理解を深め,さらに,調達管理システムの概要について理解する。

第八に,生産管理について考察する。生産管理の意義について理解を深め,さらに,生産管理システムの概要について理解する。

第九に,マーケティング管理について考察する。マーケティング管理の意義およびマーケティング管理システムの概要について理解する。

第十に,ロジスティクス管理について考察する。ロジスティクス管理の意義およびロジスティクス管理システムの概要について理解する。

1 経営システムの構造

❶ 経営システムの意義

　第3章で考察したように，本書では，「経営システムとは，環境主体との対環境関係，すなわち環境とのかかわり方を重視する経営体・組織であり，かつ経営体・組織の機能（行動）を含む概念である[1]」と定義し，議論を進めてきた。

　経営システムという概念には，①2つ以上の複数の構成要素による集合体であること，②複数の構成要素が何らかの相互関連性を有していること，③複数の構成要素が共通の目的を持ち，この目的のために機能すること，というシステムに関する3つの要件を最低限満たす必要がある[2]。

　経営システムという概念は，協働システム（cooperative system）において，上述したシステムに関する要件や構造を援用したものである。森本三男［1995］は，協働システムは，個人の限界を克服することを目的として，企業，学校，病院，など多くの形態が存在すると述べた[3]。

　経営システムは，協働システムの中の1つである。第3章で述べたように，この経営システムを研究対象とする場合，機能（行動）に主眼を置くと経営管理論（マネジメント論）になり，構造（経営体，組織）に主眼を置くと経営組織論になる。経営管理論と経営組織論は，表裏一体の補完関係にある。

❷ 経営システムの目的・使命

　経営システムには，①価値の創出・提供と対価の獲得，②社会的責任の遂行，③経営システムの存続と発展，という3つの目的・使命がある[4]。
　① 価値の創出・提供と対価の獲得：企業などの経営システムにとって，価値の創出・提供は，その他の何ものよりも優先される根源的な目的・使命である。ここで価値とは，経営システムにおける顧客機能（顧客ニーズ）を充足する経済的効用のことである。顧客機能（顧客ニーズ）を充足するためには，

顧客を創造し，有形財および無形財（サービス）を創出・提供する必要がある。顧客の創造において，顧客は経営システムに迎合してくれるわけではないので，経営システム側のイノベーションが不可欠である。
② 社会的責任の遂行：経営システムには，株主，従業員，消費者（顧客），取引業者，金融機関，政府，地域住民など，多くの利害関係者が存在する。これらの利害関係者に対する義務のことを社会的責任という。経営システムの場合，「企業の社会的責任（CSR）」という。
③ 経営システムの存続・発展：価値の創出・提供と対価の獲得を実現し，「企業の社会的責任（CSR）」を果たすには，経営システムの存続・発展が不可欠である。経営システムの場合，営利原則に基づく利益の追求は，第一義的に重要な課題である。利益がなければ，株主に対する配当，従業員に対する給料の支払いなど，「企業の社会的責任（CSR）」を果たすことができない。

❸ 経営システムの体系

広義の経営システムは，図表6-1に示されるように[5]，①環境主体との対境関係，すなわち環境とのかかわり方を保持する狭義の経営システム，②価値の創出・提供のために直接必要な業務システム，③狭義の経営システムおよび業務システムのフィードバック・コントロールを行う経営管理システム，の3つのサブシステムによって構成される。

第一に，環境主体との対境関係，すなわち環境とのかかわり方を保持することを目的とする狭義の経営システムについて概観する。「オープン・システム」である狭義の経営システムの存続・発展を実現するためには，環境の変化に対応しなければならない。環境変化に対する対応パターンは，第1章で考察したように，環境適応と環境創造の2つがある。

第二に，価値の創出・提供のために直接必要な業務システムについて概観する。業務システムには，ビジネス・システム，価値連鎖（バリュー・チェーン），供給連鎖（サプライ・チェーン）など，多くの類似概念が存在する。

本書では，業務システムの基本機能として，最も機能の範囲が広い製造業をモデルとして選択し，①研究開発（R＆D），②調達，③生産，④マーケティン

図表6-1　経営システムの基本構造

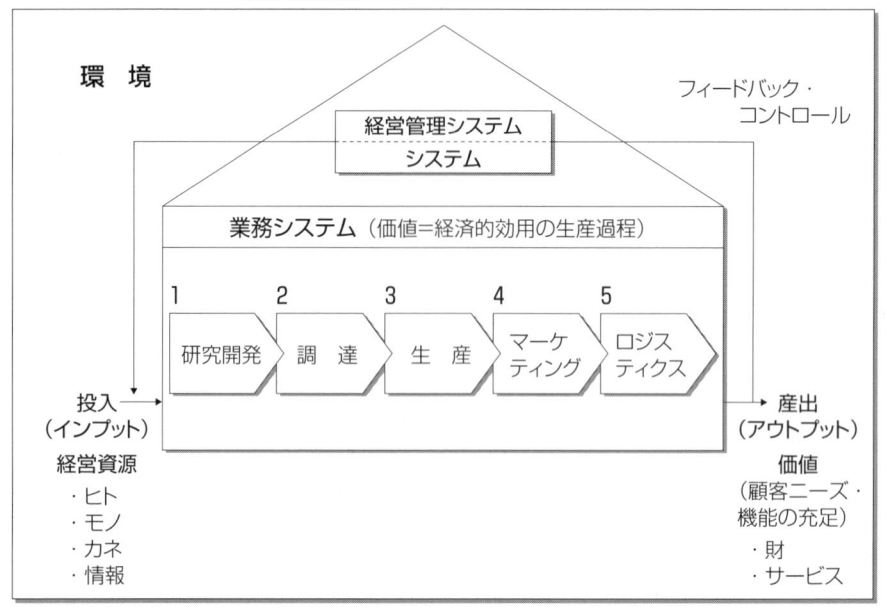

```
環境

                    経営管理システム
                      システム

        業務システム（価値＝経済的効用の生産過程）

          1      2      3      4       5
        研究開発  調達   生産  マーケ   ロジス
                              ティング  ティクス

投入 →                                           → 産出
（インプット）                                    （アウトプット）

経営資源                                         価値
・ヒト                                          （顧客ニーズ・
・モノ                                           機能の充足）
・カネ                                          ・財
・情報                                          ・サービス

                                    フィードバック・
                                    コントロール
```

(出所)　森本三男［1995］36頁を参考にして，筆者が作成。

グ，⑤ロジスティクス，の5つの機能を取り上げる。業務システムは，価値（経済的効用）の生産システムである。

　第三に，狭義の経営システムおよび業務システムのフィードバック・コントロールを行う経営管理システムについて概観する。経営管理システムの基本機能は，①狭義の経営システム・業務システムの円滑な運営，②狭義の経営システム・業務システムのイノベーション，の2つに大別することができる。

　経営管理システムは，下記の分類基準によって体系化することができる[6]。
① 機能（活動）：研究開発，調達，生産，マーケティング，ロジスティクス
② 経営資源：ヒト，モノ，カネ，情報
③ 意思決定：情報活動，設計活動，選択活動，検討活動

　経営管理システムは，経営システムの細分化によって，様々な経営管理システムが独自に設計される。法務管理などを追加する事例も多く見受けられる。

　経営管理システムは，インプットした経営資源を用いて，業務システムを経由して価値を生産し，顧客機能（顧客ニーズ）を充足することのできる価値を

アウトプットする，という一連の流れを円滑に運営する役割だけでなく，さらに，フィードバック・コントロールを行うことによって，狭義の経営システム・業務システムの革新を行い，より顧客機能（顧客ニーズ）を充足することのできる価値を創出することも重要な役割である。

以降の節では，それぞれの機能について，その意義およびシステムの概要について考察する。具体的には，第2節～第5節において，経営管理システムである人的資源管理，財務管理，情報管理，法務管理について考察する。第6節～第10節では，業務システムである研究開発管理，生産管理，調達管理，マーケティング管理，ロジスティクス管理について考察する。

2 人的資源管理

❶ 人的資源管理の意義

人的資源管理とは，経営管理システムにおいて，経営資源（ヒト，モノ，カネ，情報）の内，ヒトを対象とした経営管理である。上林憲雄＝厨子直之＝森田雅也［2010］によれば，ヒトは，他の経営資源を動かす主体であり，さらには他の経営資源と異なり，思考・学習・成長することができる[7]。つまり，人的資源管理では，いかにして人的資源の持つ潜在的な能力を余すところなく引き出し，企業活動に貢献させることができるかが重要な課題になる。

従来，ヒトという経営資源に関する経営管理は，わが国では人事・労務管理といわれてきた。すなわち，ホワイトカラーを対象とする人事管理，ブルーカラーを対象とする労務管理に区分してきた経緯があるものの，今日では両者の境界線が必ずしも明確ではなくなりつつあり，従業員に対する管理のことを人事・労務管理と一括して呼ぶことが一般化している。

近年，雇用システム・労働市場の構造改革の進展に伴って，経営システムの側も従業員の側も，従来の人事・労務管理の考え方や取り組み姿勢では，マッチしない状況が多発するようになってきた[8]。

これらの問題点を踏まえて，ヒトという経営資源に関する経営管理のパラダイムが大きく変化しつつある。上林憲雄＝厨子直之＝森田雅也［2010］によれば，従来の人事・労務管理と人的資源管理の相違は，①企業戦略と人事とのリンクの強化，②能動的・主体的な活動，③心理的契約の重視，④職場学習の重視，⑤集団全体よりも個々人の動機づけを考慮，の5つに要約することができる[9]。また，ブラットン＝ゴールド（Bratton,J.＝Gold,J.）［2009］は，「人的資源管理は組織の戦略的目標の決定とその実行に影響を与え，また組織戦略に統合される必要がある」と述べた[10]。

　このヒトに関する新たなパラダイムの基本は，ヒトが生み出す価値の極大化を目指している。すなわち，人的資源価値の極大化と企業価値の極大化の両立こそが，新たな人的資源管理の目的であるといえる[11]。

　人的資源価値の極大化を実現するためには，従業員の「個の活用」や「個の尊重」が欠かせない。他方，経営戦略と連動した採用，配置転換，昇進・昇格，人事考課，賃金管理，能力開発などの諸施策が必要不可欠である[12]。すなわち，人的資源価値の極大化と企業価値の極大化の両立を実現するためには，企業全体の経営戦略と密着した戦略的人的資源管理が必要不可欠となる。

❷ 人的資源管理システムの概要

　人的資源管理は，一般的に，①組織運営，②人的資源フローマネジメント，③報酬マネジメント，の3つの要素によって構成される[13]。

　第一に，組織運営について考察する。経営システムの側からみれば，人的資源をいかに効果的かつ効率的に活用して，経営システムの存続・発展に結びつけるかが重要な課題になる。経営システムの存続・発展に貢献できる人的資源を確保し，コミットメントの極大化を実現しなければ，効果的かつ効率的な組織運営とはいえない。

　第二に，人的資源フローマネジメントについて考察する。人的資源フローマネジメントとは，人的資源の採用，配置転換，昇進・昇格，人事考課，賃金管理，能力開発支援など，人的資源の活用プロセスに関する経営管理のことである。ここでは，能力開発，従業員満足の2つが必須の課題になるであろう。

第三に，報酬マネジメントについて考察する。従業員満足の実現のために，報酬マネジメントは，昔も今も重要な課題である。報酬マネジメントというと，最近では「成果主義」に基づく報酬マネジメントが流行しているが，「成果主義」に基づく報酬マネジメントは，報酬マネジメントの終着駅ではないと思われる。今後は，「成果主義」に基づく能力・成果の客観的な評価とともに，自己実現の支援，人間性尊重の人事制度など，脱金銭型の報酬マネジメントの構築が併せて必要不可欠となるであろう。

3 財務管理

❶ 財務管理の意義

経営管理システムにおいて，経営資源（ヒト，モノ，カネ，情報）の内，カネを対象とする経営管理を財務管理という。財務管理は，西澤脩［1976］によれば，図表6-2に示されるように，3つの観点から体系化を図ることができる[14]。

第一に，図表6-2の左から中央に向かって，資金の調達と運用という観点から，財務管理を資金調達管理と資金運用管理に大別することができる。

第二に，図表6-2の上から下に向かって，財務管理のプロセスという観点から，財務戦略⇒財務計画⇒財務統制というマネジメント・プロセスによって体系化することができる。

第三に，図表6-2の右から中央に向かって，利益と資金という観点から，財務管理を利益管理と資金管理に大別することができる。

経営資源の内，ヒト，モノ，カネは，3M（Man, Material, Money）と呼ばれる。近年，この3Mについて「限界収穫逓減」の現象が観察されるので，「限界収穫逓増」の現象が観察される情報と比較して，経営資源としての重要性が低く見られる風潮がある。

特に，カネに対する認識が以前と比較して相対的に低下している。しかし，倒産の原因の内，約4割が財務管理の失敗（資金ショートなど）という事実を

図表6-2 財務管理の体系

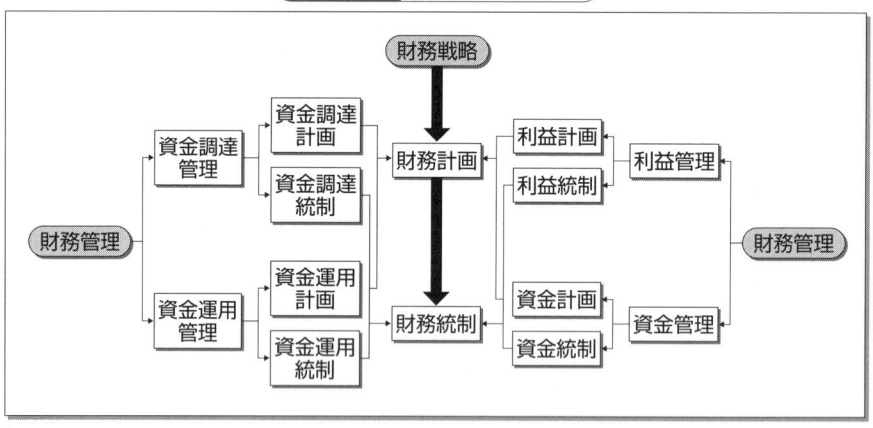

(出所) 西澤脩〔1976〕6頁。

見ても，カネを対象とする財務管理の重要性は，いささかも減少しているわけではない。財務管理は，①狭義の経営システム・業務システムの円滑な運営，②狭義の経営システム・業務システムのイノベーションを促進するために，必要不可欠の機能を果たしているといえよう。

❷ 財務管理システムの概要

上で述べたように，財務管理は，資金調達管理と資金運用管理に大別される。資金調達とは，どのような資金を，どこから，いくら集めるかということである。また，資金運用とは，どのような資金を，何に，いくら使うかということである。

資金調達の源泉は，貸借対照表の貸方に示される。資本（自己資本）と負債（他人資本）に区分され，さらに勘定科目に細分化される。資金運用の形態は，貸借対照表の借方に示される。流動資産，固定資産，繰延資産に区分され，さらに勘定科目に細分化される[15]。

資金調達と運用の状態は，本来継続的に循環するはずの「資本の循環過程」を，一定時点（通常は，決算日）の財政状態として貸借対照表に一覧化して表示される。したがって，貸借対照表を様々な角度から詳細に分析すれば，資金調達と運用の良否について的確に問題点・課題を発見することができる。資金

の調達と運用に関して，詳細に分析を行う場合，貸借対照表だけでなく，さらに資金運用表が不可欠のツールとしてあげられる[16]。

また，財務管理システムは，利益管理と資金管理に大別することができる。まず，利益管理について概観する。利益管理の目的は，収益性の維持・拡大にある。利益管理のために必要な分析・診断技法として，損益分岐点図表など多くの技法がすでに開発され活用されてきた。

損益分岐点（break-even point）とは，売上高と総費用が等しくなり利益が丁度ゼロになるときの売上高のことである。利益管理において，損益分岐点を引き下げることは，最大のポイントの1つである。損益分岐点を引き下げる方策として，①固定費の低減，②変動比率の低減，③売上数量の増大，④売価の増大の4つがあげられる[17]。

次に，資金管理について概観する。資金管理は，資金運用表を用いた資金繰りに関する分析などがその基礎となる。近年では，キャッシュ・フローに関する分析が重視されている。キャッシュ・フローは，①営業活動によるキャッシュ・フロー，②投資活動によるキャッシュ・フロー，③財務活動によるキャッシュ・フローの3種類に区分される。

4 情報管理

❶ 情報管理の意義

経営管理システムにおいて，経営資源（ヒト，モノ，カネ，情報）の内，情報を対象とする経営管理を情報管理という。経営資源としての情報には，データ，知識，技術，スキル，ノウハウ，ブランド，企業イメージ，暖簾などが含まれる。近年，情報による「限界収穫逓増」の現象が多くの産業・企業において観察されており，情報管理の重要性に対する認識が大きく変わりつつある。

伊丹敬之［2003］は，経営資源としての情報の特質として，①同時多重利用が可能，②使い減りしない，③情報の結合として新たな価値が生まれる，の3

点を指摘したうえで，情報資源の重要性として，①競争優位の源泉，②変化対応力の源泉，③事業活動から生み出されるもの，の３点をあげている[18]。

情報管理において，情報資源としての情報ネットワークの構造は，情報管理の水準を規定するので極めて重要な課題である。情報ネットワークの構造は，①メインフレームと多くの端末による集中型のホスト・スレーブ構造，②分散型のクライアント・サーバー構造，の２つに大別される。従来は，ホスト・スレーブ構造が主流であったが，今後は，企業の競争優位の源泉，変化対応力の源泉，事業活動における迅速な意思決定，を実現するために，インターネットと連結されたクライアント・サーバー構造が主流になることは間違いない。

❷ 情報管理システムの概要

情報管理システムは，図表6-3に示されるように[19]，時代の進展に伴って，またICT（情報通信技術）の進展に伴って変化している。具体的には，情報管理システムは，下記の７つの段階を踏んで進展しつつある。

① 自動データ処理（ADP：Automatic Data Processing），統合データ処理（IDP：Integrated Data Processing）
② 経営情報システム（MIS：Management Information System）
③ 意思決定支援システム（DSS：Decision Support System）
④ オフィス・オートメーション（OA：Office Automation）
⑤ 戦略的情報システム（SIS：Strategic Information System）
⑥ ビジネス・プロセス・リエンジニアリング（BPR：Business Process Reengineering）
⑦ 電子商取引（EC：Electronic Commerce）

紙幅の都合上，すべての情報管理システムについて言及する余裕はないので，上述した７つの情報管理システムの内，SIS（戦略的情報システム）について少し詳しくみてみよう。SIS（戦略的情報システム）は，競争優位を獲得・維持することを目的として，情報管理システムを経営戦略の手段として用いることに最大の特徴がある。

MIS（経営情報システム）にみられるような「効率性」の向上を目的とした

第6章　機能別管理

図表6-3　経営情報システムの変遷

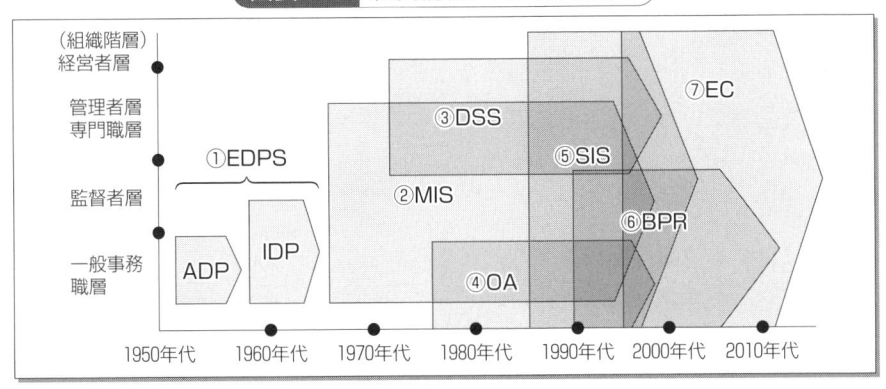

```
(組織階層)
経営者層
管理者層
専門職層       ①EDPS        ③DSS
監督者層                            ⑤SIS        ⑦EC
                      ②MIS
一般事務           ADP  IDP              ⑥BPR
職層                              ④OA

        1950年代 1960年代 1970年代 1980年代 1990年代 2000年代 2010年代
```

(出所)　岸川善光〔1999〕164頁に基づいて，筆者が一部修正。

　従来の情報管理システムとは異なり，SIS（戦略的情報システム）は，上述したように，情報管理システムによって競争優位の獲得など，いわゆる「効果性」の向上を実現することを目的としている。SIS（戦略的情報システム）は，1990年代の情報管理システムとして世界的な脚光をあびた。

　一方，SIS（戦略的情報システム）の欠点として，システム概念の古さがあげられる。顧客の「囲い込み」，系列ネットワークの構築などにみられるSIS（戦略的情報システム）のシステム概念では，「オープン・ネットワーク」の時代に対応することは難しい。

　一方，インターネットを取り込んだビジネス・システムである電子商取引（EC：Electronic Commerce）は，近年では「eビジネス」と呼ばれ，「オープン・ネットワーク」の時代におけるビジネス・システムの主流になりつつある。

5　法務管理

❶ 法務管理の意義

　経営管理システムにおいて，企業活動を正当に行うための経営管理を法務管

理という。経営資源（ヒト・モノ・カネ・情報）の管理，さらに業務システムの管理を適切に行うことが，法務管理の主な目的である。

近年，不正や不法などの企業犯罪をはじめとする企業不祥事が，一流企業を含めて多発している。経営者に直接起因する様々な企業の不祥事の原因を調査すると，コーポレート・ガバナンス（corporate governance）に関する構造的な要因によるものが多い。

企業に対する信頼性を確保することを目的として，2006年5月から会社法が施行された。会社法の施行に伴って，コーポレート・ガバナンス，内部統制システム，コンプライアンス（法令遵守），情報開示など，経営資源の適切な管理や業務システムの円滑な運営を目的とした法務管理に対する社会の関心も一気に高まりつつある[20]。また，ビジネス・モデル特許などの法律と経営管理をとりまく新たな分野が台頭しており，それに応じた経営管理のイノベーションも必要とされている。

従来，主として法務管理の分野を担当するのは，弁護士，弁理士，公認会計士，税理士，社会保険労務士など，法務に関連するテクノクラートであり，他の経営管理システムと比較すると専門性が高い分野であるといえる。しかし，これからの法務管理は，専門家に委託するだけでなく，経営管理システムの中に体系的に組み込む必要がある。

❷ 法務管理システムの概要

上述したように，法務管理の領域は多岐にわたる。また，会社の設立，知的財産権，内部統制制度など，経営管理に直接関連する課題が急激に増加しつつある。紙幅の制約上その詳細については他の専門書に譲ることにして，本項では，内部統制システムに絞って考察する。

第1章で軽く触れたように，会社法は，大企業に対して内部統制システムの整備義務を課した。内部統制システムの目的は，図表6-4に示されるように，①コンプライアンス（法令遵守），②財務報告の信頼性，③業務の効率化，の3つとされている[21]。

内部統制システムは，組織構成員全員が参加するシステムであり，取締役会，

第6章 機能別管理

図表6-4 内部統制制度の概念図

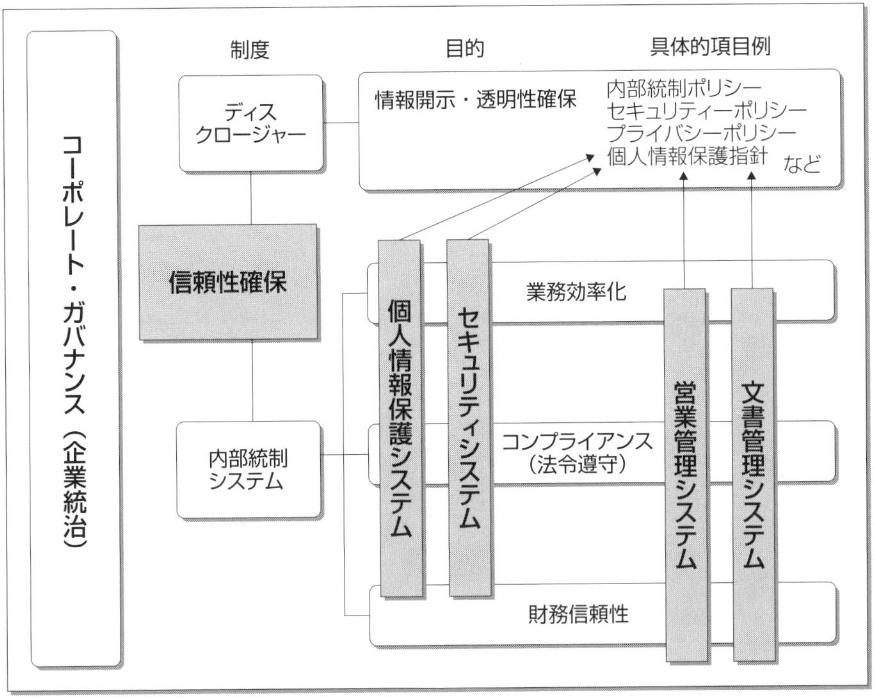

(出所) 牧野二郎＝亀松太郎［2006］126頁を筆者が一部修正。

取締役・執行役，監査役・監査委員会はもちろんのこと，中間管理職や現場従業員にいたるまで，すべての組織構成員が参加する。

しかし，一般的に，内部統制システムにおける中間管理職や現場従業員に対する指揮・命令は，代表取締役や代表執行役などが行うことになる。これを踏まえて，内部統制システムの構築に関する基本指針を決定する取締役会は，指針に基づいた内部統制システムの構築・運用を，代表取締役や代表執行役に求めることとなる[22]。

内部統制システムは，法的には大会社に対する整備義務に留まるものの，企業に対する信頼性を確保し，企業不祥事を未然に防止するために，リスク管理体制を確立するという意味でも，必要不可欠のシステムといえよう[23]。

169

図表6-5　業務システム

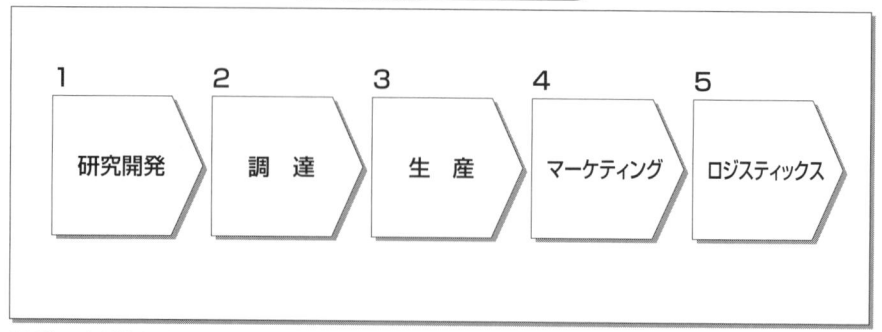

```
1 研究開発 → 2 調達 → 3 生産 → 4 マーケティング → 5 ロジスティクス
```

(出所)　岸川善光［2007b］170頁。

〈業務システム〉

　本書では，業務システムの基本機能として，最も機能の範囲が広い製造業をモデルとして選択した。業務システムは，インプット（経営資源）からアウトプット（顧客ニーズの充足）への変換処理，変換プロセスに該当する。すなわち，価値（経済的効用）の生産システムである。

　本書では，図表6-5に示されるように[24]，研究開発，調達，生産，マーケティング，ロジスティクス，の5つの機能について考察する。

6　研究開発管理

❶ 研究開発管理の意義

　研究開発管理は，業務システムの起点に位置し，企業活動に必要な機能の1つである研究開発（R＆D）を対象とした管理（計画，実施，統制）のことである。研究開発の機能は，図表6-6に示されるように[25]，①研究（基礎研究，応用研究），②開発（製品開発，技術開発），③製品化（設計，試作，生産技術支援），などの機能によって構成される。

　近年，研究開発をいかに効果的かつ効率的に推進するかという問題は，経営

第6章 機能別管理

図表6-6 研究開発

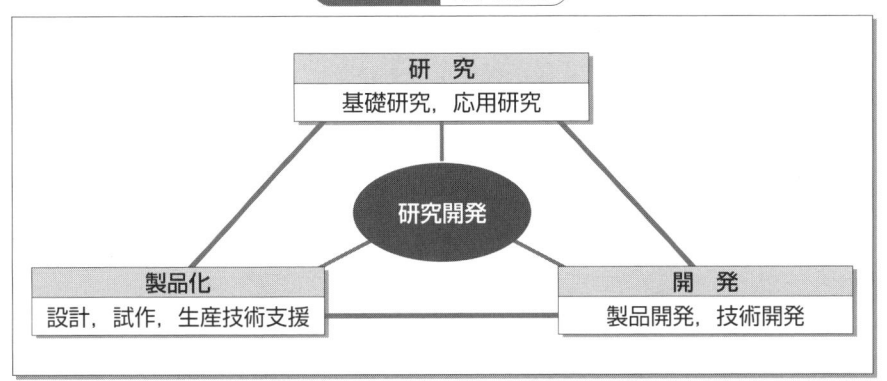

```
              研 究
         基礎研究，応用研究

              研究開発

   製品化              開 発
設計，試作，生産技術支援   製品開発，技術開発
```

(出所) 岸川善光 [2002] 109頁。

システム，特に業務システムにとって最重要課題の1つになりつつある。その要因として，①企業間競争が激化しており，研究開発の成果が早期に求められること，しかし，②研究開発にはリスクがつきものであり，研究開発機能（活動）の成果の確実性を保証することは不可能に近いということがあげられる。

❷ 研究開発管理システムの概要

研究開発管理システムのポイントとして，①研究開発テーマの設定，②各テーマに対する資源配分，③進捗管理，④成果評価，などがあげられる。研究開発テーマの設定において，ドメインの再定義，事業ポートフォリオの組み替えなど，経営戦略との整合性が欠かせない。なぜならば，研究開発は新規事業分野に進出する際の基盤そのものであり，ドメインの再定義，事業ポートフォリオの組み替えと密接に関連するからである。

① 研究開発テーマの設定：研究開発テーマの選択において，研究（基礎研究，応用研究）の進捗状況，開発（製品開発，技術開発）の進捗状況を客観的に把握する必要がある。経営戦略の策定において，ドメインの再定義，事業ポートフォリオの組み替えがいかに重要であるとしても，研究，開発の実態が伴わなければ「絵に描いた餅」になることは必然である。
② 各テーマに対する資源配分：経営資源（ヒト，モノ，カネ，情報）は，いうまでもなく稀少性を有しており有限の存在である。研究開発テーマに対し

て，有限の資源をどのように配分するか，具体的には，「総花主義」で配分するか，「重点主義」で配分するかの問題である。一般に，「重点主義」に基づく資源配分のほうが，成果が得やすいといわれている。

③ 進捗管理：進捗管理も，時間という稀少性のある資源をいかに活用するかという問題である。的確なマイルストーンを設定し，研究開発のプロセス管理を緻密に行う必要がある。

④ 成果評価：成果は，結果とプロセスの両面から評価をする必要がある。結果はもちろん重要であるが，研究開発のプロセスにおいて，意図せざる様々な成果が発生することがある。それらの成果が次の飛躍台になることもある。

次に，開発のポイントについて概観する。開発は製品開発と技術開発に区分される。製品開発の中でも，新製品開発の成否は，企業の業績に直接的な影響を及ぼす。

そのため，新製品開発は，研究開発の機能の中でも，極めて重要でかつ中核的な機能として位置づけられる。新製品開発を成功させるためには，開発する製品のドメインの設定が何よりも重要である。どんなに技術的に優れていても，ドメインの設定を間違えるとその新製品開発は成功しない。

7 調達管理

❶ 調達管理の意義

調達管理とは，業務システムの機能の1つである調達を対象とした管理（計画，実施，統制）のことである。調達管理は，図表6-7に示されるように[26]，製造業の場合，広義には生産機能に含まれ，その第一工程として位置づけられており，購買管理や資材管理などと呼ばれてきた。流通業の場合，調達は仕入れと呼ばれることが多く，販売の前工程として位置づけられてきた。

従来，調達は業務システム（価値の生産システム）において，極めて重視されている。第一の理由は，製造業においても，流通業においても，調達コスト

第6章 機能別管理

図表6-7 調達の位置づけ

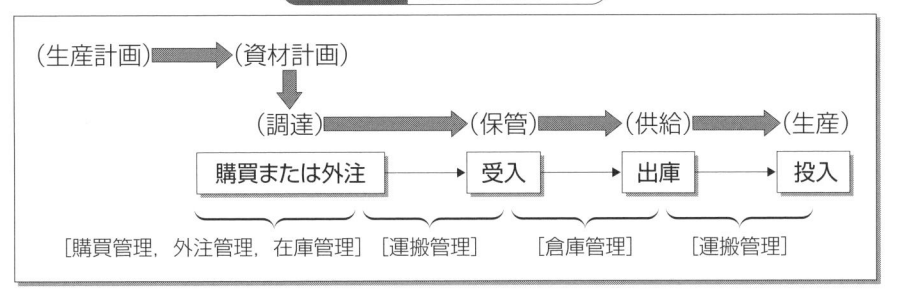

```
(生産計画) ──▶ (資材計画)
                    │
                    ▼
                 (調達) ──▶ (保管) ──▶ (供給) ──▶ (生産)
              ┌─────────┐  ┌────┐   ┌────┐   ┌────┐
              │購買または外注│─▶│受入│─▶│出庫│─▶│投入│
              └─────────┘  └────┘   └────┘   └────┘
              └─────────────┘└───┘  └────┘  └────┘
              [購買管理, 外注管理, 在庫管理][運搬管理][倉庫管理][運搬管理]
```

(出所) 桑田秀夫［1998］241頁。

の売上高および原価に占める構成比率が極めて高いからである。製造業の場合，原材料費，部品費，外注費などが調達コストの典型であるが，製造原価の過半を占めるといっても過言ではない。したがって，この調達コストの低減は，営業利益の増大と直結しており，どの製造業も調達コストの低減に注力してきた。

流通業の場合も，仕入原価など調達コストの売上高に占める構成比率は極めて高く，その低減は売上総利益の増大にダイレクトにつながるので，どの流通業者も仕入原価の低減に注力してきた。

調達を重視してきた第二の理由は，調達にトラブルが発生すると，業務システム（価値の生産システム）の円滑な運用に重大な支障をきたすからである。業務システムの円滑な運用ができないと，不良率の増加，納期遅延の発生，製造原価の増大，の原因となることは明白である。

調達を重視してきた第三の理由は，原材料，部品，仕入商品などいわゆる棚卸資産には，運転資金需要および金利負担が発生する。運転資金需要および金利負担の低減のため，トヨタのJIT（ジャスト・イン・タイム）方式が大きく寄与していることはすでに周知の事実である。

このように，調達は従来から重視されてきたが，近年，①情報化，②業際化，③グローバル化，の進展に伴って，調達機能そのものが抜本的に変化しつつある[27]。

① 情報化：情報化の進展によって，空間の制約，時間の制約，業種の制約に対して，「制約の克服」が容易になり，例えば，ネット調達にみられるように，調達先の多様化，調達方法の多様化などが劇的に進展しつつある。

③　グローバル化：グローバル化の進展によって，まさに地球規模での調達が可能になりつつある。この背景として，調達に関する地球規模での「規模の経済」，「範囲の経済」，「連結の経済」の追求があげられる。また，その前提として，オープン・アーキテクチャ，モジュール化などの進展が著しい。

②　業際化：情報化の進展に伴って，産業，業種，業態などの垣根が低くなり，調達に関する新たな競合関係や協力関係が形成されつつある。

❷ 調達管理システムの概要

上述した調達機能の中で，①調達品目，②調達時期，③調達先，④調達方法，⑤調達コストに関する選択・決定は，最も基本的な事項であるといえよう。最も基本的な5つの事項の近年の変化について概観する[28]。

①　調達品目：従来，調達品目に関する議論は，"make or buy"（内外作区分）が中心的な課題であった。ところが，近年，オープン・アーキテクチャ，モジュール化などが進展し，モジュール化された品目などは外部調達が主流になりつつあるなど，調達品目の選択・決定に関する対応は変化しつつある。

②　調達時期：情報化の進展に伴って，必要な品目を必要な時期に調達するシステムが重層的に構築されつつある。

③　調達先：従来，自動車産業の系列問題にみられるように，調達先の選定は，長期的な継続関係，下請け関係などが主流であったが，近年では，ネット調達など新たな調達方法が台頭してきた。調達先のグローバル化はほとんどの産業において観察される。

④　調達方法：インターネットを活用したB-to-B，B-to-Cなどによって，企業間関係が大きく変化しつつある。企業間関係の変化に伴って，調達方法も大きく変化しつつある。

⑤　調達コスト：調達先，調達方法など調達システムの革新によって，調達コストの低減に成功した企業が数多く出現している。調達コストの透明化がビジネス・モデルの革新の原動力の1つになっているといっても過言ではない。

8 生産管理

❶ 生産管理の意義

　生産管理とは，業務システムの機能の１つである生産を対象とした管理（計画，実施，統制）のことである。ここで生産とは，顧客ニーズの充足＝価値の創出のために，経済財（製品・サービス）を産出することである。

　顧客ニーズの充足＝価値の創出のためには，産出する経済財（製品・サービス）について，品質(quality)，コスト(cost)，納期(delivery)の「生産の３要素」はいうまでもなく，安全，環境など多くの要素をクリヤーしなければならない。

　このQCDすなわち「生産の３要素」を実現するために，①品質管理，②コスト管理，③工程管理，が対応しており，生産管理における第１次管理という。

① 品質管理：品質管理は，経済財（製品・サービス）の機能を，一定の品質で実現することを目的としている。品質管理は，品質の変動を統計的に把握・検査する統計的品質管理（SQC）として，1920年代半ばから始まった。

　その後，高水準の品質管理を実現するために，広く製造工程全般，さらに経営全般にわたって品質に関与し責任をもつ総合的品質管理（TQC：Total Quality Control）へと発展した。近年では，経営戦略との結合などさらに範囲を拡大したTQM（Total Quality Management）へと進展している。

② コスト管理：コスト管理は，①標準原価を設定し，その標準値を維持する原価維持活動，②標準原価そのものを引き下げる原価改善活動，③原価企画，の３つに分類される[29]。

　従来，コスト管理は，標準原価と実際原価の差異を測定・分析し，効率性の向上によって，定められた標準原価に近づけようとする原価維持活動のことであった。

　しかし近年では，製品開発競争の激化，製品ライフサイクルの短縮化などによって，製造段階におけるコスト管理に限界が生じるようになった。そこ

で，製品企画・設計等の初期段階からコストダウンを計画する原価企画が戦略的アプローチとして重要視され，コスト管理の範囲が拡大している。

③ 工程管理：工程管理とは，所定の品質・コスト・数量の製品を，所定の納期で生産するために，製品が生産される工程（プロセス）を直接的に管理することである。

工程管理は，生産計画と生産統制に大別される。生産計画は，将来における生産活動の内容と水準について意思決定を行う活動である。具体的には，製品の種類，品質，数量，時期を決定し，その計画に基づいて投入すべき原材料の調達および投入資源（設備，人員）を手配する。生産統制は，生産計画に基づいて工程で生産が進行しているかを監視・統制する活動である[30]。

その他，第2次管理と呼ばれる作業管理，外注管理，資材管理，設備管理，運搬管理などが，QCDを実現するための第1次管理を補完し支える役割を果たしている。

❷ 生産管理システムの概要

市場の成熟化，顧客ニーズの多様化などの変化に対応するため，生産管理システムにおいても，顧客志向でかつ高い柔軟性が求められる。生産技術の自動化，デジタル化，ネットワーク化により，生産管理のあり方が根源から変わりつつある。

これからの生産管理システムは，図表6-8に示されるように[31]，ICT（情報通信技術）の進展に伴って，生産・販売・物流統合CIM（computer integrated manufacturing）システムが主流になりつつある。生産・販売・物流統合CIMは，生産と関連のある各部門（機能）の情報システムを，ネットワークによって統合・連結したものである。図表6-8に示されている生産・販売・物流統合CIMの概念は，当時は，理念型モデルにすぎなかったが，今日では，ほぼ正確に現実化しつつある。現実が理論に追随した好例といえよう。

① 製造部門：POP（point of production）情報システム，FMS（flexible manufacturing system）情報システム，MRP（materials requirements planning）システムなど。

図表6-8　生産・販売・物流統合CIMの概念図

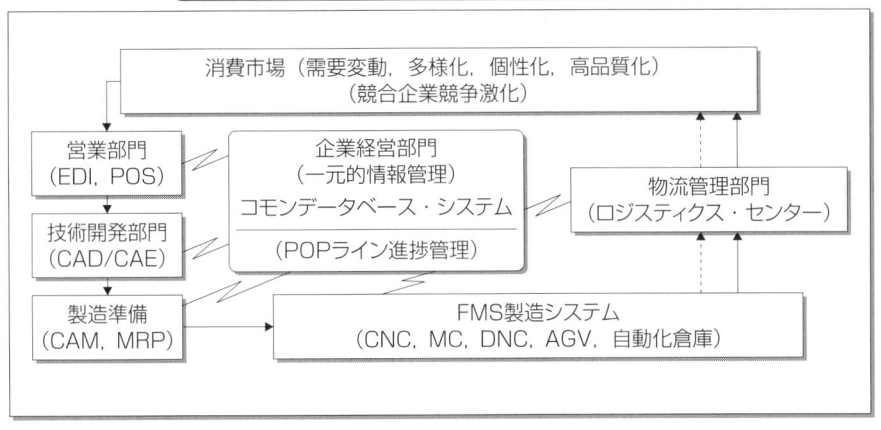

```
消費市場（需要変動，多様化，個性化，高品質化）
      （競合企業競争激化）

営業部門          企業経営部門
(EDI, POS)        （一元的情報管理）         物流管理部門
                  コモンデータベース・システム  （ロジスティクス・センター）
技術開発部門      
(CAD/CAE)         （POPライン進捗管理）

製造準備          FMS製造システム
(CAM, MRP)        (CNC, MC, DNC, AGV, 自動化倉庫)
```

（出所）　日本経営診断学会編［1994］310頁を筆者が一部修正。

② 　設計・開発部門：CAD／CAM（computer-aided design/computer-aided manufacturing）システムなど。
③ 　販売部門：POS（point of sales）情報システム，EDI（electronic data interchange）情報システムなど。
④ 　物流部門：ロジスティクス（logistics）情報システムなど。

　上述した生産・販売・物流統合CIMを構築する狙いは，①コスト低減，②品質向上，③柔軟性の向上，④多品種・少量生産の実現，⑤省力化，があげられる。生産の目的は，単に経済財（製品・サービス）を生産するだけではない。顧客ニーズを満たす価値の創出こそが真の目的である。

　生産・販売・物流統合CIMの進展によって，顧客ニーズの把握（市場調査），製品開発・企画・製造・販売・物流に至る各部門の情報ネットワークを連結することが可能になった。今後，生産管理システムのイノベーションの中核となるであろう。

9 マーケティング管理

❶ マーケティング管理の意義

　マーケティング管理とは，業務システムの機能の1つであるマーケティングを対象とした管理（計画，実施，統制）のことである。マーケティング領域における世界的権威であるコトラー＝ケラー（Kotler,P.＝Keller,K.L）[2006]は，「マーケティングとは，顧客に向けて価値を創造，伝達，提供し，組織および組織を取り巻く利害関係者を利するように顧客との関係性をマネジメントする組織の機能および一連のプロセスである[32]」と述べている。

　本書では，コトラー＝ケラー[2006]の定義を参考にしつつも，「マーケティングとは，生産と消費の間に生じる社会経済的なギャップ（乖離）を克服し，生産と消費を架橋することによって顧客のニーズを満たすこと[33]」と定義して議論を進める。

　社会経済的なギャップ（乖離，隔たり）として，具体的には，①空間のギャップ，②時間のギャップ，③所有のギャップ，④情報のギャップがあげられる。これらのギャップを的確に把握し，顧客ニーズ（顕在的ニーズ，潜在的ニーズ）に対して，問題解決の手段となる価値（製品，サービス）を提供することがマーケティングの役割である。

　マーケティング管理において，マーケティング・ミックス（marketing mix）は中心的な概念の1つである。マーケティング・ミックスの概念は，多くの研究者によって提唱されているものの，マッカーシー（McCarcy,E.J.）による4P（①product：製品，②price：価格，③place：流通チャネル，④promotion：販売促進）が，ネーミングのよさもあって圧倒的な支持を得ている。

　近年では，ローターボーン（Lauterborn,R.）[1990]による顧客志向のマーケティング・ミックスとして，4C（①customer solution：顧客ソリューション，②customer cost：顧客コスト，③convenience：利便性，④communica-

第6章 機能別管理

図表6-9　ワン・トゥ・ワン・マーケティングにおける転換点

	従来の思考	新たな思考
思想としての ワン・トゥ・ワン	平均的人間，標準的人間 合理的意思決定主体 マス・メディアによる画一化 物的生産中心 客観的実在としての需要 距離化，客観化 プロの手詰まり 規模の経済	異質な個別的人間 プロセスとしての人間 デジタル・メディアによる個人の表出と個別対応 意味と価値の創出中心 関係を通じた需要の創発 参加と相互作用 生活現場への回帰 「結合と関係」の経済
戦略としての ワン・トゥ・ワン	顧客獲得 販売取引中心短期的一回性 売上高志向 市場シェア中心 標準化大量生産方式 競争志向	顧客維持 関係づくり長期的継続性 顧客生涯価値の重視 顧客シェア中心 マス・カスタマイゼーション 共働・共創・共生志向
手法としての ワン・トゥ・ワン	販売促進中心 製品差別化 製品マネジメント 満足度測定 プロダクト・マネジャー 効率化のためのIT	顧客サービス中心 顧客差別化 顧客エンパワーメント 継続的対話（学習関係） 顧客マネジャー ネットワークのためのIT

（出所）　Peppers,D=Rogers,M.［1993］, Peppers,D=Rogers,M.［1997］および監訳者井関利明の解説に基づいて作成。

tion：コミュニケーション）なども重要視されている[34]。ちなみに，4Pは供給サイドのマーケティング・ミックス概念であり，4Cは顧客サイドのマーケティング・ミックス概念であるので，両者は実は，表裏の関係にあるといえよう。

　マーケティングの対象となる顧客の範囲も変わりつつある。不特定多数の人数をターゲットにし，同一製品を大量生産するマス・マーケティングから，企業は徐々に細分化されたレベル（セグメント，ニッチ，地域，個人）に目を向けるようになった。消費者の趣向やライフスタイルが多様化したため，価値をそれぞれのセグメントにカスタマイズして提供することが必要になってきた。

　このように細分化が究極まで進んだマーケティング手法の1つに，ペパーズ

＝ロジャーズ（Peppers, D.＝Rogers, M.）［1993］／［1997］によって提唱されたワン・トゥ・ワン・マーケティングがあげられる。ワン・トゥ・ワン・マーケティングは，図表6-9に示されるように[35]，「思想面」「戦略面」「手法面」において，従来のマーケティングとは大きく異なっている。

ワン・トゥ・ワン・マーケティングと同様に，近年，急速に台頭しつつあるマーケティング手法としてリレーションシップ（関係性）・マーケティングがあげられる。リレーションシップ（関係性）・マーケティングは，顧客との相互作用，価値共創，双方的対話を重視する。具体的には，個々の顧客データベースをもとに，製品・サービス，アプローチ・メッセージ，出荷・支払い方法などをカスタマイズして，それによって顧客ロイヤリティの効果を上げることができるマーケティング手法である。リレーションシップ（関係性）・マーケティングによって，①空間のギャップ，②時間のギャップ，③所有のギャップ，④情報のギャップの克服が一歩進展すると思われる。

❷ マーケティング管理システムの概要

マーケティング管理システムにおいて，マーケティング情報システムは生命線であるといえよう。なぜならば，マーケティング戦略の策定，マーケティング計画の策定，マーケティング・コントロールなど，すべてのプロセスにおいて，他の諸機能と比較しても，情報に依存することが極めて大きいからである。

マーケティング情報システムは，コトラー［1984］によれば，①内部報告システム（意思決定に必要な事実データ），②マーケティング・インテリジェンス・システム（現在進行中の環境情報），③マーケティング調査システム（市場情報），④マーケティング分析システム（各種データの分析結果）の4つのサブ・システムによって構成される[36]。

マーケティング情報システムについて，その発展過程を歴史的にみてみよう。1960年代の末頃，米国においてマス・マーケティングがその絶頂期を迎えた。不特定多数の人々をターゲットとして，同一製品・大量生産をコンセプトにその製品をあらゆる店舗で販売し，できるだけ幅広く宣伝活動を行うことによって，多額の利益を生み出した。この頃のマーケティング情報といえば，人口，

所得など基本的な情報で事足りた。

　1970年代から1980年代にかけては，大量生産が有効であった時代は終わりを迎えた。消費者の嗜好は多様化し，不特定多数を対象としたマーケティングにおいて，その限界が明確になった。ある程度顧客ターゲットを絞り，特定することによって，多様なセグメントがそれぞれ満足を得られるように，多品種の製品を提供し始めた。また，ニッチ・メディアが急成長したことによって，顧客と企業が相互に作用するセグメンテッド・マーケティングの傾向が強くなった。この頃のマーケティング情報の中心は，マーケティング調査システム（市場調査）である。市場調査の技法も多く開発された。

　1990年代に入ると，消費者の嗜好は大きく変化し，他者との差異（異質性）を好むようになった。企業は1人ひとりの嗜好に注目しなければならなくなった。その頃，インターネットをはじめとして，ICT（情報通信技術）が飛躍的に進歩した。企業は，顧客1人ひとりを把握し，また顧客1人ひとりと対話をすることが可能になった。顧客との一対一の関係を重視し，顧客の嗜好にあった製品の宣伝や提供を行った。これが上で述べたワン・トゥ・ワン・マーケティングである。この頃のマーケティング情報システムは，マーケティング調査システムの重要性はいうまでもなく，マーケティング分析システムの構築が不可欠になった。

　このように，マーケティングの進展に伴って，マーケティング管理システムの中核をなすマーケティング情報システムも，①内部報告システム（意思決定に必要な事実データ），②マーケティング・インテリジェンス・システム（現在進行中の環境情報），③マーケティング調査システム（市場情報），④マーケティング分析システム（各種データの分析結果）の4つのサブ・システムが必要不可欠になったのである。

10　ロジスティクス管理

❶ ロジスティクス管理の意義

ロジスティクス管理とは，業務システムの機能の1つであるロジスティクスを対象とした管理（計画，実施，統制）のことである。米国ロジスティクス管理協議会［1986］によれば，「ロジスティクスとは，顧客のニーズを満たすために，原材料，半製品，完成品およびそれらの関連情報の産出地点から消費地点に至るまでのフローとストックを，効率的かつ費用対効果を最大ならしめるように計画，実施，統制すること」である。

ちなみに，1986年の定義の後，原材料，半製品，完成品の箇所が，財，サービスという用語に変更された。この定義の変更は，ロジスティクスの範囲の拡大に対応したものであるといえよう。

ロジスティクスは，図表6-10に示されるように[37]，①多機能領域の垂直的統合，②情報駆使，③ライフサイクル指向，④顧客満足重視，⑤活動の連鎖，⑥全体最適，⑦実需に応じた供給，⑧経営戦略と連動，⑨フレキシビリティなど，多くの特徴を有している。

図表6-10　ロジスティクスの特徴とその重要度

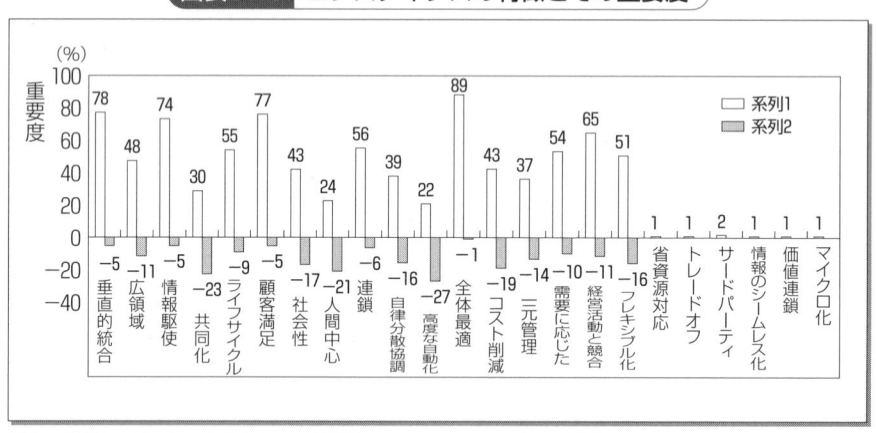

特徴	系列1	系列2
垂直的統合	78	−5
広領域	48	−11
情報駆使	74	−5
共同化	30	−23
ライフサイクル	55	−9
顧客満足	77	−5
社会性	43	−17
人間中心	24	−21
連鎖	56	−6
自律分散協調	39	−16
高度な自動化	22	−27
全体最適	89	−1
コスト削減	43	−19
一元管理	37	−14
需要に応じた	54	−10
経営活動と競合	65	−11
フレキシブル化	51	−16
省資源対応	1	
トレードオフ	2	
サードパーティ	1	
情報のシームレス化	1	
価値連鎖	1	
マイクロ化	1	

特徴：系列1．ロジスティクスとしての重要度　　　大変重要◎＝2　　重要○＝1
　　　系列2．重要であるが，ロジスティクスの特徴といえない　　△＝−1　　（n＝51）
（出所）　髙橋輝男［1997］33頁。

第6章 機能別管理

❷ ロジスティクス管理システムの概要

　ロジスティクス管理システムの基盤は，物流ネットワークと情報ネットワークによって構成される。すなわち，簡潔に言えば，ロジスティクス＝物流＋情報流という方程式が成り立つ。ただし，ここで重要なことは，情報流の内容である。生産管理の節で，生産・販売・物流統合CIMを取り上げた。ロジスティクス管理システムにおける情報流は，これをロジスティクスからとらえたものに他ならない。

　先述したマーケティングにおいて，セグメンテッド・マーケティング，ワン・トゥ・ワン・マーケティング，リレーションシップ（関係性）・マーケティングが台頭しつつあることを考察した。いずれも，顧客起点・顧客指向の特徴が確認された。

　これらを実現するためには，上で述べたロジスティクスの本来的な機能である，①多機能領域の垂直的統合，②情報駆使，③ライフサイクル指向，④顧客満足重視，⑤活動の連鎖，⑥全体最適，⑦需要に応じた供給，⑧経営戦略と連動，⑨フレキシビリティが必要不可欠である。

　ここで，ロジスティクスとSCM（サプライ・チェーン・マネジメント）の異同点を簡潔にみておこう。ロジスティクスは，個別企業レベルの供給連鎖（機能連鎖，情報連鎖，資源連鎖）を対象する。これに対して，SCMは企業連鎖を対象にしたマネジメント（経営管理）である。

　企業がロジスティクスからSCMをに移行しつつある理由は，SCMは複数の組織にまたがるため，組織間関係の再構築によって全体最適を図ることができるからである。すなわち，顧客のニーズに応えやすくなり顧客満足をより高めることにつながる。

　近年，供給連鎖（SCM）から需要連鎖（DCM）にシフトする動きがある。これは，SCMが生産者起点であるのに対し，DCMは顧客起点から行われるため，消費者のニーズを起点に業務プロセスなどを顧客の立場から最適化することができ，顧客満足・競争優位を実現することができるからである。

1）岸川善光［2007b］107頁。
 2）岸川善光［2009b］20頁。
 3）森本三男［1995］4-5頁。
 4）岸川善光［2007b］108頁を筆者が要約。
 5）森本三男［1995］36頁を参考にして，筆者作成。
 6）岸川善光［2007b］110頁。
 7）上林憲雄＝厨子直之＝森田雅也［2010］14-15頁を筆者が一部修正。
 8）岸川善光［2007b］141頁。
 9）上林憲雄＝厨子直之＝森田雅也［2010］17-20頁を筆者が要約。
10）Bratton,J.＝Gold,J.［2009］訳書67-68頁。
11）岸川善光［2007b］141頁。
12）同上書141頁。
13）同上書143頁。
14）西澤脩［1976］6頁。
15）岸川善光［2007b］147頁。
16）同上書147-149頁。
17）同上書149頁。
18）伊丹敬之［2003］245頁に基づいて，筆者が一部修正。
19）岸川善光［1999］164頁および岸川善光［2007b］154-156頁に基づいて，筆者が一部修正。
20）岸川善光［2007b］160頁を筆者が一部修正。
21）牧野二郎＝亀松太郎［2006］126頁を筆者が一部修正。
22）土田義憲［2006］86-89頁を筆者が要約。
23）岸川善光［2007b］165頁。
24）同上書170頁。
25）岸川善光［2002］109頁。
26）桑田秀夫［1998］241頁。
27）岸川善光［2007b］181-182頁。
28）同上書182頁。
29）山本孝＝井上秀次郎［2007］1頁。
30）同上書81頁を筆者が一部修正。
31）日本経営診断学会編［1994］310頁を筆者が一部修正。
32）Kotler,P.＝Keller,K.L.［2006］訳書7頁。
33）岸川善光［2007b］192-193頁を筆者が一部修正。
34）Lauterborn,R.［1990］p.26.
35）Peppers,D.＝Rogers,M.［1993］，Peppers,D.＝Rogers,M.［1997］，監訳者井関利明の解説に基づいて作成。
36）Kotler,P.［1984］p.189.
37）高橋輝男［1997］33頁。

第7章 経営情報

　本章では，高度情報社会・ネットワーク社会における経営管理のあり方について，経営情報という観点から考察する。

　第一に，高度情報社会の進展について考察する。まず，高度情報社会に関する10のキーワードについて理解する。次いで，高度情報社会における経営資源としての情報の特性について理解を深める。さらに，高度情報社会の進展に伴う経済性の概念のシフトについて考察する。

　第二に，情報通信技術の進展について考察する。まず，従来のIT（情報技術）とICT（情報通信技術）の違いについて理解する。次いで，ICTの進化について発展段階ごとに理解を深める。さらに，ICTのインパクトについて業種別に考察する。

　第三に，情報通信システムのライフサイクル別管理について考察する。まず，情報通信システムのライフサイクルについて理解する。次いで，ライフサイクル別管理のポイントに言及する。さらに，情報通信システムの開発方法論について理解を深める。

　第四に，eビジネスの進展について考察する。まず，高度情報社会におけるeビジネスの意義について理解を深める。次いで，eビジネスの中核ともいえる電子商取引について理解を深める。さらに，eビジネスの課題について多面的に考察する。

　第五に，経営と情報との関係性について考察する。まず，情報パラダイムの変遷について理解する。次いで，高度情報社会のビジネス・モデルであるプラットフォーム・ビジネスについて言及する。さらに，クラウド・コンピューティングについて言及する。

1 高度情報社会の進展

❶ 高度情報社会の到来

　本章では，高度情報社会における経営管理のあり方について，経営情報という観点から考察する。

　1980年代に入って，コンピュータと通信システムを結合した情報ネットワークが普及するにつれ，社会，経済，産業，企業のあらゆる分野において，従来とはその様相が一変しつつある。わが国では，1985年（昭和60年）に電電公社が民営化され，通信市場が自由化されてからこの動きが加速しつつある。この動きが高度情報社会の到来といわれる現象に他ならない。

　高度情報社会は，情報ネットワーク社会でもある。高度情報社会あるいは情報ネットワーク社会については，様々な研究分野において，様々な観点から学際的な研究が積み重ねられている。ここではそれらの研究成果のすべてをサーベイする余裕はないものの，これらの研究成果から高度情報社会あるいは情報ネットワーク社会と経営管理に関連するキーワードを選択すると，次の10のキーワードに集約することができよう[1]。

① 広域化：「空間の克服」に伴う活動の広域化（グローバル化を含む）
② 迅速化：情報通信技術の進展に伴う情報処理スピードの飛躍的な向上
③ 共有化：情報の共有に伴う意思決定，価値観，行動様式の共有
④ 統合化：生産，マーケティング，ロジスティクスなど経営諸機能の再構築
⑤ 同期化：情報共有に伴う意思決定，活動の同期化
⑥ 双方向化：情報の発信者と受信者との区分の曖昧さに伴う行動様式の変化
⑦ 多様化：価値観，行動様式の個性化・多様化
⑧ 組織化：新たな組織形態および新たな組織間関係の創出
⑨ ソフト化：財貨中心でなく，サービスなどソフト化中心へのシフト
⑩ 自働化：機械的発想・行動ではなく，生態的発想・行動へのシフト

第7章　経営情報

本章では，これらの10のキーワードを基盤に置きながら，高度情報社会と経営管理との関係性について，いくつかの視点から言及する。

❷ 高度情報社会における情報

情報があふれる高度情報社会において，情報の重要性は急激に高まりつつある。まず，議論の前提として，データ，情報，知識の関係についてみてみよう。遠山暁＝村田潔＝岸眞理子［2003］は，データ，情報，知識のそれぞれについて，次のように簡潔に規定している[2]。

① データ：いずれ情報になる生の事実・材料
② 情報：適合性と目的を付与されたメッセージ
③ 知識：情報の中から一般性・普遍性があるものと評価されて，貯蔵されたもの

さらに，図表7-1に示されるように[3]，意味解釈・評価プロセス，知識の更新・増殖の2つの変換プロセスを用いて，データ，情報，知識の関係について構造化を試みている。

図表7-1　データ，情報，知識の関係

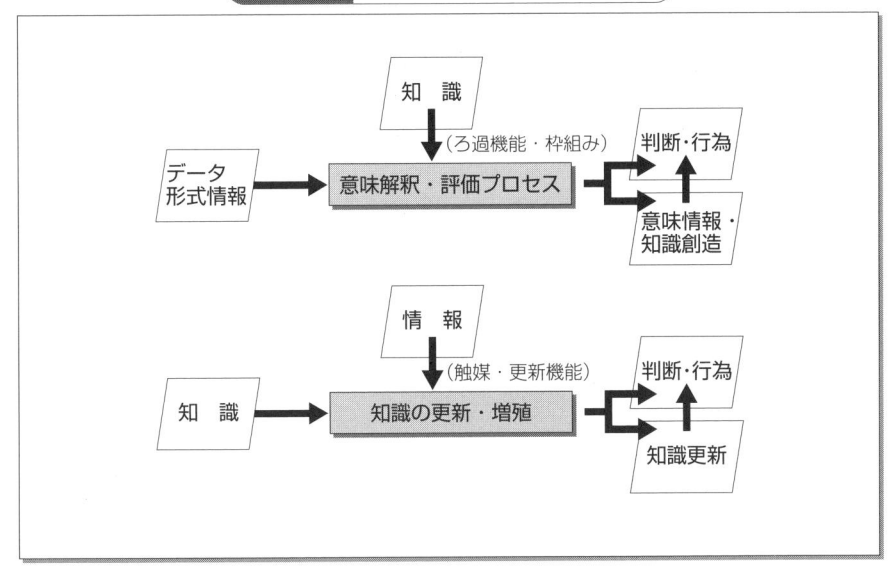

(出所)　遠山暁＝村田潔＝岸眞理子［2003］14頁。

従来，企業の経営活動のもととなる経営資源は，ヒト（Man），モノ（Material），カネ（Money）の3Mとされてきた。ところが近年では，「情報」がそれらに続くあるいはそれらを凌ぐ第4の経営資源として捉えられている。では，「情報」とはどのような特性をもつのであろうか。

　小池澄男［1995］によれば，情報の特性として，以下の7つがあげられる[4]。
① 非消耗性：何度使用してもあるいは複製しても消耗することなく，元の価値を保ち元のままで残る性質。
② 非移転性：他人に情報を伝達しても（売っても），その持ち主の所有に変わりはないという性質。
③ 累積効果：情報の質量が増えると価値が上昇する性質。
④ 相対性：受け手によって価値がある場合とない場合があるという性質。
⑤ 伝達性：人に伝達されてはじめて存在が可能になる性質。
⑥ 循環性：情報に基づいた人間の行動（Plan→Do→See→Plan）のサイクル。
⑦ 財産性：財産的な価値を持ち，商品として売買される性質。

　これらの特性の中でも，とりわけ，①非消耗性，②非移転性，③累積効果は，従来の経営資源とは本質的に異なる特性である。この3つの特性によって，情報には，第4章で考察したように，「限界収穫逓増」の法則が成立する。

　限界収穫とは，限界産出量/限界投入量のことである。具体的には，生産要素の単位当たり投入量（限界投入量）を増大したとき，単位当たり産出量（限界産出量）が減少する場合，「限界収穫逓減」という。

　逆に，生産要素の単位当たり投入量（限界投入量）を増大したとき，単位当たり産出量（限界産出量）が増大する場合，「限界収穫逓増」という。

　従来，多くの企業が支配されてきたのは「限界収穫逓減」の法則である。しかし，情報（情報的資源）の場合，資源としての特性が，ヒト（人的資源），モノ（物的資源），カネ（資金的資源）の3Mとは異なるので，疲労，故障，模倣などの理由で，一義的に限界収穫が低減するとは限らない。むしろ，情報産業をはじめとする多くの産業において，「限界収穫逓増」の事例が数多く観察されている。

❸ 高度情報社会における経済性

ところで，高度情報社会の進展によって，経済性の概念が大きく変化した。経済性とは，インプット（コスト・投入資源）とアウトプット（成果・産出）の関数のことである。経済性の概念は，主に以下の3つに分けられる[5]。

① 規模の経済：インプット（投入資源）に着眼した経済性の概念。具体的には，活動規模の拡大に伴って，製品単位あたりの平均費用が低下する傾向のことである。

② 範囲の経済：単一の経済主体（企業）が，複数財の生産や，複数の組織活動による業務多角化・多様化によって得られる経済性の概念。具体的には，インプット（投入資源）に着眼して，複数の事業活動を個別に行った費用よりも，それらをまとめて行うときの費用が少ない場合，そこで生ずる費用節約効果のことである。

③ 連結の経済：組織結合による相乗効果など，複数の主体間ネットワークが生む経済性の概念。ブレッサン（Bressand）[1990] や宮澤健一 [1988] などによって提唱された。アウトプット面に着眼したこと，外部資源の活用による「共有要素」の活用を重視していること，複数主体の連結行動を極めて重視していることなどが特徴である。

図表7-2 経済性の概念のシフト

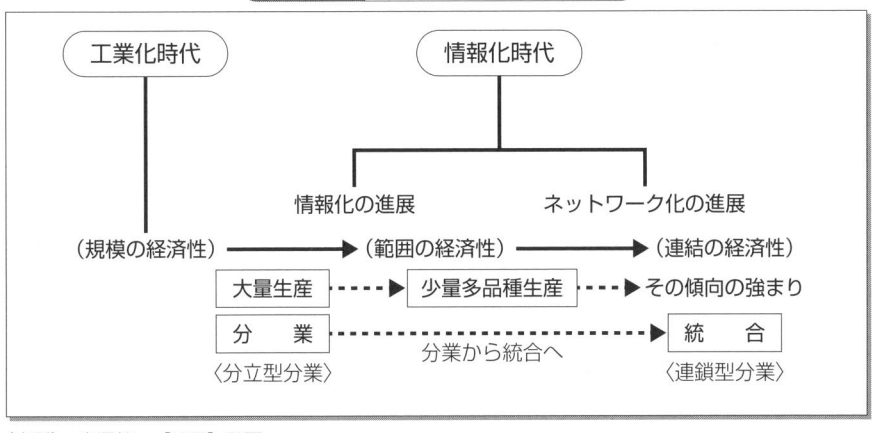

```
   工業化時代              情報化時代
                     ┌─────────┴─────────┐
                  情報化の進展        ネットワーク化の進展
  （規模の経済性）  →  （範囲の経済性）  →  （連結の経済性）
      大量生産      ┈▶    少量多品種生産   ┈▶   その傾向の強まり
      分  業        ┈┈┈┈┈┈┈┈┈┈┈┈┈┈▶    統    合
    〈分立型分業〉         分業から統合へ          〈連鎖型分業〉
```

（出所）宮澤健一 [1988] 51頁。

宮澤健一［1988］によれば，経済性の概念は，図表7-2に示されるように[6]，工業化時代に重要であった規模の経済から，情報化時代では範囲の経済へ，そして近年の高度情報社会において，ネットワーク化の進展に伴って重視される連結の経済へシフトした。

　高度情報社会において，連結の経済が重視される理由として，インプットの面では，外部資源活用または共有による「取引コスト」の削減があげられる。アウトプットの面では，資源や情報の連結によるシナジー，ノウハウの取得などを目的として，外部効果を企業内部に取り込むこと（外部効果の内部化）があげられる。

　上述したように，高度情報社会は，社会，経済，産業，企業のあらゆる分野において「情報」が大きな影響を及ぼした。特に，企業経営の分野では，「限界収穫逓増」という新たな現象の出現や，「連結の経済」という新たな経済性の概念を生み出すなど，高度情報社会の進展は大きなインパクトを及ぼしており，今後も高度情報社会と経営管理の関係性は，さらなる進化が予測される。

2　情報通信技術の進展

❶　ITとICT

　わが国において，しばしばIT（Information Technology：情報技術）とICT（Information and Communication Technology：情報通信技術）という2つの用語が混在して使用されている。

　稲葉元吉＝貫隆夫＝奥林康司［2004］は，ITを「電子的な形態で情報を処理し蓄積し伝達するために用いられる技術の総称[7]」と定義した。ITとICTの大きな相違点として，Communicationを含んでいるかどうかがあげられる。Communicationの訳語は「伝達，報道，通信，交信」などである。

　したがって，ICTとは，ITと比較して，コンピュータの技術に通信の技術が追加された形態と考えられる。岩田一男［2011］は，ICTについて，「通信とい

う単語が加わった分，ITという表現よりも現実を正しく反映しているといえる[8]」と述べた。本書では，情報通信技術（ICT）を，「ネットワークによって情報（Information）を相互に伝達し活用するための技術」と定義して議論を進める。

ICTは，情報の伝達・活用において，①時間的制約の克服，②空間的制約の克服，③新たな場の形成，という3つの特性を持っている。

① 時間的制約の克服：伝達手段の発達に伴って，情報の伝達に要する時間が短縮され，情報の発信者と受信者の間のタイムラグが限りなく解消された。また，情報移動の低コスト化により，情報が常時更新されるようになった。

② 空間的制約の克服：伝達対象の範囲が拡大したことにより，世界中に情報を発信することが可能になった。また，情報通信インフラの安定に伴い，情報移動時における情報内容の欠落・変質などのリスクが減少した。

③ 新たな場の形成：上述した時間の短縮，空間の拡大によって，Web上に現実と同質の新たな場が創出された。その結果，双方向的な情報発信が可能となり，新たな取引の場，新規市場，協創（協働創出）の場が登場した。

上述したように，ITからICTへの進化は，経営管理に及ぼすインパクトがますます増大する背景となっている。ICTの進化は，情報社会から高度情報社会への進化と同期化しているといえよう。

❷ 情報通信技術の進化

情報通信技術（ICT）の進化について，①情報通信機器の種類，②ハードウェア・ソフトウェア・ユースウェア，など多くの分類基準に基づいて，それぞれの進化に関する研究が進められている。

島田達巳＝高原康彦［1993］は，図表7-3に示されるように[9]，コンピュータ・ネットワークの発展段階を，①汎用機の時代，②PC（パソコン）の時代，③インターネットの時代，④ユビキタスネットの時代，の4つのモデルに区分している。以下，島田達巳＝高原康彦［1993］に準拠しつつ，コンピュータ・インターネットシステムの発展段階についてみてみよう。

① 汎用機の時代：汎用機（メインフレーム）の時代は，集中処理により内部

図表7-3　コンピュータ・インターネットシステムの発展段階

	汎用機の時代	PC（パソコン）の時代	インターネットの時代	ユビキタスネットの時代
時期	1950年代後半〜	1970年代後半〜	1990年代後半〜	2010年代前半〜
処理タイプ	集中	分散	集中・分散	集中・分散
組織空間	組織内	組織内	組織間・個人間	組織・個人・物質間
システム構成要素	・ホストコンピュータ ・専用端末 ・専用回路	・サーバー ・クライアント ・LAN，WAN	・Webサーバー ・Webブラウザ ・インターネット	・各種端末 ・各種サーバー ・各種ネットワーク
コンピュータの世代	第1〜第3世代	第3.5世代	第4世代	
素子	真空管・トランジスタ	LSI	VLSI	
コンピュータの特徴	・小型化 ・高速化	・高速化 ・高信頼化 ・通信制御の高度化 ・オンライン化の飛躍	・小型軽量化 ・高速化 ・高性能化 ・大容量化 ・低価格化	
使用特徴	1台の汎用機を複数の人が使う	1台のPCを1人が使う	複数のコンピュータを1人が使う	
目的	省力化	顧客満足度	協働	共生

（出所）島田達己＝高原康彦［1993］15-19頁に基づいて，筆者が一部加筆修正。

情報を主たる対象とした。そして，専門家による開発・運用という制約があった。ユーザーは，すべてのサービスを単一のベンダーから購入し，コンピュータ業界は，垂直統合の原理によって編成されていた。

② PC（パソコン）の時代：PC（パソコン）の時代は，分散処理が可能になり，情報空間は組織内から組織外へ一部拡大した。情報空間の拡大に伴って，一部組織間取引も芽生えた。業界の競争の激化により，PCの低価格化が実現した。PCの生産において業界内での分業が進み，長い間続いたコンピュータ業界の編成は，垂直統合の原理から，次第に水平統合の原理に変化した。

それまでのICT利用の大半は，人手で行っていることを機械に代行させたり，人間の意思決定を支援するためであったのに対して，1980年代から，戦

略支援や企業価値の向上のために，ICTが積極的に用いられ始めた。
③　インターネットの時代：インターネットの時代には，共通の通信規約（プロトコル）によって，世界のインターネット・ユーザーの相互接続が可能になった。コンピュータは，コミュニケーション手段としての比重が高まった。主なアプリケーションは，「ネットビジネス」をめぐる分野で，組織間，組織・個人間の関係性が重視されるようになり，協働をその目的とした。
④　ユビキタスネットの時代：ユビキタスネットの時代には，「いつでも，どこでも，何でも，誰でも」ネットワークに繋がり，情報の自由なやり取りを行うことができるようになった。情報空間は，組織間，個人間，物質間など，多種多様な広がりをみせている。新しいライフスタイルの創造と，安全・安心・快適な生活のための社会情報システムの構築が進められている。

❸ 情報通信技術（ＩＣＴ）のインパクト

　従来の情報社会では，「情報を制するものがビジネスを制する」といわれてきた。高度情報社会に入り，「ネットワークを制するものがビジネスを制する」といわれるようになった。この「ビジネスを制する力」の源泉は，①情報のコンテンツ（内容），②情報通信技術（ICT），の２つに大別されるが，ここではICTに焦点を絞って考察する。
　図表7-4に示されるように[10]，ICTは，①経営戦略（新製品開発，新市場開拓，産業フロンティアの拡大など），②意思決定（的確性，迅速性など），③組織（グループ化，新たな組織間関係など），④業務分担（リストラクチャリング，アウトソーシングなど）のそれぞれの局面においてインパクトを及ぼしている。このことは，経営戦略，意思決定，組織，業務分担などの善し悪しが，すべてとはいえないものの，ICTによって規定されるということを意味している。
　次に，ICTが各産業構造にもたらすインパクトについて考察する。
①　製造・流通分野：製造・流通分野に対するインパクトは，1）市場ニーズ直結型の生産・供給体制の確立，2）新たなグループ化の進展，3）新たな流通システムの創造，4）新たな事業分野の創造，5）流通経路の簡素化，などICTのインパクトは多大なものがある。

図表7-4 情報通信システムのインパクト

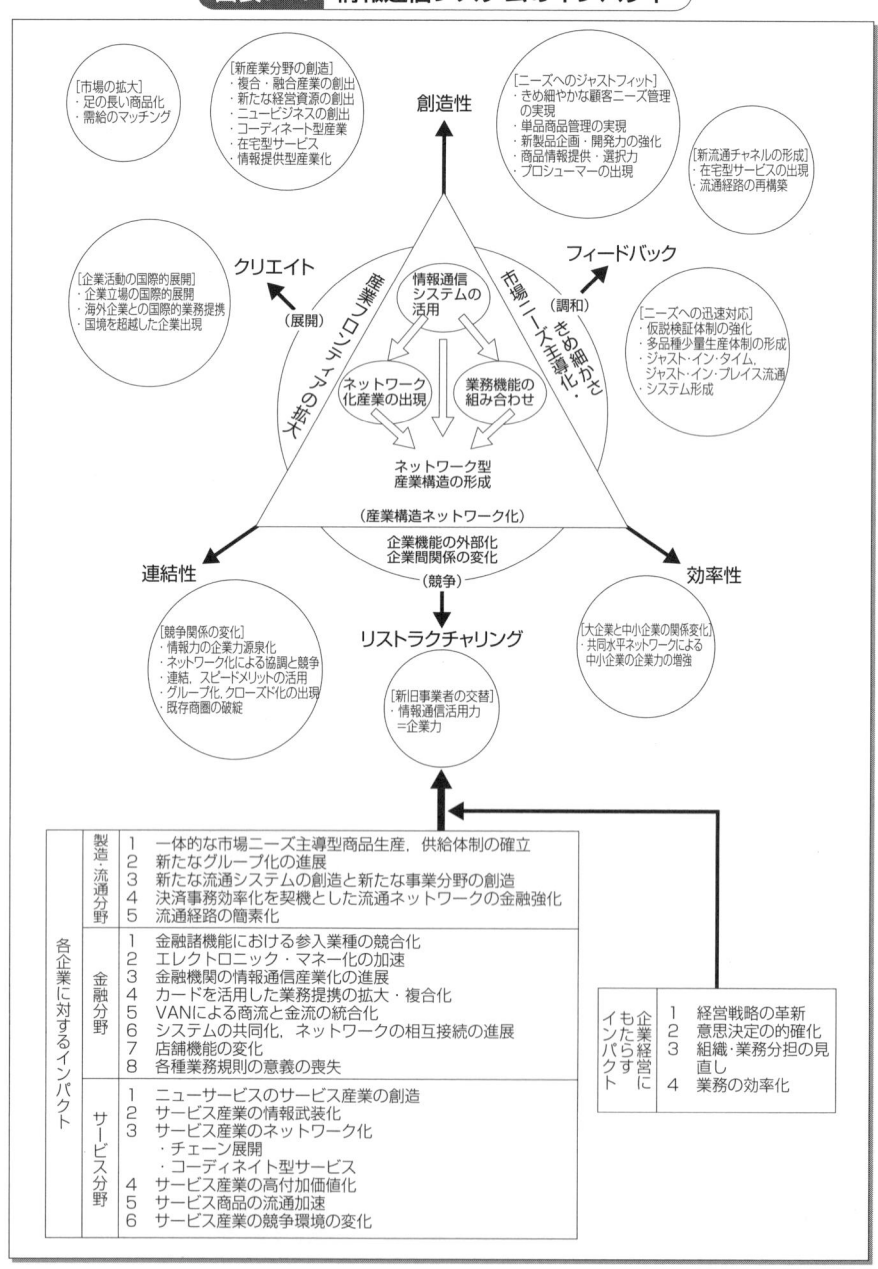

[市場の拡大]
・足の長い商品化
・需給のマッチング

[新産業分野の創造]
・複合・融合産業の創出
・新たな経営資源の創出
・ニュービジネスの創出
・コーディネート型産業
・在宅型サービス
・情報提供型産業化

[ニーズへのジャストフィット]
・きめ細やかな顧客ニーズ管理の実現
・単品商品管理の実現
・新製品企画・開発力の強化
・商品情報提供・選択力
・プロシューマーの出現

[新流通チャネルの形成]
・在宅型サービスの出現
・流通経路の再構築

創造性

クリエイト（展開）　　フィードバック（調和）

[企業活動の国際的展開]
・企業立場の国際的展開
・海外企業との国際的業務提携
・国境を超越した企業出現

フロンティアの拡大　情報通信システムの活用　市場ニーズ主導化

[ニーズへの迅速対応]
・仮説検証体制の強化
・多品種少量生産体制の形成
・ジャスト・イン・タイム、ジャスト・イン・プレイス流通
・システム形成

ネットワーク化産業の出現　業務機能の組み合わせ

きめ細かさ

ネットワーク型産業構造の形成

（産業構造ネットワーク化）
企業機能の外部化
企業間関係の変化

連結性　　　　（競争）　　　　効率性

[競争関係の変化]
・情報の企業力資源化
・ネットワーク化による協調と競争
・連結、スピードメリットの活用
・グループ化、クローズド化の出現
・既存商圏の破壊

リストラクチャリング

[新旧事業者の交替]
・情報通信活用力＝企業力

[大企業と中小企業の関係変化]
・共同水平ネットワークによる中小企業の企業力の増強

各企業に対するインパクト	製造・流通分野	1	一体的な市場ニーズ主導型商品生産、供給体制の確立
		2	新たなグループ化の進展
		3	新たな流通システムの創造と新たな事業分野の創造
		4	決済事務効率化を契機とした流通ネットワークの金融強化
		5	流通経路の簡素化
	金融分野	1	金融諸機能における参入業種の競合化
		2	エレクトロニック・マネー化の加速
		3	金融機関の情報通信産業化の進展
		4	カードを活用した業務提携の拡大・複合化
		5	VANによる商流と金流の統合化
		6	システムの共同化、ネットワークの相互接続の進展
		7	店舗機能の変化
		8	各種業務規則の意義の喪失
	サービス分野	1	ニューサービスのサービス産業の創造
		2	サービス産業の情報武装化
		3	サービス産業のネットワーク化 ・チェーン展開 ・コーディネイト型サービス
		4	サービス産業の高付加価値化
		5	サービス商品の流通加速
		6	サービス産業の競争環境の変化

企業経営にもたらすインパクト	1	経営戦略の革新
	2	意思決定の的確化
	3	組織・業務分担の見直し
	4	業務の効率化

（出所）岸川善光［1999］155頁。

② 金融分野：金融分野に対するインパクトは，1）参入企業の増加，2）金融機関の情報通信サービス産業化，3）店舗機能の変化，などのインパクトを与えている。近年，世界各国で進展している金融ビッグバンの原動力の1つとして，情報通信システムが作用していることはいうまでもない。

③ サービス分野：サービス分野に対するシンパクトは，1）新たなサービス産業の創造，2）サービス産業のネットワーク化，3）サービス産業の高付加価値化など，これもICTがもたらすインパクトは極めて大きい。

このように，高度情報社会におけるICTは，企業経営さらには産業構造に対して，極めて大きなインパクトを与えている。今後，ユビキタスネットの時代がさらに進展すれば，1）新たな産業フロンティアの拡大，2）新たな「組織間関係」の創出，3）新たな市場ニーズへの対応など，ICTの役割およびインパクトはますます増大するものと思われる。また，情報空間の拡大に伴って，わが国政府のu-JAPAN政策のように，社会全体のネットワーク化が急速に進展すると思われる。

3 情報通信システムのライフサイクル管理

❶ 情報通信システムのライフサイクル

第6章機能別管理の第4節情報管理において，図表6-3に示されるように，情報通信システムは，①自動データ処理（ADP），②経営情報システム（MIS），③意思決定支援システム（DSS），④オフィス・オートメーション（OA），⑤戦略的情報システム（SIS），⑥ビジネス・プロセス・リエンジニアリング（BPR），⑦電子商取引（EC），の7つの段階を踏んで進展していることを概観した。

これらの情報通信システムを効果的かつ効率的に活用するためには，集中処理システムから分散処理システムへ，大きく変化したコンピュータ・アーキテクチャの進化を踏まえることはもちろんのこと，情報通信システムのライフサイクルの各フェーズにおける適切な経営管理が必要不可欠である。

図表7-5　情報通信システムのライフサイクル

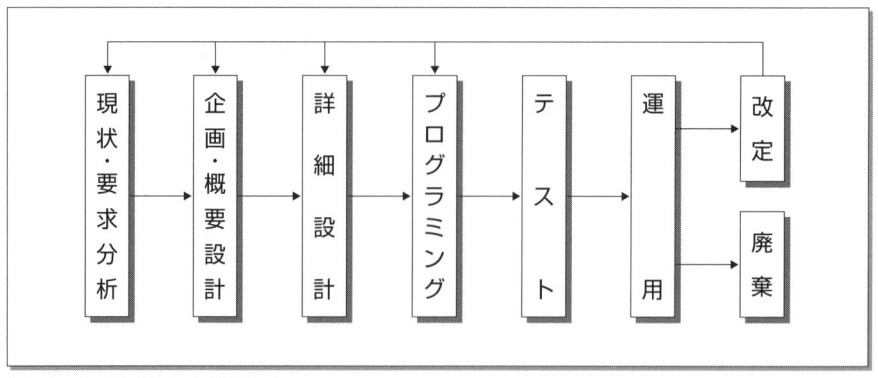

現状・要求分析 → 企画・概要設計 → 詳細設計 → プログラミング → テスト → 運用 → 改定／廃棄

(出所)　大阪市立大学商学部編〔2003〕156頁。

　システムライフサイクルに関して，様々な見解が存在するものの，本書では，図表7-5に示されるように[11]，①現状・要求分析，②企画・概要設計，③詳細設計，④プログラミング，⑤テスト，⑥運用，⑦改定，⑧廃棄，の8つのフェーズに区分して考察する。

❷ ライフサイクル管理のポイント

　システムライフサイクルの各フェーズは，情報システム，通信システム，ソフトウェア開発など，それぞれの分野において，各フェーズの視点や濃淡は当然ながら異なるが，ここでは図表7-5に示されるフェーズに沿って，システムライフサイクルのポイントを概観する。

① 　現状・要求分析：現状・要求分析のフェーズのポイントは，情報通信システムに何を求めるのかを具体的に決定するために，現状分析を踏まえつつ，利用者や担当部門ごとに異なる多種多様な要求事項を整理し，重要度・緊急度・費用対効果などの評価基準を用いて優先づけを行うことである。

② 　企画・概要設計：企画・概要設計のフェーズは，要求事項を満たす情報通信システムを企画し，情報通信システムの機能をはじめとする基本的な仕様をまとめるフェーズである。概要設計は，基本設計や概念設計と呼ばれることもある。このフェーズのポイントは，現状・要求分析で明らかになった要求事項を実現できるかどうかを，多面的な観点から見極めることである。

③　詳細設計：概要設計で記述されている機能を実現できるように，具体的かつ詳細にデータ項目などを記述する。プログラムを作成するための仕様をまとめるフェーズであり，仕様の欠落・不全がないように留意すべきである。

④　プログラミング：コンピュータを動かすプログラムを具体的に作成するフェーズである。ここでのポイントは，必要なデータ，インターフェイス，データの属性，データの種類などを漏れなく記述することである。プログラミング言語の選択も重要な要因となる。

⑤　テスト：プログラムの妥当性・正確性などを確認するフェーズである。ここでのポイントは，プログラミングにおける欠陥を早期に発見し，運用段階に齟齬をきたさないようにすることである。

⑥　運用：情報通信システムを実際に稼働させ運用していく上で，それらの管理は必要不可欠である。具体的には，1）オペレーション管理，2）運用の安全管理，3）データベース管理，などが欠かせない。

　　運用の段階において，所定の効果や品質が維持されているかどうかをレビューするとともに，不完全かつ不正確な設計やプログラミングによって引き起こされる欠陥や，予期しない環境変化による情報要求に対する改善を行う保守が欠かせない。すなわち，保守の役割とは，運用過程にある情報通信システムが時間の経過や様々な要因によって，価値の低下もしくはコストが増大した際，情報通信システムの価値をもう一度高め，システムの効果性・効率性を維持・向上することである。

⑦　改定：導入した情報通信システムに対して，機能の追加などの改定を行うフェーズである。大きな改定の場合，現状・要求分析フェーズまで戻るなど，改定の大小によって，フィードバック・ループが異なる。改定は，上で述べた保守と密接不離の関係にある。具体的な作業としては，1）修正作業，2）変更作業，3）改良作業，などがある。

⑧　廃棄：情報通信システムは，保守を繰り返すプロセスにおいて，システム自体が劣化することは避けられない。そのため，保守コストは増大し，効果性・効率性の回復も鈍くなる。保守を実施するよりも，むしろ廃棄を実施し，新規開発を行うことのほうが，コストダウンが期待でき，より効果性・効率

性の高いシステムが生まれる場合がある。

　上で，情報通信システムのライフサイクル別管理のポイントをフェーズ別に考察してきた。次に，ライフサイクル全体の管理手法であるライフサイクルコスティング（以下：LCC）についてみてみよう。

　夏目武編［2009］によれば[12]，ライフサイクル全般またはライフサイクルの各フェーズにおいて，最善の方式を選択できる情報を準備することがLCCの役割である。具体的には，①ライフサイクル全体を把握できるため，コストの最適化が期待できる，②各フェーズをコストで評価すると同時に，情報通信システムに期待されている効果と比較することによって，情報通信システムと経営管理との関係性を常に保持することができる。③アウトソーシングなど外部資源の活用の妥当性を客観的に判断できる，などLCCは多大な利点を有する。

❸ 情報通信システムの開発方法論

　情報通信システムの開発方法論は，1970年頃から次々と生み出されて今日に至っている。本項では，開発方法論のモデルとして時系列に沿って，図表7-6に示されるように[13]，①ウォーターフォール型，②プロトタイピング型，③スパイラル型（反復型），の3つについて考察する。

① 　ウォーターフォール型：情報通信システムの開発プロセスを，現状・要求分析，企画・概要設計，詳細設計，プログラミング，テスト，運用，改定，廃棄，などの工程に区切り，各工程における成果物を作成し，それを次の工程に引き渡すプロセスによって開発を行う開発モデルのことである。

　　開発に必要な一連の工程が，滝の水の流れのように上流から下流へ進んでいくため，ウォーターフォール型と呼ばれる。このモデルの背景として，①情報通信システムが次第に大規模化・複雑化し，開発の固定費が増大するようになったこと，②システムライフ（寿命）が短くなったこと，③開発要員の不足に伴い，標準化によって未熟練者を有効活用する必要性が高まったこと，などがあげられる。しかし，ウォーターフォール型の開発モデルによる開発には，長時間が必要なため，環境変化が激化している近年の高度情報社会では遅れをとりやすいという欠点がある。

第7章 経営情報

図表7-6 システム開発方法論

モデル	メリット	デメリット
ウォーターフォール型	①システムの作業工程を標準化・体系化	①稼働局面まで長時間必要 ②費用がかさむ ③情報要求の不明確 ④システムの非柔軟性
プロトタイピング型	①ユーザーを交えて評価改善 ②要求の漏れや誤解を防ぐ	①ユーザーの要求に応じて開発コスト・期間の増大 ②共有化の困難性 ③人間的な感性が必要
スパイラル型(反復型)	①早期にユーザーの要求や漏れをシステムへ ②コミュニケーションの円滑化	①アウトソーシングの場合は円滑が困難 ②システム構築目的などの固め具合により成否が決まる

(出所) 遠山暁＝村田潔＝岸眞理子[2003]117-131頁, 宮川公男[2004]234-241頁を参考にして筆者作成。

② プロトタイピング型：上述したウォーターフォール型の開発方法論の諸問題に対応するために考案された開発モデルのことである。具体的には、工業製品の生産と同様に、まず試作品（プロトタイプ）を作り、そこで機能・性能、生産上の問題点などを検討し、実現可能性を見極めてから量産品の生産に入るというアプローチである。プロトタイピング型の開発方法論は、ユーザーを交えながら、要求事項を早急に把握し、要求事項の漏れや誤解を防ぐことができる。

③ スパイラル型（反復型）：ソフトウェアを開発する場合、往々にしてクライアントの要求が不明確なことが多い。そこで、スパイラル型（反復型）モデルは、最初から完全なソフトウェア全体を開発することはせずに、まず部分的な機能を開発し、それを評価した後でさらに次の機能を開発するというまさにスパイラルな方法論である。開発した部分から段階的に運用することができるという利点があるものの、ウォーターフォール型と比較すると、情報通信システムに関する経営管理が複雑化するという欠点がある。

図表7-6に示されるように、それぞれのメリットとデメリットを考慮した上

で，自らに適した開発方法を採用することが必要である。

4 eビジネスの進展

❶ eビジネスの意義

　eビジネスは，ICTが進化して社会に浸透するにつれ，急速に進展してきた事業分野である。その言葉の由来は，IBMが1997年10月に提唱したウェブなどのインターネット技術を取り込んだ新しいビジネス形態の名称である"e-business"に端を発すると言われている[14]。

　IBMコンサルティング・グループ［2000］の定義によれば，eビジネスとは，「ネットワーク技術の活用によりまったく新しいビジネス・モデルを創出し，顧客価値を最大化するとともに市場における企業価値を最大化し，競争優位を確立すること[15]」である。

　また，ターバン＝リー＝キング＝チャン（Turban,E.＝Lee, J.＝King, D.＝Chung, M.H.）［2000］は，「eビジネスとは，単に売り買いばかりでなく，顧客にサービスを提供し，ビジネス・パートナーと協働し，組織内における電子的なやり取りを実行すること[16]」と述べている。

　本書では，上述した各種の定義を参考にして，eビジネスを「ICTの強みを生かし，従来のビジネスのあり方を変革させることによって競争優位を生み出し，企業が様々なステークホルダーと協働で新たな価値を創造することによって対価を獲得する活動」と定義して議論を進める。

　eビジネスは，当初，組織内の効率化を図る手段として取り入れられた。しかし，情報，物流に関するインフラストラクチャーが整備され，新たな情報空間における市場規模が拡大したため，企業はeビジネスを他社との差別化戦略の一環として利用し，また競争優位の源泉として，その形態を多様化させながら急激に事業分野が拡大しつつある。

　上述したように，eビジネスは，各種ステークホルダーとの協働の中で，新

たな価値を提供するためのビジネス・モデルとして確立されつつある。具体的には，新たな価値を競争優位の源泉として，ビジネス・モデルの中核に位置づけている。

❷ 電子商取引

　eビジネスにおいて，企業は電子商取引を基本的な要素として事業を推進する。ターバン＝リー＝キング＝チャン［2000］は，取引の性質により，eビジネスの形態を，次の6つに分類している[17]。

① BtoB：Business to Business，すなわち，企業間取引のこと。企業と企業の取引が対象で，不特定多数の企業間で商談，見積り，受発注さらには請求書の発行や決済をネット上で行う。

② BtoC：Business to Consumer，すなわち，企業消費者間取引のこと。企業と消費者（個人）間との取引において，企業が消費者にインターネットを利用して商品やサービスを提供するもので，オンラインショッピングがその代表例である。

③ CtoC：Consumer to Consumer，すなわち，消費者間取引のこと。消費者（個人）と消費者との間における電子商取引で，個人同士が行うサービス活動である。ウェブサイト上での個人的な売買やオークションなどが代表例であり，ネット上の個人売買型の取引を意味している。

④ CtoB：Consumer to Business，すなわち，消費者企業間取引のこと。売り手を求め，彼らと相互に話し合い取引を完了する個人と同時に，製品あるいはサービスを組織に売り込む個人を意味している。

⑤ ノンビジネスeコマース：研究機関，非営利組織，宗教組織，社会的な組織や政府エージェンシーのようなノンビジネス機関において，諸種のe-コマースを活用して経費を減少したり，利用度を改善したり，あるいはオペレーションやサービスを改善する事例が増えている。

⑥ イントラビジネス（組織内）eコマース：商品，サービス，あるいは情報の交換を含み，通常イントラネットで行われるすべての内部的な組織活動を含む。それらの活動は，当該企業の製品の社員への販売，オンラインによる

教育訓練,費用節減活動などがあげられる。

さらに,現在の電子商取引には,上記の6つの分類に加えて,政府と企業の取引であるG to B (Government to Business) や,政府と消費者の取引であるG to C (Government to Consumer) なども存在する。

図表7-7に示されるように[18],電子商取引は,企業および消費者に対して,様々な恩恵をもたらしている。

次に,電子商取引が行われる場,すなわち,eマーケットプレイスについてみてみよう。eマーケットプレイス (e-Market Place:電子市場) とは,「複数の売り手,買い手が参加するオープンな電子商取引の共通プラットフォーム[19]」

図表7-7 電子商取引による企業および消費者にとっての利点

企業	①全国市場や海外・国際市場へと,市場の拡大。
	②ペーパーレス化や書類の作成,配布・蓄積などの電子化による費用の削減。
	③販売機能を多くの顧客に移転可能。
	④情報処理にかかわる間接費用の削減。
	⑤製品の受発注データのやり取りの際のミスの削減。
	⑥製品の発注から納品までのリードタイムの短縮。
	⑦在庫費用の削減。
	⑧デジタル製品の場合には,その流通費用をゼロにまで縮減可能なこと。
	⑨産業ユーザーの調達コストが削減されること。
	⑩効果的なカスタマイズされた広告・販売促進の展開や,効果的でカスタマイズされた顧客サービスの提供が可能。
	⑪新市場や新市場セグメントが創出されること。
消費者	①ほとんどどこからでも,年中無休,1日24時間によるショッピング等のサービスを受けられること。
	②見つけにくいか,手に入りにくい商品が入手可能である。
	③関心のある有形製品やサービス製品についての詳細な情報が入手できること。
	④デジタル製品の場合には,即時の配達がなされること。

(出所) 高橋秀雄 [1998] 11-13頁に基づいて筆者作成。

のことである。従来の取引では，不特定多数の企業同士のオープンな取引は困難であったが，eマーケットプレイスのような新たな取引の「場」が提供されることによって，取引の可能性はリアル・ビジネスと比較すると大きく拡大しつつある。

　eマーケットプレイスは，サプライチェーン（Supply Chain：供給連鎖）を強化する役割を担っている。具体的には，図表7-8に示されるように[20]，電子商取引が進むことによって，流通業者（卸・小売り）や商社などの伝統的な中間業者の「中抜き」現象が起こり，伝統的な中間業者が排除される一方で，新たな電子的中間業者が現れ，サプライチェーンの再構築が行われる。eマーケットプレイスは，製造業者から販売店までをダイレクトに結びつけるため，企業の収益性の向上やリードタイムの短縮に役立つ。また，顧客は比較的安価で迅速に製品を入手できるため，顧客満足度の向上にも効果がある。

　さらに，eマーケットプレイスでは，これまでにない新しい顧客との「接点」が生まれるため，第6章で概観したワン・トゥ・ワン・マーケティングなど，新たなマーケティング戦略を重視する必要がある。

図表7-8　eマーケットプレイスによる流通の変化

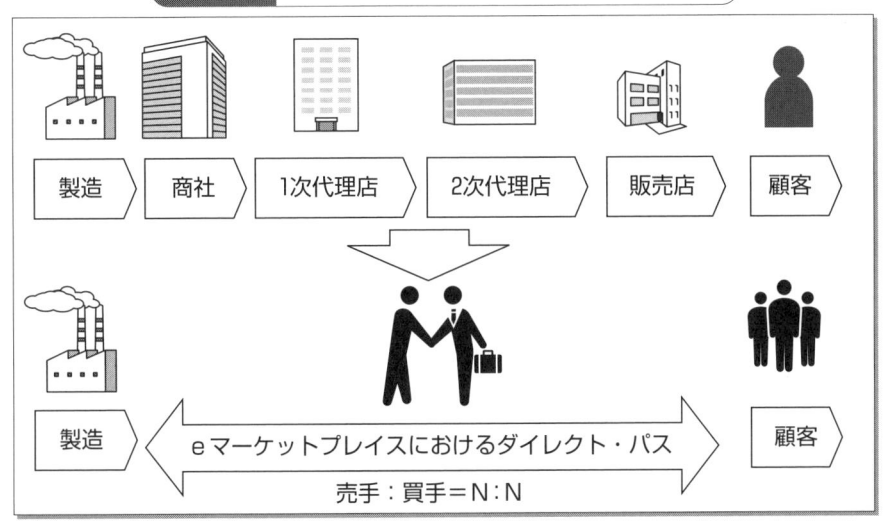

製造　商社　1次代理店　2次代理店　販売店　顧客

製造　←eマーケットプレイスにおけるダイレクト・パス→　顧客
売手：買手＝N：N

（出所）佐々木紀行［2001］15頁に基づいて筆者が一部加筆。

❸ eビジネスの課題

　eビジネスの進展に伴って，解決すべき課題も山積している。ここでは，様々な課題の中から，①電子決済，②個人情報保護，③情報倫理，の3つに絞って考察する。

① 電子決済：電子決済とは，商取引によって発生する購入代金やサービス使用料等の決済を，ネットワークやICカードを利用して行うことである。eビジネスにおいて，財・サービスに関する情報の流れが電子上で行われるので，対価の流れも電子上で行われることが必然的に重要になった。いわゆる決済の電子化である。

　電子決済において，電子マネーが進展したものの，セキュリティの観点からみると，多くの課題が残っている。ターバン＝リー＝キング＝チャン[2000]は，セキュリティ対策として，1）暗号化，2）電子署名と証明書，3）ファイア・ウォール，の3つをあげている[21]。

　第一の暗号化は，メッセージの機密性を保証することを目的としており，機密の情報が漏れないように，コンピュータ・アルゴリズムに基づいて情報が変換され，鍵を持っているものだけが，暗号化された情報を解読することができる。暗号を解読する鍵は，秘密鍵暗号と公開鍵暗号の2種類があり，それぞれ特徴が異なる。

　第二の電子署名と証明書のうち，電子署名は，インターネット上の身分証明として活用される。電子署名は，公開鍵暗号に基づいて行われる。仕組みは，送信者が自分だけが知っている秘密鍵で暗号化したデータを送り，受信者は，送信者が公開している公開鍵で復号する。しかしこの時点では，送信者が実際の送信者である保証はない。例えば，秘密鍵を盗んだ可能性もある。そこで，公開鍵と秘密鍵の持ち主が本人であることを保証するのが，デジタル認証局と呼ばれる第三者機関によって発行されるデジタル証明書である。

　第三のファイア・ウォールは，ハッカーなどの侵入に対して，内外のネットワーク上のすべてのやり取りを，防火壁の役割を担うサーバーを経由させることによって，特に外部から内部に入ってくる利用者をチェックして不正

を防止するというものである。
② 個人情報保護：eビジネスが社会に浸透するにつれ，企業はICTを活用して，顧客1人ひとり（個客）のニーズに合わせたビジネスを推進するようになった。ICTの進化に伴って，企業が顧客の個人情報を入手しやすくなったことが背景にあることはいうまでもない。

　しかし，顧客情報の適切な管理を怠ったために，顧客情報が外部に流出するという事件が近年続発している。そのため，2005年4月から個人情報の保護に関する法が施行された。この個人情報保護法によって，企業に個人情報を保護する義務が課せられた。個人情報とは，「生存する個人に関する情報で，特定の個人を識別することができるもの」と法律では定義している。

　ICTの進化に伴って，今後もeビジネスは，さらなる進展を遂げるであろう。顧客の個人情報を用いて顧客のカスタマイズ化はますます加速し，企業は，より多くの付加価値をつけた財・サービスを提供することが可能になる。一方，個人情報の悪用などに対する法や規制の遅れが目立つので，早急な対策が望まれる。対策の遅れは，eビジネスの健全な発展の阻害要因となる

③ 情報倫理：近年，ディープ・パケット・インスペクション（以下，DPI）という技術が，上で述べた個人情報保護との関連で話題になった。DPIは，プロバイダーのサーバーに専用の機械を接続し，利用者がサーバーとの間でやり取りする情報を読み取る技術である。利用者がサーバーとの間でやりとりする情報を読み取り，分析することによって，例えば，利用者の趣味や志向に合致した広告を配信することができる。DPIは従来の技術に比べて，より多くの利用者のデータを集めることができるので，ターゲティング戦略における活用が期待される。一方，行き過ぎた個人情報を知られる危険性も含んでいる。そのため，企業には，「情報を取り扱う際に個人や組織がとるべき行動律」すなわち，情報倫理を意識し，得られる情報を適切に使用する，また，得られた情報を守る姿勢が求められる。

5 経営と情報

❶ 情報パラダイム

　経営情報について考察する場合，情報に関するパラダイム（理論構築の前提となる共通のものの見方）について，正しく理解する必要がある。

　情報に関するパラダイムは，図表7-9に示されるように[22]，情報処理パラダイムから情報創造パラダイムへ，さらに知識創造パラダイムへと大きく変わりつつある。経営情報および情報通信システムについて考察する場合，この情報パラダイムに関する基本的な知識は必要不可欠である。

〈情報処理パラダイム〉

　情報処理パラダイムは，サイモン（Simon,H.I.）によって提示されたパラダイムである。情報処理パラダイムは，組織の情報処理（情報収集・意思決定・伝達）という観点から，組織の効率的なあり方について，統一的で操作可能な説明を可能にした。情報処理パラダイムの基礎にあるのは，サイバネティクス分野におけるアシュビー（Ashby,W.）［1956］の「最小有効多様性」という概念である[23]。しかし，研究が進むにつれて，情報処理パラダイムには，①認識過程

図表7-9　情報パラダイム

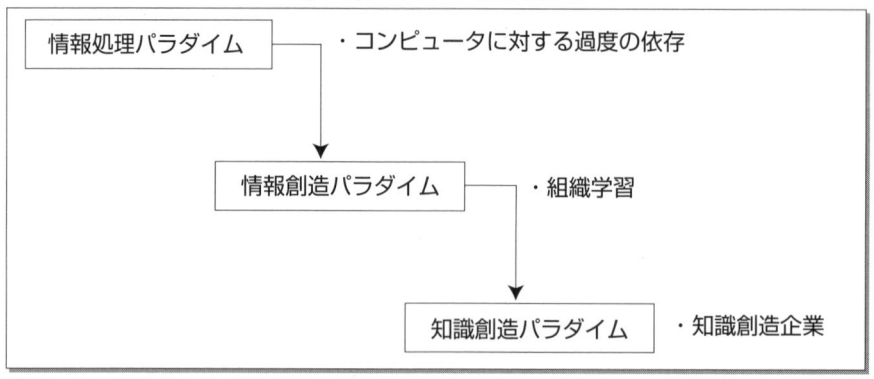

```
┌─────────────────┐
│ 情報処理パラダイム │────・コンピュータに対する過度の依存
└─────────────────┘
          │
          ▼
   ┌─────────────────┐
   │ 情報創造パラダイム │────・組織学習
   └─────────────────┘
             │
             ▼
      ┌─────────────────┐
      │ 知識創造パラダイム │────・知識創造企業
      └─────────────────┘
```

（出所）　岸川善光［2002］187頁。

の軽視，②「意味」の解釈への無関心，③意思決定過程におけるコンピュータに対する過度の依存，④人間の認識過程と社会的な文脈との切り離し，⑤組織学習の軽視，など多くの問題が指摘されるようになった[24]。

〈情報創造パラダイム〉

情報創造パラダイムとは，上述の情報処理パラダイムのアンチテーゼともいえるパラダイムである。情報創造パラダイムでは，情報を創造するという観点から，情報処理パラダイムで指摘された5つの問題をいかに克服するかが主な課題とされる。情報創造パラダイムの内容について重要とされるのは，①認識，②意味，③コンピュータの役割，④社会的な文脈，⑤組織学習，の5つである[25]。情報創造パラダイムでは，特に組織におけるダイナミズムを重視している。

〈知識創造パラダイム〉

知識創造パラダイムでは，新たな知識資産を作り出すというパラダイムに立脚している。このパラダイムの台頭には，近年の「新しい知識をいかに創造するか」ということが経営戦略の鍵を握るようになっていることに起因する。また，知識創造パラダイムに基づいて企業行動を遂行する企業を知識創造企業という[26]。野中郁次郎＝竹内弘高［1996］は，こうした組織的知識創造の促進要因として，①組織の意図，②個人とグループの自律性，③ゆらぎ（fluctuation），④情報の冗長性，⑤最小有効多様性，の5つをあげている[27]。この知識創造企業という概念は，様々な経営学関連分野において，鍵概念になる可能性をもっており，研究の進展が期待される。

❷ プラットフォーム・ビジネス

「オープン型経営」が発展する中，注目されるビジネス形態としてプラットフォーム・ビジネスがあげられる。プラットフォームという概念は，コンピュータの世界で使われてきた概念であるが，近年では，プラットフォーム・ビジネスが新たな事業形態として多くの市場において生まれ，それがその市場を活性化させ，ビジネスを広げ，新しい経営形態を生むなど，革新的な役割を持っていると考えられる[28]。

今井賢一＝國領二郎［1994］によれば，プラットフォーム・ビジネスとは，

誰もが明確な条件で提供を受けられる商品やサービスの提供を通じて，第三者間の取引を活性化させたり，新しいビジネスを起こす基盤を提供したりする役割を，私的なビジネスとして行っている存在のことを指している[29]。

もともと，プラットフォーム（platform）とは"土台"を意味する。つまり，プラットフォーム・ビジネスとは，自らを礎として，様々な知の結合，新たな価値の創造，というビジネスを行うための基盤となる，いわば「場のビジネス」のことである。

図表7-10に示されるように[30]，道路・空港などの伝統的なインフラストラクチャー，新たな情報通信のインフラストラクチャーの上に，コンピュータ・プ

図表7-10　新しい産業組織の概念図

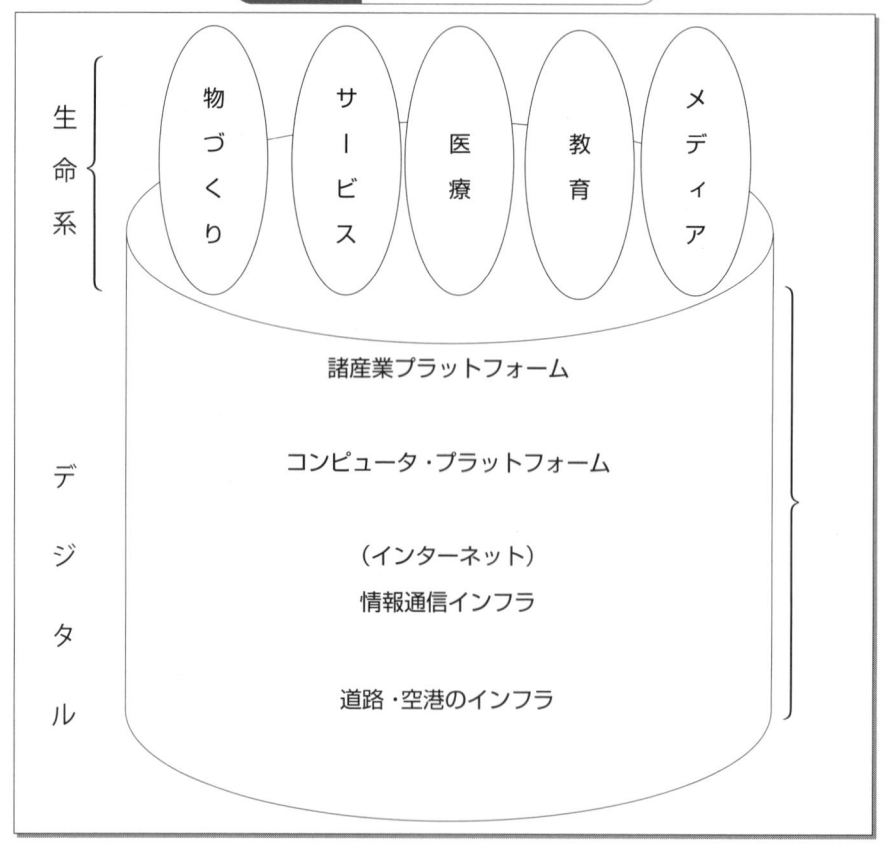

生命系：物づくり／サービス／医療／教育／メディア

デジタル：
諸産業プラットフォーム
コンピュータ・プラットフォーム
（インターネット）情報通信インフラ
道路・空港のインフラ

(出所) 今井賢一＝國領二郎 [1994] 7頁に基づいて筆者作成。

ラットフォームが位置し，諸産業のプラットフォームの基盤となる役割を果たしている。そして，諸産業プラットフォーム層は同時に，製造業，金融，サービス，医療，教育，メディアなどの産業のプラットフォームとして機能している。このように，プラットフォームは様々な機能の基盤となっている。

実際に活用されるプラットフォーム・ビジネスには，どのような機能があるのであろうか。國領二郎 [1999] は，プラットフォーム・ビジネスの機能として，①取引相手の探索，②信用（情報）の提供，③経済価値評価，④標準取引手順，⑤物流など諸機能の統合，の5つをあげている[31]。

① 取引相手の探索：財の種類別やマーケット別など，様々な切り口で探索できるような情報の体系化を行うサービスが必要となる。
② 信用（情報）の提供：ネットワーク上で見つかった相手が納期，品質，支払いなどの面で信用できるか，取引にあたって決済をどうするかなど，取引に関する信用が提供されなければ取引は成立しない。
③ 経済価値評価：ネットワークを特殊な財やサービスの提供に活用するためには，価格形成メカニズムが必須である。
④ 標準取引手順：ネットワーク上で様々な相手と取引を行うとき，相手によって取引の段取りや様式，契約の条件などが異なっていては，取引に伴う手間がかかり，実際には取引が成立しない。そこで，標準の取引手順を提供する組織が必要となる。
⑤ 物流など諸機能の統合：財やサービスの取引が成立するためには，単に情報がやりとりされるだけではだめで，配送の手配，支払の手続き等，様々な機能が統合されなければならない。

これらの機能に共通して最も重要となる条件が，「信頼の獲得」である。なぜなら，プラットフォーム・ビジネスにおける取引はface to faceではないため，販売者と消費者の信頼が形成されなければ成立しないからである。

「囲い込み経営」を前提としてきた日本では，社会的に中立な経済評価や信用評価に基づいて，流動的な経営資源の移行が行われてきたとは言い難い。そのような機能を市場に提供するプラットフォーム・ビジネスの発展は，日本の市場のオープン化，事業のオープン化に直結していると言える

❸ クラウド・コンピューティング

　近年，クラウド・コンピューティングという言葉をよく目にする。クラウド・コンピューティングには，まだ明確な定義はないものの，本書では，「ネット機能を兼ね備える媒体を介して，ネット環境が整う場所で，サービスやアプリケーションを利用することのできるコンピューティング方法」と定義して議論を進める。

　クラウド・コンピューティングのサービスを構成する要素には，①SaaS (Software as a Service：サース)，②PaaS (Platform as a Service：パース)，③IaaS (Infrastructure as a Service：イアース)，の3つがある。

① 　SaaS：ソフトウェアの機能をネットワークを介してサービスとして提供するモデルのことを指す。

② 　PaaS：サービスの開発環境や運用環境の基盤をサービスとして提供するモデルのことを指す。

③ 　IaaS：サーバーやデータベースなどのハードウェア（リソースやストレージ）をネット経由で利用できるサービスのことを指す。

　クラウド・コンピューティングのユーザーは，自社でICTシステムを構築・運用する場合と比較して，①初期投資が不要，②システム導入までの期間短縮，③コスト削減，などの様々な効果が期待できる。高度情報社会における経営管理について，経営情報の観点から考察する場合，クラウド・コンピューティングの動向は避けて通ることはできない。

　クラウド・コンピューティングが，個人や企業ユーザーに，注目される理由として，次の4つがあげられる。

① 　サービス化：従来のように，パソコンや携帯電話の中にあるローカルのアプリケーションで作業を行うのではなく，インターネットなどで繋がっているサーバーで処理を行い，利用者はその操作や処理結果の確認のために，パソコンや携帯電話を利用する。情報通信機器を保有することなくサービスが受けられるという特徴がある。

② 　ボーダレス化：サービス化されたソフトを利用できる「窓口」となるウェ

ブブラウザーなどがあれば，どのハードウェアからでも，どこからでも，どの機器からでも，同じサービスを利用することができる。

③ 分散化：データは，利用者が知らないどこかのサーバー内にあっても何ら支障はない。また，複数の機器にまたがってデータが存在しても何ら支障はない。利用者にとって，「自分だけが使えるデータ」がネットに分散して保持され，さらに，「他人と共有するデータ」も利用できるという特徴がある。

④ 集約化：サーバーで多くの処理を行うので，個々人の持つパソコンや携帯電話には，それほど能力が必要ではなくなる。すなわち，情報通信機器の集約化が可能になる。

クラウド・コンピューティングのサービスを提供するクラウド・ベンダー企業は，当初，B to Cの分野に進出していたが，現在ではB to Bの分野に主力を移しつつある。

上述したように，クラウド・コンピューティングには，「共有」，「いつでもアクセス可能」といった特性から，多くのメリットがもたらされる。しかし，「セキュリティ」，「プライバシー」，「データ保管場所の不明確さ」など多くの問題点もある。これらの問題点は，企業の「信頼性」，「コンプライアンス」に大きな課題としてのしかかる。「信頼性」，「コンプライアンス」は，企業の社会的責任（CSR）の増大とともに，企業の経営管理にとって，極めて重要な課題となっている。

今日，上で述べたプラットフォーム・ビジネスやクラウド・コンピューティングのようなICTの進化・発展により，人々の生活は急激に変化しつつある。しかし，ICTの進化・発展があまりにも急速なため，各地で情報格差が発生したり，セキュリティ，個人情報保護のような法的問題が発生するなど，まだまだ解決すべき課題が山積している。この課題の解決のためには，経営管理においてICTを理解し，的確に位置づけることが必要不可欠である。

1）岸川善光［1999］150頁。
2）遠山暁＝村田潔＝岸眞理子［2003］11-13頁を筆者が要約。
3）同上書14頁。
4）小池澄男［1955］57-60頁に基づいて，筆者が一部修正。

5 ）岸川善光［2002］174-175頁。
6 ）宮澤健一［1988］51頁。
7 ）稲葉元吉＝貫隆夫＝奥林康司［2004］3 頁。
8 ）岩田一男［2011］69頁。
9 ）島田達巳＝高原康彦［1993］15-19頁に基づいて，筆者が一部加筆修正。
10）岸川善光［1999］155頁。
11）大阪市立大学商学部編［2003］156頁。
12）夏目武編［2009］6 頁を参考にして筆者が記述。
13）遠山暁＝村田潔＝岸眞理子［2003］117-131頁，宮川公男［2004］234-241頁を参考にして，筆者作成。
14）アーサーアンダーセン［2000］18頁。
15）IBMコンサルティング・グループ［2000］200頁。
16）Turban,E.＝Lee,J.＝King,D.＝Chung,M.H.［2000］訳書 8 頁。
17）同上書16頁。
18）高橋秀雄［1998］11-13頁に基づいて筆者作成。
19）財団法人日本情報処理開発協会電子取引推進センター［2003］4 頁。
20）佐々木紀行［2001］15頁に基づいて筆者が一部加筆。
21）Turban,E.＝Lee,J.＝King,D.＝Chung,M.H.［2000］訳書519-529頁。
22）岸川善光［2002］187頁。
23）最小有効多様性とは，複雑多様な環境からの挑戦に対応するには，企業内部に同じ程度の多様性を持つ必要があるということである。（Ashby,W.［1956］訳書256頁に基づいて筆者が加筆）
24）加護野忠男［1988a］55-59頁。
25）同上書60-82頁。
26）野中郁次郎＝竹内弘高［1996］111-112頁。
27）同上書109-124頁。
28）今井賢一＝國領二郎［1994］7 頁を筆者が一部修正。
29）同上書 4 頁。
30）今井賢一＝國領二郎［1994］7 頁に基づいて筆者作成。
31）國領二郎［1999］147-149頁。

第8章 イノベーション

本章では，経営管理の諸機能の中で，重要な位置づけを占めるイノベーションについて考察する。環境が激変している現在，企業が環境に適応し，環境を創造するためには，企業活動の革新すなわちイノベーションが不可欠である。

第一に，イノベーションの意義について考察する。まず，イノベーションの定義を理解する。次いで，イノベーションの特性について理解を深める。さらに，イノベーション論の生成と発展について概観する。

第二に，技術革新について考察する。まず，技術革新の進展について理解する。次いで，技術経営戦略について理解を深める。さらに，技術イノベーション・マネジメントについて，特に「魔の川」「死の谷」「ダーウィンの海」に言及する。

第三に，産業構造の変革とイノベーションについて考察する。まず，情報化がイノベーションにどのようなインパクトを及ぼすかについて理解する。次いで，業際化の促進について理解を深める。さらに，グローバル化と産業構造の変革との関係性について考察する。

第四に，ビジネス・プロセス・リエンジニアリング（BPR）について考察する。まず，BPRの定義を理解する。次いで，ビジネス・プロセスについて理解を深める。さらに，BPRの形態と効果に言及する。

第五に，イノベーションにおけるパラダイムの変革について考察する。まず，パラダイムの定義を理解する。次いで，パラダイムの機能について理解を深める。さらに，パラダイムの変革プロセスについて，具体例を用いて考察する。

1 イノベーションの意義

❶ イノベーションの定義

　企業は，真空状態ではなく，環境の中に生きる生き物・生命体である。企業は，オープン・システムであるので，環境の変化に対応することによってのみ，その存続・発展が可能になる。

　第6章において，経営システムの目的として，①価値の創出・提供と対価の獲得，②社会的責任の遂行，③経営システムの存続と発展，の3つをあげた。この3つの目的を実現するために，イノベーションは必要不可欠である。

　すなわち，価値の創出・提供においても，社会的責任の遂行においても，企業の存続・発展においても，企業がイノベーションを実現することができなければ，経営システムの3つの目的は達成できない。その意味で，イノベーションは，経営管理の機能の中で，極めて重要な位置を占めるといえよう。

　従来，イノベーションの本質について，多くの学問分野において，多面的な研究が行われてきた。本項では，代表的な経済学者，経営学者，社会学者，情報学者であるあるシュンペーター，ドラッカー，ロジャーズ，野中郁次郎によるイノベーションの定義について概観する。

　経済学者のシュンペーター（Schmpeter,J.A.）［1926］は，「生産とは利用できる種々の物や力の結合を意味し，生産物や生産方法や生産手段などの生産諸要素が非連続的に新結合することがイノベーションである。このイノベーションは内部から自発的に発生する経済の非連続的発展および創造的破壊につながるものである[1]」と述べた。図表8-1に示されるように[2]，シュンペーターのイノベーションでは，「生産諸要素の新結合」が鍵概念である。「生産諸要素の新結合」として，①新しい財貨，②新しい生産方法，③新しい販路の開拓，④原料あるいは半製品の新しい供給源の獲得，⑤新しい組織の実現，の5つを例示列挙している。

第8章 イノベーション

図表8-1　シュンペーター理論の構図

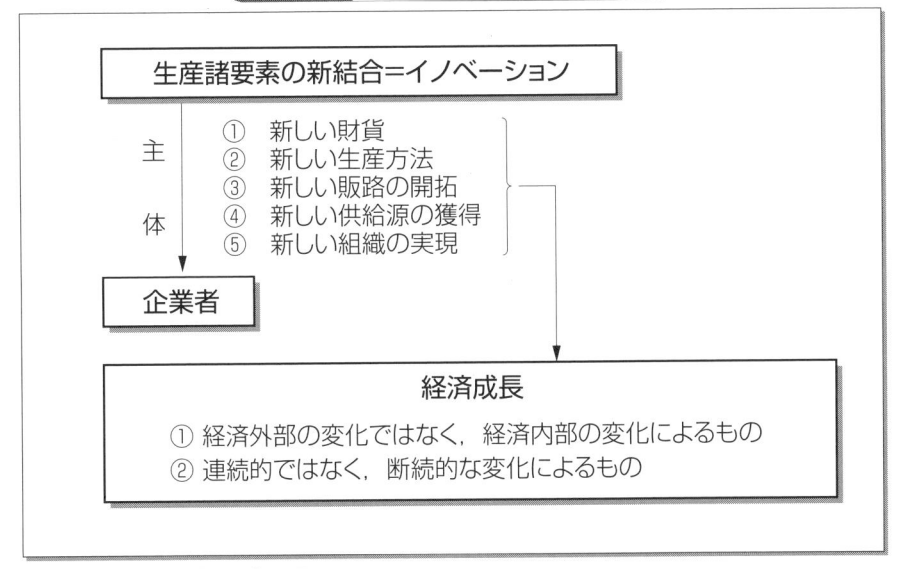

```
┌─────────────────────────────────────────────────┐
│         生産諸要素の新結合＝イノベーション          │
│  主    ① 新しい財貨                                │
│        ② 新しい生産方法                            │
│  体    ③ 新しい販路の開拓                          │
│        ④ 新しい供給源の獲得                        │
│        ⑤ 新しい組織の実現                          │
│                                                   │
│    企業者                                          │
│                                                   │
│              経済成長                              │
│  ① 経済外部の変化ではなく，経済内部の変化によるもの  │
│  ② 連続的ではなく，断続的な変化によるもの           │
└─────────────────────────────────────────────────┘
```

(出所)　岸川善光編［2004a］33頁。

　経営学者のドラッカー（Drucker,P.F.）［1974］は，「イノベーションとは，科学や技術そのものではなく価値である。組織の中ではなく，組織の外にもたらす変化である。イノベーションの尺度は，外の世界への影響である。したがって，イノベーションは常に市場に焦点を合わせなければならない[3]」と述べた。つまり，事業を発展させるためには，市場・顧客を創造することが必要であり，そのために企業者はイノベーションを行うのである。ドラッカーのイノベーションでは，「顧客の創造」が鍵概念である。

　社会学者のロジャーズ（Rogers,E.M.）［1982］は，「イノベーションとは，個人もしくは他の採用単位[4]によって新しいものと知覚されたアイディア，行動様式，物である[5]」と指摘した。ロジャーズのイノベーションでは，「普及」が鍵概念である。

　情報学者の野中郁次郎＝寺本義也編［1987］は，「企業の自己革新（イノベーション）とは，意味のある新しい情報を獲得し，創造し，その結果次元の異なる思考や行動様式を形成することである[6]」と述べた。野中郁次郎のイノベ

図表8-2　情報創造プロセスのダイナミクス

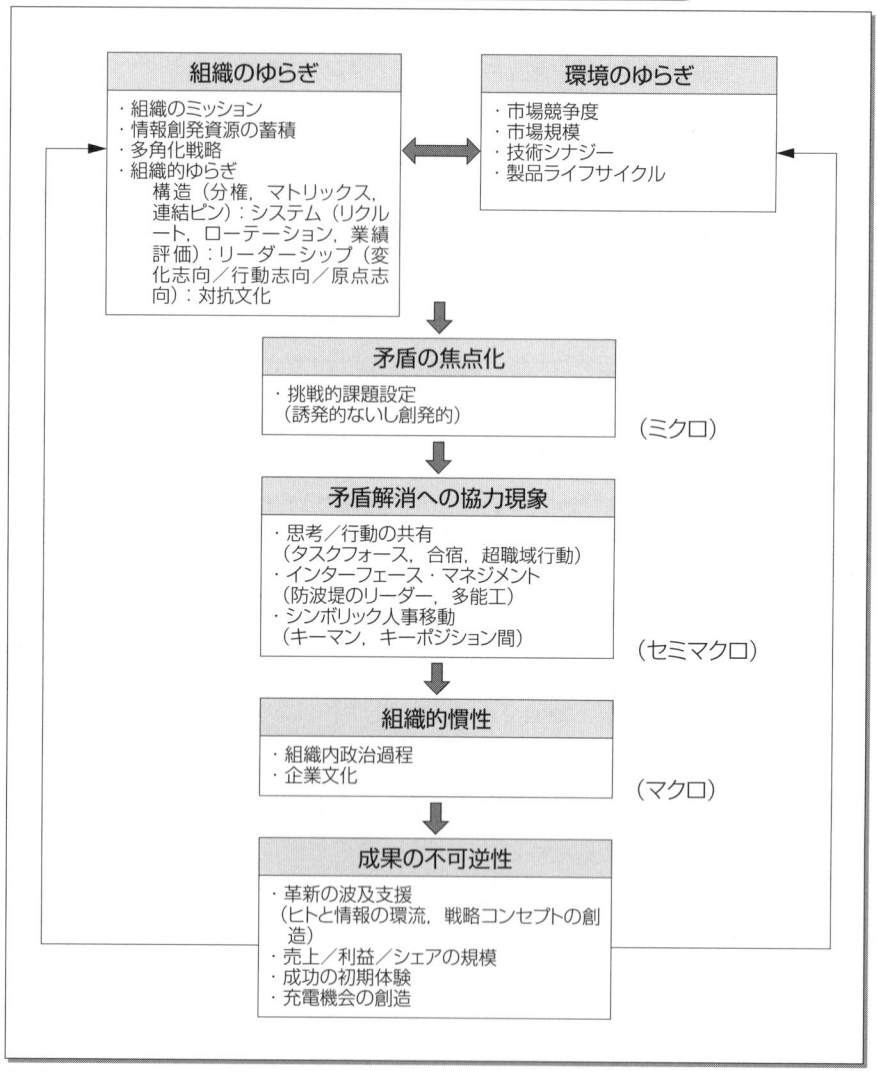

```
┌─────────────────────────────────────────────────────────────┐
│  ┌──────────────────────────┐   ┌──────────────────────┐    │
│  │      組織のゆらぎ         │   │     環境のゆらぎ      │    │
│  │ ・組織のミッション        │⇔ │ ・市場競争度          │    │
│  │ ・情報創発資源の蓄積      │   │ ・市場規模            │    │
│  │ ・多角化戦略              │   │ ・技術シナジー        │    │
│  │ ・組織的ゆらぎ            │   │ ・製品ライフサイクル  │    │
│  │   構造（分権, マトリックス│   └──────────────────────┘    │
│  │   連結ピン）：システム    │                               │
│  │   （リクルート, ローテー  │                               │
│  │   ション, 業績評価）：リ  │                               │
│  │   ーダーシップ（変化志向  │                               │
│  │   /行動志向/原点志向）：  │                               │
│  │   対抗文化                │                               │
│  └──────────────────────────┘                               │
│                    ↓                                        │
│         ┌──────────────────────┐                            │
│         │     矛盾の焦点化      │                            │
│         │ ・挑戦的課題設定      │    （ミクロ）              │
│         │ （誘発的ないし創発的）│                            │
│         └──────────────────────┘                            │
│                    ↓                                        │
│         ┌──────────────────────┐                            │
│         │  矛盾解消への協力現象 │                            │
│         │ ・思考／行動の共有    │                            │
│         │ （タスクフォース, 合宿│                            │
│         │   超職域行動）        │    （セミマクロ）          │
│         │ ・インターフェース・  │                            │
│         │   マネジメント        │                            │
│         │ （防波堤のリーダー,   │                            │
│         │   多能工）            │                            │
│         │ ・シンボリック人事移動│                            │
│         │ （キーマン, キーポジ  │                            │
│         │   ション間）          │                            │
│         └──────────────────────┘                            │
│                    ↓                                        │
│         ┌──────────────────────┐                            │
│         │     組織的慣性        │                            │
│         │ ・組織内政治過程      │    （マクロ）              │
│         │ ・企業文化            │                            │
│         └──────────────────────┘                            │
│                    ↓                                        │
│         ┌──────────────────────┐                            │
│         │    成果の不可逆性     │                            │
│         │ ・革新の波及支援      │                            │
│         │ （ヒトと情報の環流,   │                            │
│         │   戦略コンセプトの創造）│                          │
│         │ ・売上／利益／シェアの│                            │
│         │   規模                │                            │
│         │ ・成功の初期体験      │                            │
│         │ ・充電機会の創造      │                            │
│         └──────────────────────┘                            │
└─────────────────────────────────────────────────────────────┘
```

（出所）野中郁次郎［1986］171頁（今井賢一［1986］, 所収）。

ーションでは, 図表8-2に示されるように[7], 組織的な情報創造プロセスにおける「情報創造」と「自己組織化」が鍵概念である。すなわち, ①ゆらぎの創発, ②矛盾の焦点化, ③矛盾解消への協力現象, ④組織的慣性の4つのステー

ジでは「情報創造」が中心的課題であり，⑤成果の不可逆性では，「自己組織化」が中心的な課題となる。

本書では，"知識創造による新価値の創出"をイノベーションの本質であると認識し，「イノベーションとは，知識創造によって達成される技術革新や経営革新によって新価値を創出する機能（活動）」と定義して議論を進める。

❷ イノベーションの特性

イノベーションの特性を考察する上で，多くの研究者が列挙する特性は，次の2つである。
① イノベーションは，「創造的破壊」を起こすものでなければならない。
② イノベーションには，「断続性（非連続性）」がある。

第一の「創造的破壊」という特性についてみてみよう。シュンペーターによれば，企業家や新しい技術，組織の持ち込み，信用創造による投資，それらが相まって既存の構造を揺り動かし，「創造」の過程が始動する。そして，その後に新結合が旧結合を破壊するという転機の過程が登場する[8]。さらに，フォスター＝カプラン（Foster,R.＝Kaplan,S.）[2001]は，イノベーションにおいて，既存のものを破壊し，その上に既存のものを凌駕する新たなものを構築しなければならないと述べている[9]。

第二の「断続性（非連続性）」についてみてみよう。「断続性（非連続性）」という特性は，イノベーションが影響を及ぼす様々な分野において表面化する。断続的（非連続的）なイノベーションとは，例えば，従来の既成概念を打ち破るような製品・サービスを生み出すイノベーションである。インターネットの台頭により，製造業に代わり，通信販売のような新たな形態のサービス業が躍進している事例はこれに該当する。

次に，イノベーションの特性を考察する上で，イノベーションのタイプについて考察する。第1章で考察したように，企業と環境との関係性は，相互に影響しあう関係にあり，企業は存続・発展するために，「生き物・生命体」として環境変化に対応しなければならない。この環境変化に対応するパターンとして，①環境適応，②環境創造，という2つのタイプのイノベーションが考えられる。

① 環境適応（カメレオン型）：カメレオンが環境に合わせて色を変えるように，企業が環境の変化を受けて，その行動を事後的に変えることである。つまり，適応である。そこでは，環境の変化を認識し，環境変化への対応策を策定し，具体的に環境変化に対応するという手順が踏まれる[10]。企業は経済状況の変化，ライバル企業の動向，消費者の嗜好などをいち早く察知して，ノベーションに取り組まなければならない。

② 環境創造（プリウス型）：プリウスが従来の省エネルギー車の概念を根本的に変えて，新たなスタンダードをつくり，他社も追随したように，企業が環境そのものを主体的に創造することである。一般的に，環境創造に成功した企業にとって効果は大きく，理想的なイノベーションのタイプといえよう。

先述したように，本書では，"知識創造による新価値の創出"をイノベーションの本質であると捉え，「イノベーションとは，知識創造によって達成される技術革新や経営革新によって新価値を創出する機能（活動）」と定義した。ここで考察した「創造的破壊」「断続性（非連続性）」「環境適応」「環境創造」は，"知識創造による新価値の創出"の具体的な特性を表現したものに他ならない。

❸ イノベーション論の生成と発展

イノベーション概念がどのように生まれ，その考え方が時代の進展に伴って，どのように変化してきたかについて考察する。

① 経済学的アプローチ：シュンペーターが提唱したイノベーションによる経済変動の研究から，次第に経済変動の進化に関する研究へと発展し，イノベーションを経済現象というマクロ的な視点から考察するアプローチである。

② 経営学的アプローチ：シュンペーターが提唱したイノベーションの概念をドラッカーが企業の課題解決に取り込み，企業成長の重要な源泉として認識するミクロ的視点から考察するアプローチである。

③ 社会学的アプローチ：企業がイノベーションを行うことによって生み出した製品・サービスが，社会の成員の中でどのように普及し，社会を変え，文化を変えていくかについて考察するアプローチである。社会や文化の変化が経済変動につながる。また，経済現象と企業活動の架橋となる場を解明する

ことによって，経済が企業に影響を与え，企業が経済に影響を与えるスパイラル現象も解明することができる。
④　生物学的アプローチ：イノベーション研究と現実とのギャップに配慮し，イノベーションを阻害する要因を，企業と生物との相似性に着目して行うアプローチである。企業の二重構造，生命論パラダイムなど，イノベーションの促進要因と阻害要因に着眼した研究が進展しつつある。
⑤　情報学的アプローチ：野中郁次郎＝寺本義也編［1987］によれば，企業がイノベーションによって自ら革新することは，環境の変化を主体的に受けとめ，新しい情報が創られ，それが組織に共有され，組織全体の意識や行動が一斉に変わることである。それに関連して組織構造や管理システムも変わるというプロセスのすべてを意味するとして，「情報創造」という情報論的な立場から企業のイノベーションにアプローチしている[11]。

イノベーションは，企業内だけで起こる活動・現象ではない。第3節で考察するように，分析の基本単位は，企業レベル（ミクロ），産業レベル（セミマクロ），経済レベル（マクロ）など，極めて多岐の領域にわたる。また，企業（ミクロ）—産業（セミマクロ）—経済（マクロ）の関係性が，イノベーションによって大きく変わりつつあるので，上述したアプローチを正しく理解しておく必要がある。

2　技術革新

❶ 技術革新の進展

企業は，経営資源を価値のある製品およびサービスに変換し，その製品およびサービスを顧客に提供することによって対価（利益など）を獲得する。企業が経営資源をより価値のある製品およびサービスに転換させる際に，必要となるものが技術である。

伊丹敬之＝森健一［2006］は，企業において「技術とは，ヒト・モノ・カネ・情報（知）という経営資源を，より価値の高い製品（商品）やサービスに変え

ていく一連のプロセス[12]」であると定義した。

また，児玉文雄［2007］は，技術はマネジメントの産物であり，更に詳しく分析すれば，経営戦略の産物であることが明らかになると述べた[13]。つまり，有用な技術を獲得するためには，正しい経営戦略や経営管理（マネジメント）が必要不可欠であると主張している。

技術の進歩は，企業にとって価値（良い製品やサービス）を創出する原動力になるが，技術の進歩は，個別の企業だけで実現できるものでもない。イノベーションに必要な技術の進歩には，国家レベルのバックアップが必要であり，国による技術政策がその焦点となる。

また，国家レベルのバックアップは，企業における技術の進歩だけでなく，大学における研究等にも必要不可欠である。大学における研究開発や技術開発が，企業の製品開発の促進に結びつく場合もある。つまり，技術の進歩には，産官学の結びつき，さらには産官学間の相互作用が不可欠である。

現在，わが国の政府・関連省庁が実施している施策は，①資金の援助，②技術開発促進の支援，③人材育成の支援，の3つに大別される[14]。さらに，イノベーションの促進に特化した政策も行われており，産業総合研究所では，オープンイノベーションの機能強化に対応するため，「イノベーション推進本部」を新たに発足させ，これまで独立して行っていた産官学連携，知的財産，国際標準，ベンチャー創出，国際化などの業務を一体化かつ密接に連携して実施する体制に改めた。

さらに，産業総合研究所のイノベーション推進本部を，企業や大学などの外部機関とのインターフェースとして位置づけ，産官学連携コーディネーションを担う「イノベーションコーディネータ」をイノベーション推進本部と研究現場に配置する体制とした[15]。こうした動きは，近年，プロダクト・イノベーションの重要性が増したことが背景にある。

企業としては，これまでは「作れば売れる時代」であり，「工場（人と設備）をいかに効率良く動かすか」が経営課題であった。そのため技術は，基本的に「どう（安く）作るか」というものであり，換言すれば，プロセス・イノベーションの時代であった[16]。

図表8-3　プロダクト・イノベーションとプロセス・イノベーションの融合

	基礎研究	応用研究	開発・設計	生産設計	製造
現状の位置づけ	←——プロダクト・イノベーション——→			←—プロセス・イノベーション—→	
今後の位置づけ	←——プロダクト・イノベーション——→ 単に拡張するのではなく，組み込みを意図して拡張する			←———プロセス・イノベーション———→ 深耕	

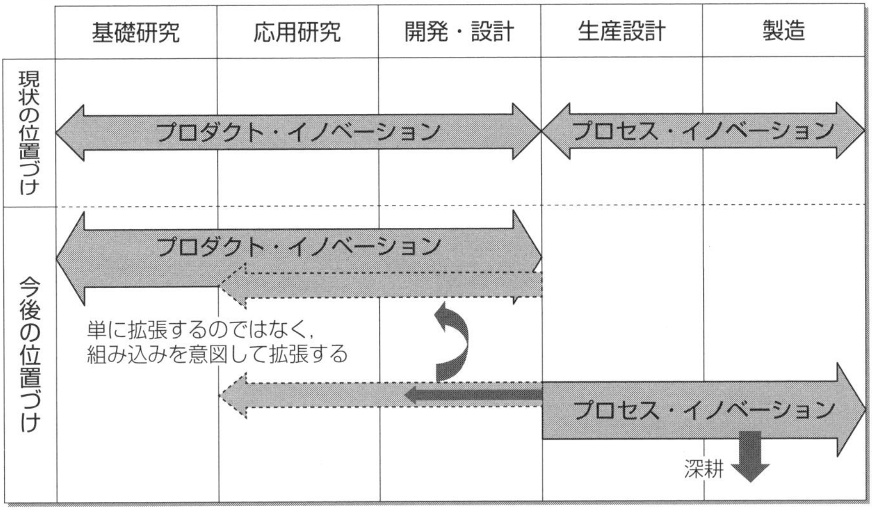

（出所）産業能率大学総合研究所バリューイノベーション研究プロジェクト編〔2007〕203頁。

しかし，時代は変わり，顧客ニーズはより細かく，多岐にわたるようになり，製品そのものの価値および製品に付随するサービス等の価値で優劣が決まるようになった。

出川通〔2004〕が主張するように[17]，プロダクト・イノベーションが今後の日本の製造業におけるイノベーションのポイントになることは間違いないと思われる。しかし，図表8-3に示されるように[18]，プロセス・イノベーションとプロダクト・イノベーションを分けて考えるのではなく，生産技術や製造プロセスを踏まえた新商品，新技術の提案を行い，プロダクト・イノベーションの強化を図るべきである。すなわち，プロダクト・イノベーションとプロセス・イノベーションの融合が何よりも求められる。

❷ 技術経営戦略

上述したように，有用な技術の獲得のためには，正しい経営戦略や経営管理（マネジメント）が必要不可欠であり，近年，MOTの強化に対する期待が高まってきている。

MOT（Management of Technology）とは，伊丹敬之＝森健一［2006］によれば，「マネジメントというテーブルの中央に技術を置いて経営戦略を議論し，立案し，その戦略を実践していくこと[19]」である。つまり，MOTとは，直訳すると「技術の経営」であるが，その本質は，単に技術をマネジメントするというだけのものではない。むしろ技術の重要性を，技術という枠を超えて昇華させ，「企業全体の経営」という立場で捉え直し，「技術を軸にしたコーポレート経営を組み立てる」という考え方がその本質としてあげられる[20]。

　また，MOTにはイノベーションの概念が不可欠である。しかし，オーバーイノベーションによる失敗もあるので，イノベーションにおいても適切なマネジメントが必要である。産業競争力・企業競争力の源泉は，いうまでもなくイノベーションの創出力にある。したがって企業経営における競争力は，「技術経営力」がその中核になるといえよう[21]。今後，MOTの質量が，企業の存続・発展を規定する重要な要因となるため，これからの企業は，産業競争力・企業競争力の発展のために，MOTの強化を図るべきである。

❸ 技術イノベーション・マネジメント

　MOTのプロセスは，図表8-4に示されるように[22]，一般的に，時系列的な観点から，研究，開発，事業化，産業化，という4つのステージに分類することができる。そして，出川通［2009］によれば，この4つのステージの間に，「魔の川」，「死の谷」，「ダーウィンの海」という3つの障壁（溝）が存在する。

　第一に，「魔の川」についてみてみよう。研究開発（R&D）という用語にみられるように，研究と開発は，一般的に，一体化した概念とされている。しかし，研究と開発は，もともとは違う概念であり，別のステージとして存在している。出川通［2009］は，この研究・開発間の障壁を「魔の川」と名づけた[23]。

　「魔の川」に陥る原因として，研究と開発のベクトルの相違があげられる。つまり，シーズ志向の研究と，ニーズ志向の開発を混同してしまうことが「魔の川」に陥る原因となる。研究から開発に進む場合，シーズ志向からニーズ志向に発想を変えて製品開発を行わねばならない。「魔の川」を克服するためには，研究成果を活用しつつも，マーケティングに基づいて開発ターゲットを明確に

第8章 イノベーション

図表8-4　3つの障壁(溝)の克服手段

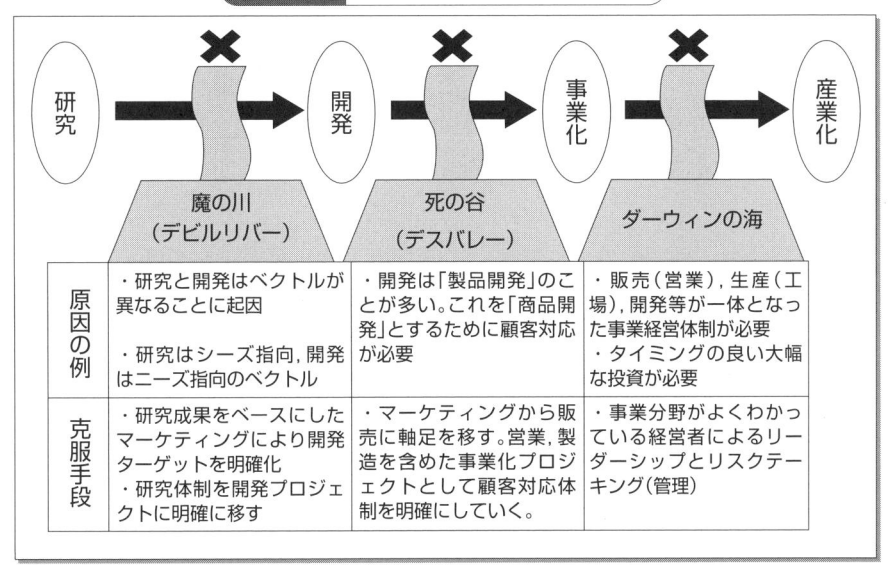

	魔の川 (デビルリバー)	死の谷 (デスバレー)	ダーウィンの海
原因の例	・研究と開発はベクトルが異なることに起因 ・研究はシーズ指向，開発はニーズ指向のベクトル	・開発は「製品開発」のことが多い。これを「商品開発」とするために顧客対応が必要	・販売(営業)，生産(工場)，開発等が一体となった事業経営体制が必要 ・タイミングの良い大幅な投資が必要
克服手段	・研究成果をベースにしたマーケティングにより開発ターゲットを明確化 ・研究体制を開発プロジェクトに明確に移す	・マーケティングから販売に軸足を移す。営業，製造を含めた事業化プロジェクトとして顧客対応体制を明確にしていく。	・事業分野がよくわかっている経営者によるリーダーシップとリスクテーキング(管理)

(出所)　出川通 [2009] 45頁。

して，開発プロジェクトとして推進する必要がある。

「魔の川」に流されていたら，いくら素晴らしい研究結果が得られても，顧客満足や企業価値の増大に貢献することはあり得ない。開発・事業化・産業化のステージに進まないと，全てが水の泡となる。研究と開発の違いを明確に認識し，ニーズ志向によって，まず顧客満足を目指す開発に進むべきである。

第二に，「死の谷」についてみてみよう。近年，開発の成果をいかに事業活動に有効に活用するかという事業化のマネジメントが大きな鍵となっている[24]。この事業化のマネジメントにおいて，「死の谷」をいかに克服するか，ということがしばしば問題視される。「死の谷」とは，米国の下院科学委員会の報告書（Unlocking Our Future）の中で，同委員会副議長が，連邦政府の資金供給の対象である基礎研究と民間企業が行う応用研究開発のギャップが，ますます拡大していく現象を表現するために用いた比喩である[25]。

児玉文雄 [2007] によれば[26]，「死の谷」を避けるための方策の1つとして，トリクルアップ戦略がある。トリクルアップ戦略とは，最初は一般消費財市場に向けて開発し，同時併行的に，付加価値の高い製品に関する機能学習を行い，

223

さらに，新技術を応用して利益率の高い製品や，特殊用途を必要とする市場に順次展開するという戦略のことである。

事業化のマネジメントにおいて，営業や製造を含めた事業化プロジェクトを編成し，明確な事業化ビジョンを共有して取り組むことが必要である。また財務面での負担を軽減することも，死の谷を超える方策として，必要不可欠であるといえよう。

第三に，「ダーウィンの海」についてみてみよう。事業化から産業化のステージに移行すると，もはや技術経営の役割はほぼ完了しており，経営そのものの問題であることが多い。比喩的にいえば，MOTからMBAへの移管である。

事業化と産業化の間にある障壁（溝）を「ダーウィンの海」という。「ダーウィンの海」は，それまでのステージとは異なり，他社との激しい競争が常態である。まさに弱肉強食の世界である[27]。

「ダーウィンの海」に陥る原因としては，産業化に不可欠な販売（営業），生産（工場），開発などが一体となった事業推進体制の不備，タイミングの良い大型投資の欠落などがあげられる。

「ダーウィンの海」を克服するためには，事業分野に精通している経営管理者によるリーダーシップとリスクテイキングが欠かせない。産業化のステージでは，研究，開発，事業化の各ステージよりも，経営管理者の役割は遥かに大きく，かつ成果に対する責任も極めて重い。

3 産業構造の変革とイノベーション

従来，産業経済学の分野において，図表8-5に示されるように[28]，①企業レベルの行動および構造，②産業レベルの行動および構造，③経済レベルの行動および構造に関する研究は，ミクロ，セミマクロ，マクロというように，それぞれ独立した研究領域とされてきた。イノベーションの研究においても例外ではなく，今までは一般的に，企業レベルの行動および構造を主たる研究領域としてきた。しかし，第7章において考察した高度情報化社会の進展によって，

第8章 イノベーション

図表8-5 産業経済学の主要領域概念図

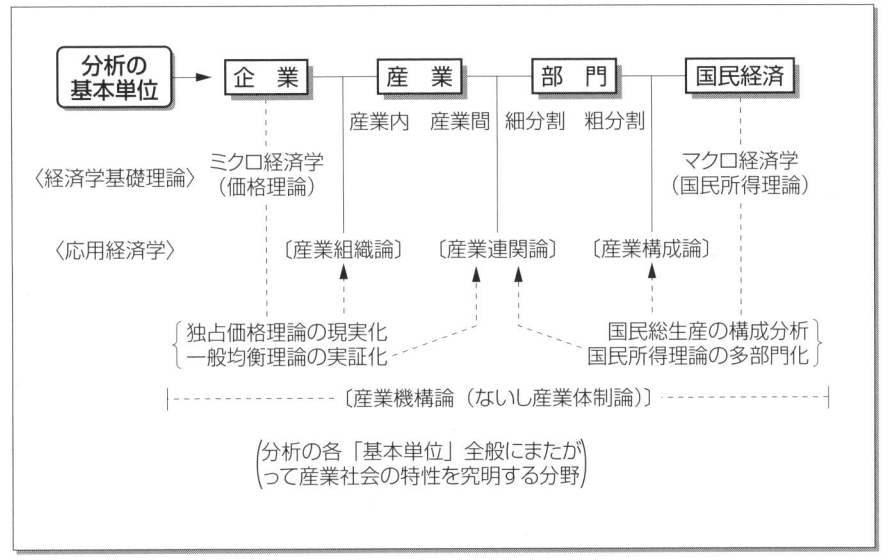

```
分析の       企 業    産 業      部 門      国民経済
基本単位               産業内 産業間  細分割 粗分割

〈経済学基礎理論〉 ミクロ経済学                   マクロ経済学
            (価格理論)                    (国民所得理論)

〈応用経済学〉  〔産業組織論〕〔産業連関論〕〔産業構成論〕

         ┌独占価格理論の現実化┐    ┌国民総生産の構成分析┐
         └一般均衡理論の実証化┘    └国民所得理論の多部門化┘

         |--------〔産業機構論（ないし産業体制論）〕--------|
            ┌分析の各「基本単位」全般にまたが┐
            └って産業社会の特性を究明する分野┘
```

(出所) 宮澤健一［1987］11頁。

企業レベル，産業レベル，経済レベルの垣根が次第に低くなりつつある[29]。

そこで本節では，産業組織の変革とイノベーションとの関連性について，①情報化，②業際化，③グローバル化の３点を取り上げて考察する。情報化，業際化，グローバル化の３点が，産業構造の変革の３大要因であるからである[30]。情報化，業際化，グローバル化の中でも，これらの要因間の相関関係を分析すると，情報化が業際化およびグローバル化の根源となっている。

❶ 情報化の加速

近年，情報通信技術および情報通信システムの進展に伴って，あらゆる産業において情報化が飛躍的に進展している。情報化とは，情報の価値が他の資源の価値と比較してその比重が高まることである[31]。

現在の情報化の進展は，「情報の産業化（情報を扱う産業分野の増大）」よりもむしろ「産業の情報化（情報に関連する事業分野の増大）」によってもたらされている。情報化が産業構造の変革の要因として作用する理由として，第7

章の高度情報社会と経営管理に関する10のキーワードを用いて考察すると、迅速化、共有化、双方向化、多様化、自働化などが現実化するに伴って、産業組織が劇的なインパクトを受けて大きく変化していることが理解できる。

例えば、情報化に伴うインターネットの急速な発展によって登場したのがEC（electronic commerce：電子商取引）である。ネット通販やオンライン店舗、ネット上のショッピングモールなど、消費者向け電子商取引の規模は、いまや各業界において急激に拡大している。さらに、こうした消費者向けの電子商取引と並んで注目されているのが、企業間の電子商取引である。多数の売り手企業と多数の買い手企業間で形成される電子取引市場は、自動車部品、電子部品、鋼材、食材などの製品分野だけでなく、トラック運送や建設業などのサービス業分野においても形成されている。経済産業省の統計によれば、全ての商取引における電子商取引（EC）による取引の割合は、1/5程度まで増加し、その市場規模は年々増加傾向にある[32]。

このように情報化の進展が産業構造の変革の要因になっている現象は、あらゆる産業において観察されるが、製造業の流通業化、流通業のサービス業化、物流業の流通業化などは、業際化の動きとも連携しつつ、イノベーションの新たな形態、新たな進め方として注目される。

❷ 業際化の促進

業際化とは、情報化の進展に伴って産業、業種、業態などの垣根が低くなり、相互乗り入れによる新たな競争関係や協力関係が生じる現象のことである[33]。

高度情報社会と経営管理に関する10のキーワードを用いて考察すると、業際化の進展は、統合化、同期化、組織化、ソフト化などによって促進される。ここであげた統合化、同期化、組織化、ソフト化というキーワードは、実は、情報ネットワーク化の原動力でもある。

例えば製造業では、①受発注ネットワークの構築を契機とした流通業化、物流業化、②共同受注・共同生産に伴うマネジメント・センター化、③技術交流に伴う研究開発センター化など、製品製造だけではなく、情報ネットワークを活用した業際化が進展している。

第8章 イノベーション

　流通業では，①決済業務の効率化を契機とした金融機能の取り込み，②フランチャイズ化，ボランタリー化，③共同配送・共同保管を契機とした物流商社化，④金融業，サービス業などとの業務提携による総合サービス業化，⑤マルチメディアを活用した無店舗販売など，情報ネットワークを活用した業際化が進展しつつある。

　運輸・倉庫などの物流業では，①陸運・海運・空運などすべてをカバーする総合物流業化，②流通機能を取り込んだ物流商社化など，情報ネットワークを活用した業際化が進展している。

　金融業では，①カードを情報媒体として，流通業，サービス業との連携による総合サービス業化，②ファームバンキング，ホームバンキングを手段とした情報ネットワークによる顧客の囲い込みなど，ここでも情報ネットワークを活用した業際化が進展している。

　サービス業では，①他業種との連携，②新たな業態の開発，③サービスの複合化など，情報ネットワークを活用した業際化が進んでいる。

　上述したように，現在あらゆる産業において情報ネットワークが進展しており，業際化の促進の最大の要因となっており，業際化の進展が産業構造の変革に大きな影響を与えている。

　本項において考察した業際化の進展に伴う産業構造の変革は，企業レベルのイノベーションの理論および実践の両面において，極めて大きなインパクトを与えるようになりつつあり，今後さらなる実証的な研究が望まれる。

❸ グローバル化の進展

　次に，グローバル化がもたらす産業構造の変革について考察する。グローバル化とは，国境（ボーダー），境界（バウンダリー）を意識することなく，地球規模（地球大）の視野の下で経営活動を遂行することをいう。

　近年，経営のグローバル化の進展は著しいものがある。このグローバル化の進展の最大の要因は，先にみた情報の進展が，「時間の制約」の克服，「空間の制約」の克服，「組織の制約」の克服につながったからである。

　高度情報社会と経営管理に関する10のキーワードを用いて考察すると，グロ

ーバル化の進展は，広域化，統合化，同期化，組織化，多様化などによって促進される。

さらに，グローバル化の進展によって，グローバル規模で経営活動を行う多国籍企業が増加し，多国籍企業間の競争の形態も急激に変化している。しかし，グローバル化による産業構造の変化は，企業間の競争だけではなく，企業間分業などにもみられるようになった。グローバル化によって，各国間の国際分業関係が深まり，産業間での特化が進む「産業間国際分業」や，同一産業内での特化が進む「産業内国際分業」など，様々な国際分業関係のバリエーションが生まれた。例えば，特定のプロジェクト実行のために，独立企業がプロジェクトの分担を行い，多数の企業と共同して行う形態の一つとして，コンソーシアム（Consortium）がある。

コンソーシアムは，航空機開発，建設，インフラ，資源開発，鉱業などの大規模なプロジェクトにおいて，国際的なレベルで広がっている。例えば，ボーイングやエアバスなどの新型旅客機開発は，日本の企業も参加している多数の企業によるコンソーシアム形態の事業の典型である[34]。

上述したコンソーシアムや国際分業は，リスクの分散，専門知識の共有，コストの削減，完成時間の短縮などのメリットがあり，国際的な分業はますます一般的になりつつある。

さらに，企業は自社のみで研究から生産，販売をこなすことはますます困難になり，企業間分業が加速している。企業間だけでなく，産業間さらには国際間での共同開発を行っていかなければ，企業は生き残れない時代になりつつあるといえる。そういう意味で，情報化に伴うグローバル化は，企業や産業構造の変化に大きな影響を与えている。

4 BPR（ビジネス・プロセス・リエンジニアリング）

❶ BPRの定義

第8章　イノベーション

　先に，イノベーションは，①プロダクト・イノベーション，②プロセス・イノベーション，の2つに大別され，日本の製造業において，技術革新の観点から，プロダクト・イノベーションの重要性について述べた。ここでは，プロセス・イノベーションについて考察する。具体的には，BPR（ビジネス・プロセス・リエンジニアリング）を事例として取り上げる。

　ハマー＝チャンピー（Hammer,M.＝Champy,J.）［1993］によれば，「BPR（ビジネス・プロセス・リエンジニアリング）とは，コスト，品質，サービス，スピードのような，重大で現代的なパフォーマンス基準を改善するために，ビジネス・プロセスを根本的に考え直し，抜本的にそれをデザインし直すこと[35]」である。

　なぜ，ビジネス・プロセスを根本的に考え直し，抜本的にデザインをし直さねばならないのであろうか。BPRにおいて最も重要な視点は「顧客満足」の充足である。すなわち，BPRでは「顧客満足」の充足を目的として，ビジネス・プロセスを4つの視点（コスト，品質，サービス，スピード）からゼロベースで再構築し，抜本的にデザインし直すのである。

　BPRは1980年代後半の米国において，産業空洞化の進行，市場の成熟化・飽和化など極めて厳しい状況のもとで，米国企業の競争力の復活を目指して出現した。その後，米国企業のBPRに対する取組みは功を奏し，わが国の企業の競争力を凌ぐまでになった。イノベーションに対する取組みが経営戦略においていかに重要かを示すものとして注目されている。

❷ ビジネス・プロセス

　ダベンポート（Davenport,T.H.）によれば，「ビジネス・プロセスとは，特定の顧客あるいは市場に対して，特定のアウトプットを作り出すために，デザインされ構造化された評価可能な一連の活動のこと[36]」である。

　ちなみに，同じくダベンポートによれば，「プロセスとは，組織が顧客に対して価値を創造するために，必要なことを実行する構造のこと」である。さらに，「プロセスとは，時と場所を横断し，始めと終わり，および明確に識別されるインプットとアウトプットを持つ，仕事の活動の特定の順序のことである」

図表8-6　先進企業におけるビジネス・プロセス

IBM	ゼロックス	ブリティッシュ・テレコム
・市場情報の獲得 ・市場選択 ・市場要求分析 ・ハードウェアの開発 ・ソフトウェアの開発 ・サービスの開発 ・生　産 ・受注出荷 ・顧客関係管理 ・サービス ・顧客フィードバック ・マーケティング ・ソリューションの統合 ・財務分析 ・計画の統合 ・会　計 ・人的資源管理 ・情報技術の基盤管理	・顧客との契約 ・在庫管理と 　ロジスティクス ・製品設計と製造技術 ・製品保守 ・技術管理 ・製造および 　オペレーション管理 ・市場管理 ・サプライヤー管理 ・情報管理 ・ビジネス管理 ・人的資源管理 ・リースや固定資産 　の管理 ・法　務 ・財務管理	・直接ビジネス ・ビジネスの計画 ・プロセスの開発 ・プロセス・オペレーション 　の管理 ・福利厚生サービス ・製品および 　サービス・マーケティング ・顧客サービスの提供 ・製品やサービスの管理 ・コンサルティング・サービス 　の提供 ・ネットワークの計画 ・ネットワークのオペレーション ・支援サービスの提供 ・情報資源管理 ・財務管理 ・技術的研究開発の提供

（出所）　Davenport,T.H.［1993］訳書41頁。

とも述べている。

　このような考察を踏まえて，本書では，「ビジネス・プロセスとは，顧客満足の充足のために，顧客に対して価値を提供する一連の活動のことである」と定義して議論を進める。

　図表8-6は，BPRに関する先進企業であるIBM，ゼロックス，ブリティシュ・テレコムのビジネス・プロセスである[37]。図表8-6に示されるように，ビジネス・プロセスには，次の3つの特徴があげられる。

① ビジネス・プロセスの数：3社のいずれにおいても，ビジネス・プロセスの数は15から20の範囲におさまっており，BPRに対して積極的な取組みをしていない企業と比較するとはるかにその数が少ない。

② 顧客との接点：BPRの目的が「顧客満足」の充足にあることから，顧客との接点業務（例えば，要求分析，契約など）を重視している。
③ 管理業務：財務管理，人的資源管理，情報資源管理などのいわゆる管理業務については従来の分類と大差はない。

❸ BPRの形態と効果

BPRは，対象領域の広狭によって，図表8-7に示されるように[38]，①部門内BPR，②部門間BPR，③企業内BPR，④企業間BPR，⑤産業間BPR，⑥官民間BPR，の6つに分類することができる。

① 部門内BPR：部門内の業務を対象として，コスト，品質，サービス，スピード，の4つの視点から業務をゼロベースで見直して，業務の再構築を行うことが中心になる。部門内BPRでは，通常，業務の再構築を行う上で，業務プロセスにあわせた情報システムをその手段として導入するケースが多い。
② 部門間BPR：複数の関連部門にまたがる業務を対象として，業務スピードの向上すなわち時間競争力の強化を主な目的として，ゼロベースで業務プロセスの再構築を行うことが中心になる。例えば，機能別組織による業務の逐次直列処理ではなくて，業務の同時平行処理を可能にするためにLANなどの情報ネットワークを用いて，部門間にまたがる業務プロセスを再構築するケースはこの部門間BPRに該当する。
③ 企業内BPR：企業内の業務プロセスを抜本的にデザインし直すために，企業内の組織再編を中心として業務の再構築を行うことが多い。ほとんどの場合，従来の機能別組織から事業別の業務プロセスに基づいて組織の再編が行われる。
④ 企業間BPR：複数の企業にまたがる業務プロセスを対象として，一般的には，戦略的提携を中心として業務プロセスの再編成が行われる。EDI（electronic data interchange：電子データ交換）を具体的な手段として，日用品製造企業と大手流通企業が戦略的に提携し，新たな業務プロセスを再構築した事例などはこの企業間BPRに該当する。
⑤ 産業間BPR：従来の産業ないしは業種の垣根を超えて，事業の再構築を行

図表8-7　BPRの対象領域

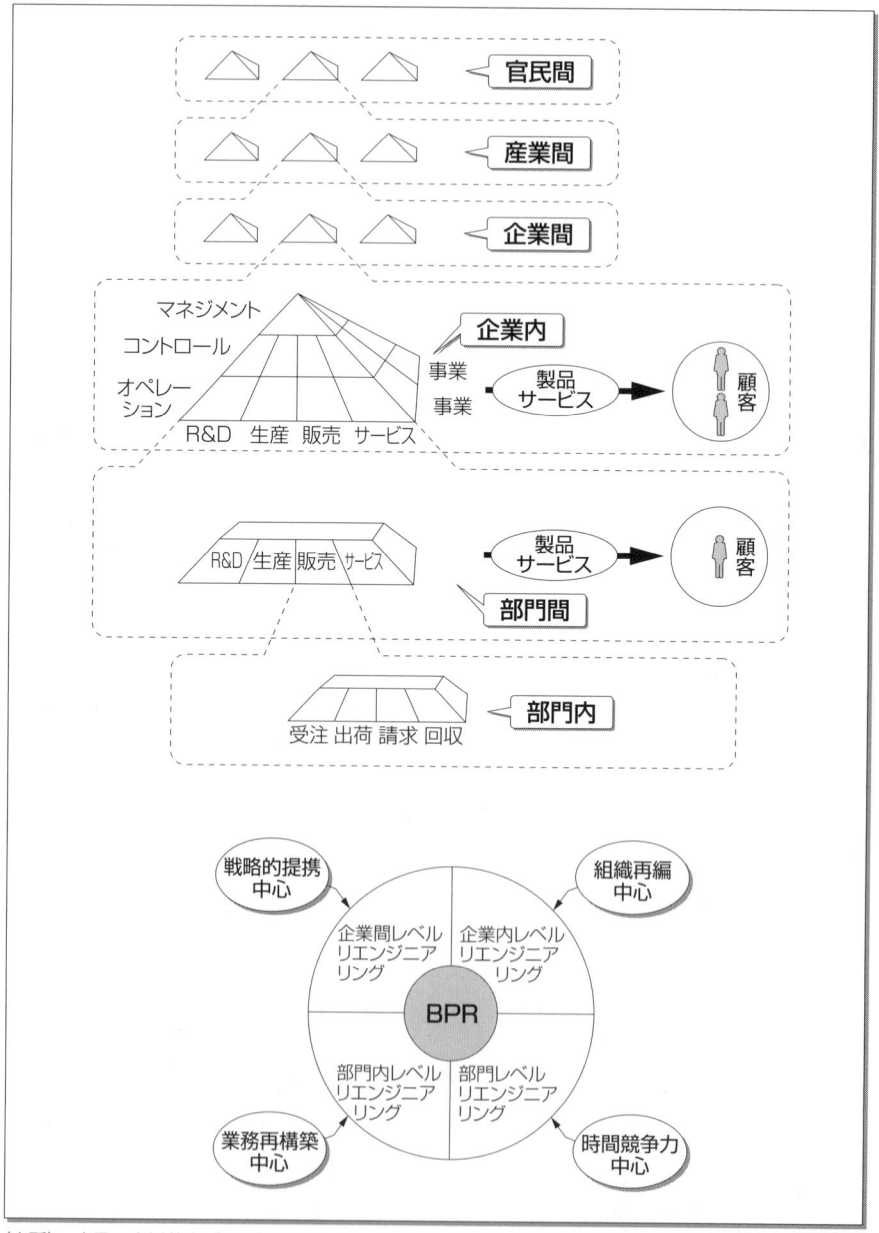

官民間

産業間

企業間

マネジメント
コントロール
オペレーション
R&D　生産　販売　サービス
企業内
事業
事業
製品サービス → 顧客

R&D／生産／販売／サービス
製品サービス → 顧客
部門間

受注　出荷　請求　回収
部門内

戦略的提携中心
組織再編中心
企業間レベルリエンジニアリング
企業内レベルリエンジニアリング
BPR
部門内レベルリエンジニアリング
部門レベルリエンジニアリング
業務再構築中心
時間競争力中心

（出所）　上図：岸川善光［1999］249頁。（トーマツ編［1994］29頁に基づいて加筆修正）
　　　　　下図：トーマツ編［1994］29頁。

232

うことである。具体的には，従来の産業ないしは業種を超えて，新たな産業や業態を創出することである。例えば，産業間BPRの事例の1つとして，図書の宅配便事業をあげることができる。図書の宅配便事業は，運送業と図書の流通業が結合して，図書流通の業務プロセスを抜本的に組替えることによって新たに創出された事業である。図書の宅配便事業は，地方都市に住む顧客にとって図書の入手が容易になり「顧客満足」が増大するので，近年この事業は急激に伸びている。その反面，地方都市では従来のいわゆる本屋が存亡の危機を迎えている。

⑥ 官民間BPR：官（政府，行政体）と民（私企業）との垣根を超えて，事業の再構築を行うことである。具体的には，官業の民営化がその典型である。従来，公益に奉仕する事業分野では，生産経済体，営利原則，独立性などの企業特性を持つ私企業による事業展開は不向きとされ，「市場の失敗」を避けるためにも，官業ないしは公企業の存在が法的にも認められてきた。ところが，世界各国の規制緩和の流れの中で，今までの官（政府，行政体）と民（私企業）との役割を抜本的に見直す動きが生まれた。その結果，官民間BPRの対象範囲は，今後ますます拡大するものと思われる。

事業の再構築ないしはBPRの目的は，いうまでもなく「顧客満足」の充足である。「顧客満足」を充足させるためには，顧客（消費者・生活者）を起点とした事業に転換せざるを得ない。

事業の再構築ないしはBPRには，様々な光と影がある。新産業分野の創出，新事業の創造，雇用機会の創出，貿易摩擦の回避，市場メカニズムの回復，国際競争力の強化，内外価格の是正など，事業の再構築ないしはBPRには多くの光の面があげられる。他方，既存産業の没落，既得権の消滅，雇用の不安定さなど，影の面も数多く指摘されている。

BPRに見られるように，ビジネス・システムの再構築を行う場合，経営戦略の視点の重要性はいうまでもないが，その他にも多くの課題について熟慮しなければならない。

5 パラダイムの変革

❶ パラダイムの定義

　企業には，パラダイム（paradigm）が存在する。実際に，パラダイムは企業内において，企業の戦略思考，ビジョン，共通の思考前提，組織構成員の行動，企業の商品などに垣間見ることができる。各企業に独自のパラダイムが浸透するからである。

　パラダイムの定義について考察する。パラダイムの概念は，もともと科学の発展の歴史に関する研究から生み出された。パラダイムは，クーン（Kuhn,T. S.）[1962]によって提唱された概念である。クーン[1962]は，パラダイムを「一般に認められた科学的業績で，一時期の間，専門家に対して問い方や答え方のモデルを与えるもの[39]」と定義した。

　加護野忠男[1988a]は，パラダイムの概念を，3つの意味にまとめた。①世界観やイメージを与え，共有させるパラダイム，②より具体的に価値・規範を示すパラダイム，③上述した2つの意味を具体的に体現する見本例あるいは手本としてのパラダイム，である。この3つは互いに関連し合う[40]。

　バーカー（Barker,J.A）[1993]は，「パラダイムとは，ルールと規範であり（成文化されている必要はない），①境界を明確にし，②成功するために，境界内でどの行動をすればよいかを教えてくれるものである[41]」と定義した。

　企業内の人びとや社会に浸透したパラダイムによって，イノベーションの発生が促され，その後のイノベーションの成否が大きく規定される。パラダイムが企業内の人びとの発想の共通の土台となり，これをもとに知識創造が行われる。パラダイムがイノベーションを引き起こすいわば誘因となる。例えば，アップルはキーボードを用いずに画面をタッチすることによって，タイピングを行うというイノベーションを行った。アップルのパラダイムが企業外にも浸透し，イノベーションを成功させた例といえる。

上述したように，イノベーションの誘因として，パラダイムを位置づけることができる。企業内の情報の共有と蓄積を促進する機能，さらに，人びとが様々な状況に直面した時の思考前提によって大きく規定される。そのため，パラダイムによってイノベーションの成否も規定されるといえる。

❷ パラダイムの機能

上述したパラダイムは，様々な局面において重要な機能を持つ。図表8-8に示されるように[42]，岸川善光［1999］は，加護野忠男［1988a］に準拠しつつ，パラダイムの機能を次の2つに分類した[43]。

① 知の編成原理：企業内の情報の共有と蓄積を促進する機能，すなわち知の編成原理を果たす。その結果，情報伝達の円滑化，学習成果の共有，知識の共有など，いわゆる組織学習が容易になる。

② 知の方法：人々が様々な状況に直面した時，状況に対し，人々がどのような捉え方をするかという思考前提，すなわち知の方法としての機能を果たす。その結果，問題の発見と創造など新たな意味の創出が容易になる。

パラダイムの共有は，自分の仕事を全体との関わりのなかで理解する必要が

図表8-8　パラダイムの機能

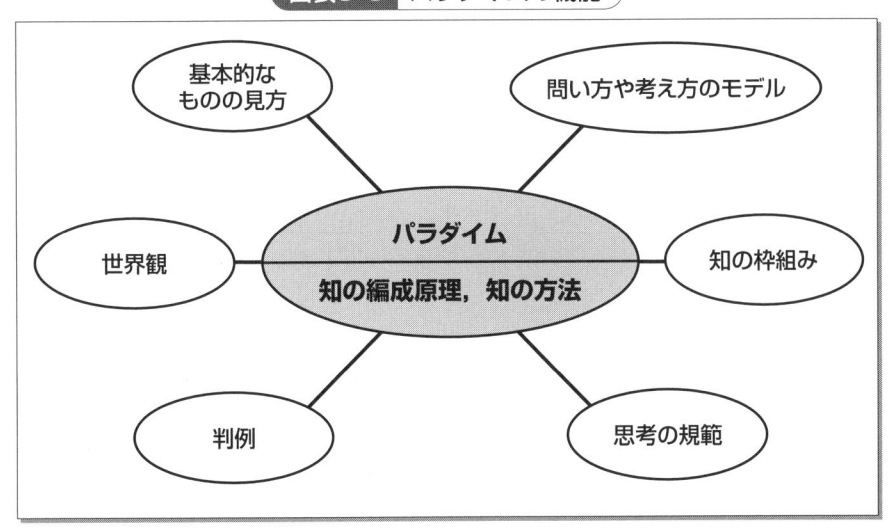

(出所)　岸川善光［2002］211頁。

あるため，全体における自分の位置づけを明確にするという機能を果たす。さらに，コミュニケーションが節約され，意思疎通が円滑に行われる。組織学習においては，蓄積されるべき情報の取捨選択が容易になり，蓄積された情報の相互関係がより明確になる。その結果，様々な個人が蓄積した情報が，相乗効果を持ち，組織学習が累進的に進めることができる[44]。つまり，これが知の編成である。

人びとが全く予想もできないような状況に直面したとき，得られる情報は不確実であり，多義的であり，量も不足する。予想外の状況に遭遇したとしても，人々が得た情報から意味を見出し，問題を解消しなければならない。意味を発見するときに，パラダイムが羅針盤としての機能を果たす。能動的な問題発掘を可能にし，さらに問題解決も促す[45]。つまり，これが知の方法である。

次に，あるパラダイムを企業内において確立したとしても，新しく再び創り直さなければならないことがある。既存のパラダイムを創造的に破壊し，新たなパラダイムを創り出すプロセスを，パラダイムの変革と呼ぶ[46]。

パラダイムの変革は，パラダイムをつくりあげることよりも難しい。難しさの理由について，岸川善光［1999］は，加護野忠男［1988a］に準拠して，次の6つに要約した[47]。

① 意味の固定化：パラダイムは，意味→行為→情報→意味のサイクルを固定化させる傾向がある。
② 内面化：パラダイムは通常，暗黙知として人びとの内部に深く内面化される場合が多い。
③ 代替パラダイムの必要性：パラダイムの変革のためには，新しいパラダイムが創造され，しかもそれが具体的な見本例として提示されなければならない。しかし，あるパラダイムを信奉する人びとにとって新しいパラダイムは自分の世界の喪失を意味するので，代替パラダイムを提示することは容易ではない。
④ 共約不可能性：共約不可能性とは，異なるパラダイムの間の対話は困難であり，論理的な説得はさらに困難であるという性質である。
⑤ 集団圧力：集団の中には，その集団の規範やそれを支えるパラダイムを維

第8章 イノベーション

図表8-9　パラダイムの寿命

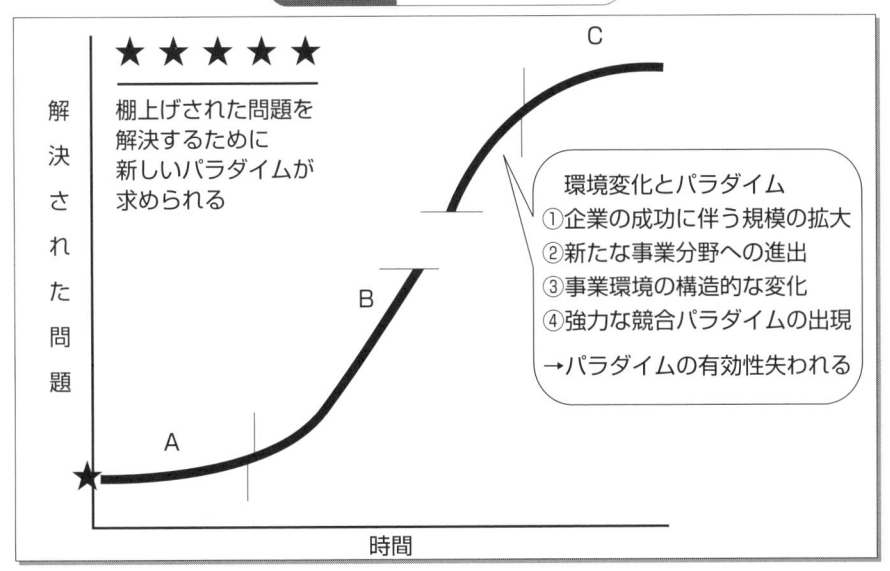

★★★★
棚上げされた問題を
解決するために
新しいパラダイムが
求められる

環境変化とパラダイム
①企業の成功に伴う規模の拡大
②新たな事業分野への進出
③事業環境の構造的な変化
④強力な競合パラダイムの出現
→パラダイムの有効性失われる

縦軸：解決された問題
横軸：時間

（出所）Barker, J.A.［1993］訳書50頁に基づいて筆者一部修正。

持しようとする圧力が働く。

⑥ 政治的プロセス：パラダイムの変革には，パラダイムの共約不可能性に起因して，複雑な政治的プロセスがつきまとう。

上述したように，パラダイムの変革は困難である。しかし，イノベーションの実現のためには，パラダイムの変革は必要不可欠である。図表8-9に示されるように[48]，企業内外の環境が変化すると，パラダイムの有効性が失われ，未解決問題が引き金となり，パラダイムの変革が起こる。また，パラダイムは機能していても，時間ともに古くなるため，いずれにせよパラダイムの変革が必要である。パラダイムにも必ず寿命がある。

❸ パラダイムの変革プロセス

環境の変化によって，重要な機能を果たし，問題を効率的に解決してきたパラダイムの有効性が失われることがある。この環境の変化として，加護野忠男［1988a］は，①企業の成功に伴う規模の拡大，②新たな事業分野への進出，③事業環境の構造的な変化，④強力な競合パラダイムの出現の4点を述べた[49]。

図表8-10　パラダイムの転換プロセス（日産自動車）

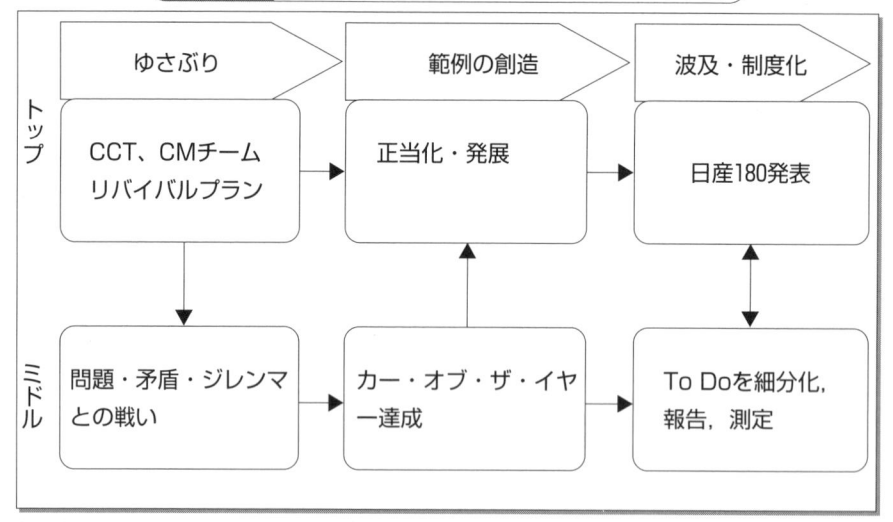

	ゆさぶり	範例の創造	波及・制度化
トップ	CCT、CMチーム リバイバルプラン	正当化・発展	日産180発表
ミドル	問題・矛盾・ジレンマとの戦い	カー・オブ・ザ・イヤー達成	To Doを細分化，報告，測定

(出所）加護野忠男［1988a］218-223頁，加護野忠男［1988b］141頁に基づいて筆者が一部加筆。

これらの変化に対応して，柔軟にパラダイムを転換することが望ましい。しかし，既存のパラダイムに固執することによって企業危機に陥る会社も多く，環境変化に合わせたパラダイム転換はなかなか難しい。

加護野忠男［1988b］は，パラダイムの転換プロセスについて，「ゆさぶり→範例の創造→波及・制度化」のプロセスを主張した[50]。

① ゆさぶり：範例の出現を促進する条件を作り出すこと。それによって，企業内部の各部署に，問題や矛盾を創出する。この時，トップ・マネジメントは問題創出者としての役割を果たす。

② 範例の創造：ゆさぶりの中で特に大きな矛盾に直面した部署から，既存のパラダイムを超越するようなアイディア，それを体現するような具体的な商品が生み出されるなど，新たな判例が創造される。判例の創造は，パラダイムの転換において，最も重要なプロセスである。

③ 波及・制度化：範例の創造をテコにして，新しいアイディアが，企業内に波及し，徐々に制度化される。

パラダイムの転換プロセスの好例として，図表8-10に示されるように[51]，日産自動車のV字回復があげられる。カルロス・ゴーンは，CCTやCFTチーム

第8章 イノベーション

を創設した。その検証から，問題解決を行いつつ事業を発展させるリバイバルプランを発表し，社員に明確な目標設定と危機感を煽った。固執していた「技術の日産」というパラダイムから「販売志向」に転換し，フルモデルチェンジをしたアルティマ，インフィニティG35セダン，マーチが開発された。リバイバルプランを1年前倒しで完了し，新たな再建計画「日産180」を打ち出し，部門・チームごとに達成しなければならないことを明確に細分化し，全社員にコミットさせた。そして，これも成功させた。

　上述したように，イノベーションを実現するためには，既存のパラダイムを超越・転換するプロセスが欠かせない。

---

1) Schmpeter,J.A.［1926］訳書182-183頁。
2) 岸川善光編［2004a］33頁。
3) Drucker,P.F.［1974］訳書266-267頁。
4) 他の採用単位は，個人以外にイノベーションを享受する存在であり，組織や企業などがこれにあたる。
5) Rogers,E.M.［1982］訳書18頁。
6) 野中郁次郎＝寺本義也編［1987］14頁。
7) 野中郁次郎［1986］171頁（今井賢一編［1986］，所収）。
8) 今井賢一［2008］10頁に基づいて，筆者が一部加筆修正。
9) Foster,R.＝Kaplan,S.［2001］訳書189頁。
10) 岸川善光［2006］7頁。
11) 野中郁次郎＝寺本義也編［1987］16頁。
12) 伊丹敬之＝森健一［2006］18頁。
13) 児玉文雄［2007］41頁。
14) 文部科学省編［2011］115頁。
15) 同上書187頁。
16) 出川通［2004］24頁。
17) 同上書24頁。
18) 産業能率大学総合研究所バリューイノベーション研究プロジェクト編［2007］203頁。
19) 伊丹敬之＝森健一［2006］25頁。
20) 桑原裕＝安部忠彦編［2006］1頁。
21) 同上書23頁。
22) 出川通［2009］45頁。
23) 同上書57頁。
24) 植之原道行［2004］135頁。
25) 児玉文雄［2007］63頁。
26) 同上書65-67頁を筆者が要約。

27）出川通［2009］55-56頁。
28）宮澤健一［1987］11頁。
29）岸川善光編［2004a］17頁。
30）岸川善光［1999］196頁。
31）同上書196頁。
32）経済産業省「電子取引に関する市場調査」が経済産業省のホームページで公開されている。
33）岸川善光［1999］156頁。
34）丹野勲＝榊原貞雄［2007］108頁。
35）Hammer,M.＝Champy,J.［1993］訳書57頁。
36）Davenport,T.H.［1993］訳書14-15頁。
37）同上書41頁。
38）岸川善光［1999］249頁。（トーマツ編［1994］29頁に基づいて，筆者が一部加筆修正）
39）Kuhn,T.［1962］訳書Ⅴ頁。
40）加護野忠男［1988a］95頁に基づいて筆者が要約。
41）Barker,J.A.［1993］訳書28頁。
42）岸川善光［2002］211頁。
43）岸川善光［1999］208頁。
44）加護野忠男［1988a］123-124頁に基づいて筆者が要約。
45）同上書120-121頁に基づいて筆者が要約。
46）同上書189頁に基づいて筆者が一部修正。
47）岸川善光［1999］208-209頁。
48）Barker,J.A.［1993］訳書50頁に基づいて筆者が一部修正。
49）加護野忠男［1988a］190頁。
50）加護野忠男［1988b］141頁。
51）加護野忠男［1988a］218-223頁，加護野忠男［1988b］141頁に基づいて筆者が一部加筆。

第9章 グローバル経営

　本章では，現在企業が発展していくために必要不可欠であるグローバル経営について，様々な観点から考察する。

　第一に，日本的経営と国際経営について考察する。まず，日本的経営の特徴を理解する。次いで，日本的経営の限界について考察する。さらに，国際経営について理解を深めた後，グローバル経営の重要性に言及する。

　第二に，グローバル経営の背景について考察する。まず，グローバル経営の定義について理解する。次いで，グローバル経営の経済的要因，政治的要因について理解を深める。さらに，グローバル経営の市場要因，競争要因，技術要因について言及する。

　第三に，グローバル・ビジネスのメインプレイヤーである多国籍企業について考察する。まず，多国籍企業の定義と組織体系について理解する。次いで，多国籍企業の活動様式の変化に言及する。さらに，多国籍企業の経営管理について理解を深める。

　第四に，多国籍企業の新展開について考察する。まず，多国籍企業の競争環境について理解する。次いで，多国籍企業の戦略的提携，さらに，グローバル競争において重要となるSCMについて言及する。

　第五に，異文化経営について考察する。まず異文化経営の意義について理解する。次いで，異文化マネジメントについて理解を深める。さらに，個人と組織の異文化マネジメントに言及する。

　第六に，グローバル化の課題について考察する。具体的には，リスク・マネジメント，人的資源管理，BOPビジネスについて理解する。

1 日本的経営と国際経営

❶ 日本的経営の特徴

　近年,わが国の企業活動は,急速にグローバル化が進展しており,経営管理のグローバル化が要請されている。グローバル経営について考察するうえで,従来の日本的経営に関する理解が不可欠であるので,まず日本的経営の特徴について考察する。

　日本的経営とは,経営管理に関する国際比較を踏まえて,日本企業に特有の経営管理システムのことをいう。具体的には,日本企業の経営管理システムと欧米企業やアジア企業の経営管理システムを比較して,両者の差異を抽出し,その特徴を分析することによって,日本企業の経営管理システムの特殊性を中心として体系化したものを日本的経営という。

　第二次世界大戦の終戦直後から,政治・経済・社会・文化などあらゆる面において,わが国の「後進性」が指摘された。経営学の分野においても例外ではなく,労使関係の後進性や労働市場の閉鎖性などを克服するためには,それぞれの研究分野において,包括的かつ実証的な研究が必要であった。

　アベグレン (Abeglen,J.C.) [1954] の『日本の経営』の刊行によって,日本的経営に関する研究が一躍世間の注目を浴びた。同書では,「終身雇用制」の概念が分析枠組みとして用いられており,特に,従業員と会社との関係(アベグレンによれば,「雇用契約の範囲を超えた従業員と会社との間の義務と責任の相互交換の関係」)を家族的と捉え,この「家族主義」をもって日本的経営の主な特徴としている。

　また,OECD [1972] の調査研究によれば,日本的経営の特徴として,①終身雇用制,②年功序列制,③企業別労働組合,の3点を指摘している。この調査研究は,わが国の経営実務界および経営学の関連学会に対して,多大なインパクトを与えた。この3点は,その後長年にわたり,日本的経営の「三種の神

図表9-1　日本と欧米との経営比較

	日本	欧州	米国
組織文化	集団主義 平等主義，横並び意識	個人主義 能力主義	個人主義 能力主義，自由競争
意思決定	ボトムアップ 長期的視野に基づく	トップダウン 短期的視野に基づく	トップダウン 短期的視野に基づく
権限	中央集権的	分権的	中核部は中央集権，他は分権
コーポレート・ガバナンス	従業員重視	従業員重視	株主重視
人的資源管理	年功序列制 終身雇用制	実力・成果主義	実力・成果主義
労働組合	企業別（企業内）	産業別	産業別
生産システム	多品種少量生産	大量生産	大量生産

（出所）筆者作成。

器」として定着した[1]。

　図表9-1に示されるように，日本企業と欧米企業の経営の特徴を比較すると，全ての項目において差異がみられる。特に，①組織文化，②意思決定，③人的資源管理，④労使関係，⑤生産システム，の5点において，日本企業と欧米企業の差異は歴然としている。

　日本的経営の特徴に対する評価は，時代の進展に伴って大きく変化してきた。具体的には，①終戦直後の労使関係や労働市場に関する研究にみられる「後進性」「前近代性」「封建遺制」などのネガティブな評価，②OECD［1972］の調査研究にみられる日本的経営の特質を経済成長の秘密とする高い評価，③ボーゲル（Vogel,E.F）［1979］の『ジャパン・アズ・ナンバーワン』にみられる日本的経営に対する絶賛，④バブル崩壊後における日本的経営に対する異質論，などがあげられる。

❷ 日本的経営の限界

　上述したように，日本的経営には，メリット・デメリットを含めて様々な特徴がある。次に，日本的経営の限界について考察する。

日本的経営の優位性は，日本の製造企業が欧米市場を席巻した1980年代半ばから1990年代にかけて国内・海外で認められた。しかし，日本的経営が誇った優位性は，世界的規模でみると，現在ではあまり見受けられなくなった。従来の日本的経営の主要なデメリットとして，次の5点があげられる。

① 集団的拘束：日本的経営の特徴の1つである「集団主義」のために，物理的（長時間労働など）にも，精神的（企業文化の押し付けなど）にも，従業員に対する集団的拘束が強く作用し，個人的自由を侵害する場合がある。

② イノベーションの遅れ：業界内での横並び志向（「集団主義」の変形）が強く，新たな産業分野の開拓，新たな事業分野の創出など，イノベーションの遅れが目立つ。特に，プロダクト・イノベーションにおいて遅れがみられる。

③ 閉鎖性：固定的な企業間関係や途中入社の抑制など，閉鎖性による弊害が増大している。これが「オープン経営」の実現を阻害する要因となっている。

④ 標準化の遅れ：既存業界における過当競争に拘り，デファクト・スタンダード，グローバル・スタンダードなど，標準化に対する対応の遅れが目立つ。

⑤ 能力開発の停滞：企業内教育中心で，それもOJT中心のために，新たな事業機会に対応する能力開発が停滞している。

　さらに，従来は日本的経営のメリットとされてきた次の2点も，時代の変遷とともにメリットが次第に失われ，デメリット化しつつある。

⑥ 経済発展の原動力：従来，日本的経営によって日本企業の競争力が強化され，経済発展の主要な原動力であったが，現在では，1人あたりGDPは世界1位から187ヶ国中27位（2014年）にまで下落した。これでは日本的経営が経済発展の原動力であるとはいえなくなりつつある。

⑦ 雇用の安定：従来，日本的経営の特徴である終身雇用制によって雇用が安定し，社会的，経済的，精神的な諸問題の抑止に大きく貢献してきた。しかし，現在では就職もままならず，また失業や転職が多く雇用は安定していない。

　このように，近年では，従来の日本的経営のデメリットばかりが目立つようになってきた。すなわち，従来の日本的経営の優位性は機能しなくなり，日本的経営は限界にきているといっても過言ではない。従来の日本的経営による経営管理では，世界的（地球的）な競争に太刀打ちできないことは明白である。

❸ 国際経営

　国際経営は，国境の無い経営ではない。国境はあり，国境を越えて行われる経営ないし国境をまたいで行われる経営が国際経営である[2]。国際経営活動には様々なものがあるが，製造業を例にとる次の２つに大別できる[3]。
① 日本から海外に出ていく活動：輸出，海外生産，海外研究など
② 外国から日本に入ってくる活動：輸入，技術導入，外国企業との合併など
　国際経営活動を行う代表的な企業は多国籍企業である。多国籍企業については，本章の第３節，第４節において詳しく考察する。

　国際経営と国内経営で大きく異なる点は，外部要因であり，それには国際的リスクやコンフリクト（紛争），多様な環境，国際開発などがあげられる。国際的リスクには革命からテロリズムに至る政治変動や，通貨，外貨規制，税制などの経済変動があり，いずれの場合にも国内経営では経験しない危険が満ちている[4]。

　わが国の企業による国際経営の特徴として，①日本人による経営，②日本語による経営，③親会社・本社の非国際性，の３つがあげられる。これらは批判的に表現すると悪循環の関係にある[5]。楽天やファーストリテイリングなどにおいて，英語の社内公用語化などの改善はみられるものの，一部の企業を除く多くの企業では，この３つの特徴を今も色濃く有している。すなわち，①現地人社長，②英語，③内なる国際化[6]，を目指す企業はまだ数少ない。

　わが国企業の国際経営の特徴が，他国の企業と大差をつけられる原因になっていると思われる。グローバル経営で有名な韓国のサムスン電子と日本企業の比較をしてみよう。サムスン電子は2009年度会計において，売上高1,168億ドルを達成し，それ以降，IT・家電業界において世界でトップの座についた。日本企業とこれほどまで大差がついた要因として，竹村健一編［2006］は，サムスンの強さの源泉を人材育成に求めている[7]。サムスンでは，学歴に頼らない独自の基準による新入社員の採用に始まり，世界各国の優秀な技術者やMBA取得者を大量に採用するなど，企業の骨格を作る人材採用に力を注いでいる。

　一方，大半の日本企業では，今でも日本語を中心とした経営が行われている。

その理由として，①日本語で蓄積される親会社の経営資源，②日本的経営と日本語の親和性，③親会社の非国際性，④取引先が日本企業中心，⑤日本人が英語を使うことの問題点[8]，などがあげられており，多くの課題を抱えていることがわかる。

日本語で経営を行うことの最大のコスト（犠牲）は，多国籍企業の優位性を発揮できないことである。具体的には，各国の優秀な人材を活用できず，採用しても日本の多国籍企業では活躍できないためにすぐに辞める。つまり各国の優秀な人材を活用できないことを意味している[9]。

従来，わが国の国際経営の特徴について，不幸にしてあまり問題とされてこなかった。しかし，国際化から次第にグローバル化する現代において，世界各国の優秀な人材を獲得できず，国境を超えたイノベーションが生まれないことは，企業経営において致命的である。今後は，従来の日本的経営や，国境を前提とした国際経営とは異なるグローバル経営が喫緊の課題であるといえよう。

2 グローバル経営の背景

❶ グローバル経営の定義

上で，従来の日本的経営や，国境を前提とした国際経営ではなく，グローバル化する現代において，グローバル経営が重要な課題であることを述べた。しかし，国際経営とグローバル経営は，海外において企業が活動するということもあり，図表9-2に示されるように，いくつかの共通点が存在する。

第一の共通点は，ともに国境を越えて行われる経営である。また，経営主体は多国籍企業であることが多い。第二の共通点は，様々な外的要因が働くということである。進出先の国によって環境は様々であるので，国際経営やグローバル経営において，企業に影響を及ぼす外的要因は実に多種多様なものがある。第三の共通点は，自国には無い海外における経営資源を活用することである。企業は海外進出によって，自国のみの経営活動では得られない優秀な人材や，安

第9章 グローバル経営

図表9-2　国際経営とグローバル経営の比較

	国際経営	グローバル経営
国境	またぐ	またぐ　時には複数国を単一とみなす
外的要因	政治，経済，社会，文化	政治，経済，社会，文化
輸出入	行う	行う
海外生産	組立生産も一貫生産も行う	組立生産も一貫生産も行う
海外子会社	本国の経営資源を活用	世界中のリソースを社内に獲得し，全社で共有し活用
海外研究開発	現地適合，優秀な現地人材の活用	現地適合，優秀な現地人材の活用，国境を越えたイノベーション

(出所)　筆者作成。

価な経営資源を得ることができ，資金の調達も他国から行うことが可能となる。

他方，図表9-2で明らかなように，国際経営とグローバル経営の相違点も多い。国際経営は，あくまでも本拠地である日本の経営に依存しているが，グローバル経営は，現地における適した人材，適した戦略などを模索するために，日本の経営に拘らず，世界的(地球的)な視野で物事を進めるという特徴がある。

ジョーンズ (Jones,G.) [2005] は，グローバル経営において，多国籍企業は，生産量のかなりの割合を本国以外で生産し，自社株を多くの証券取引所で上場していると指摘している。また，研究開発，財務，マーケティングなどの重要な本社機能は，企業内部で地理的に分散しており，もはや本国に限定されるものではないと述べている[10]。

浅川和宏 [2003] によれば，グローバル経営について，広義においては，日常語として世界中にプレゼンスを有し，事業展開を行うマネジメントとしている。また狭義には，世界市場を単一市場と捉え，付加価値活動を1ヶ所で集中的に行い，経済効率性や規模の経済を享受する戦略を指すと述べている[11]。

ジョーンズ [2005] と浅川和宏 [2003] に共通した見方は，世界の市場や競争環境を単一であると捉える戦略的見方である。

吉原英樹 [2005] によれば，グローバル経営とは，多国籍企業にふさわしい

経営のことである。すなわち，多国籍企業が本来持つ優位性を追求し，実現する経営のことである。ここで多国籍企業の優位性とは，グローバルな発想，グローバルな経営資源の活用，グローバルなビジネスチャンスの3つである[12]。

上述した先行研究の他にも，グローバル経営の特性を考える場合，①意思決定者の視点，②競争優位の源泉，③市場の捉え方（セグメンテーション），④活動（機能）の配置と調整，⑤拠点間での資源のやり取り，⑥調整のメカニズム，など多種多様な観点が存在する。

すべての観点を網羅することはできないものの，これらの先行研究を踏まえて，本書では「グローバル経営とは，トランス・ナショナルな視野に基づいて，自国内のみでは得られない経営資源を獲得し，競争優位を確立することによって，市場特性・顧客ニーズに合致した価値（財・サービス）をグローバルに提供する経営活動である」と定義して議論を進める。

❷ グローバル化のマクロ的要因

現在，企業が生き残るためには，国内だけで企業活動を行うのではなく，トランス・ナショナルな視野でグローバル経営を行う必要がある。グローバル経営のマクロ的要因として，①経済的要因，②政治的要因，の2つの要因について考察する。

まず，経済的要因として，①規模の経済の享受，②為替リスクの回避，③タックス・ヘブン，④コストの削減，の4点についてみてみよう。

① 規模の経済の享受：グローバルな事業展開により，規模の経済の獲得が可能になる。トランス・ナショナルな視野に基づく資材調達が可能になり，しかもそれが低価格の場合，事業効率を高めることができる[13]。

② 為替リスクの回避：グローバルな生産拠点を持つ企業は，為替レートが大幅に変動した場合，他国へ生産拠点を移すことができる。また，企業内において，製品または中間財の多角的な取引によって，為替変動の影響を吸収することが可能になる[14]。

③ タックス・ヘブン（租税回避地）：タックス・ヘブンは，租税が著しく安いか，もしくは完全に免除される国や地域のことである。企業は，タックス・

ヘブンを目指して他国へ進出する。

④ コストの削減：一般に，国内と海外の賃金の差は非常に大きいので，衣料などの労働集約型の産業は，安価な労働力を確保するために海外へ進出する[15]。

上述した4つの経済的要因に加えて，伊藤賢次[2000]は，グローバル化をする際の経済的要因の1つとして「世界最適の経営システムの構築」をあげている。「世界最適」が中核概念であり，世界中のすべての経営資源を，開発・調達・生産・販売のサイクルの中で，最も効率的に運用することによって，グローバル経営の優位性を確立できると述べている[16]。

次に，政治的要因として，①関税および非関税障壁，②受入国の外資受け入れ政策，③貿易摩擦の回避，の3点についてみてみよう。

① 関税および非関税障壁：輸出先国が保護主義的な関税政策の転換を行った場合，輸出は効率的でないため，直接投資という戦略がとられる[17]。

② 受入国の外資受け入れ政策：受入国は，出資規制・禁止，利益の送金規制・禁止などにより，企業の投資を妨げることもあれば，優遇税制の適用，補助金による援助，物的な社会資本や教育施設に対する援助投資などの誘致策により，他国の企業による投資を受け入れたりする[18]。

③ 貿易摩擦の回避：貿易相手国との輸出入の極端な偏りを防ぎ，貿易摩擦を回避するために，現地生産を行う。

また，今後グローバルな環境下においては，政府だけでなく，NGOとの関係も重要である。図表9-3に示されるように[19]，江夏健一＝桑名義晴＝岸本寿生編[2008]によれば，多国籍企業は，競争優位を獲得することにより，価値創造を担う利益追求の民間組織であり，政府は，多国籍企業との関係において，国内における制度的な要件を設定する重要なアクターである。

今後，ますますグローバル化が進行する環境において，もはや企業単独での発展は望めない。図表9-3に示されるように，政府やNGOとの協力だけでなく，様々な組織間関係の構築がサスティナブルな経営を推進する鍵といえよう。

❸ グローバル化のセミマクロ的要因

次に，グローバル化のセミマクロ的要因について考察する。具体的には，①

図表9-3　グローバル環境下における第三部門の相互作用と価値創造

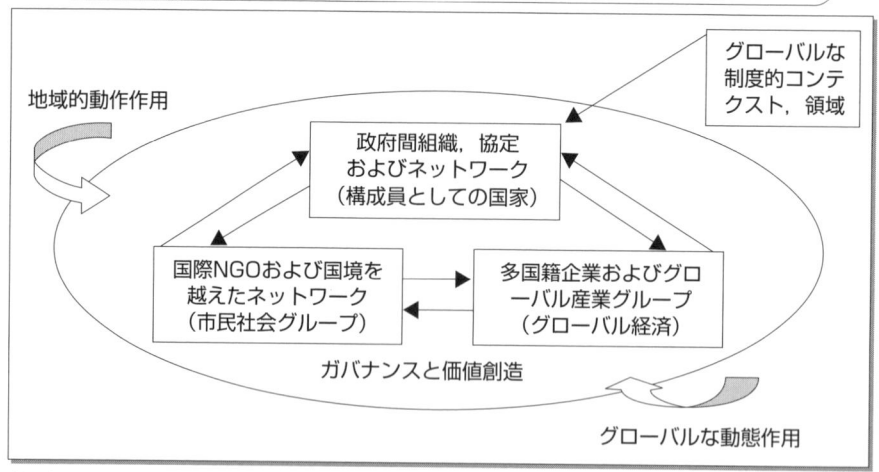

```
　　　　　　　　　　　　　　　　　　　　グローバルな
　　　　　　　　　　　　　　　　　　　　制度的コンテ
　　　　　　　　　　　　　　　　　　　　クスト，領域
　　地域的動作用
　　　　　　　　　　　政府間組織，協定
　　　　　　　　　　　およびネットワーク
　　　　　　　　　　　（構成員としての国家）

　　　　　国際NGOおよび国境を　　多国籍企業およびグロ
　　　　　越えたネットワーク　←→　ーバル産業グループ
　　　　　（市民社会グループ）　　　（グローバル経済）

　　　　　　　　　　　ガバナンスと価値創造
　　　　　　　　　　　　　　　　　　　　グローバルな動態作用
```

(出所) 江夏健一＝桑名義晴＝岸本寿生編 [2008] 187頁。

市場要因，②競争要因，③技術要因，の３点について考察する。

　第一に，市場要因についてみてみよう。グローバル化の市場要因として，次の３つがあげられる。

① 国内市場の飽和：国内市場が飽和・成熟化した場合，企業は，その対応策として海外に市場を拡大する[20]。

② 国内市場における競争激化：国内の同業他社との競争が激しくなり，利益が上がらなくなると，海外の未開拓市場，あるいは，比較的競争の少ない市場に商品を供給する[21]。

③ 顧客ニーズの均質化：現代の市場は，国は違っても顧客ニーズは同じであるケースが増大している。いわゆる顧客ニーズと嗜好の世界的な「標準化」が進展している[22]。このため，海外市場にも参入しやすくなった。

　第二に，競争要因についてみてみよう。企業のさらなる発展のためには，グローバルな市場の創造が必要不可欠である。主な競争要因として，次の４つがあげられる。

① 国内市場の飽和：国内市場が飽和・成熟化した場合，海外に市場を求めるので，競争は必然的に激化する。

② 外国企業の国内市場参入：リスク評価，企業化調査などを経て，投資収益

率が自国よりも高い場合，外国企業の国内市場参入投資が決定され，競争が国内・海外ともに激化する[23]。

③　競合企業の進出：競合企業が海外へ進出すると，競合企業に対抗するために他の企業も追随して海外に進出する場合が多い。いわゆる「バンドワゴン効果」と呼ばれる現象である。

④　進出企業の周辺需要の拡大：先に海外進出を果たした企業の，製品やサービスに伴う周辺需要の発生を狙い，他の企業も進出する。

第三に，技術要因についてみてみよう。主な技術要因として，次の2つがあげられる。

①　交通技術の発達：産業革命以降，交通技術が目覚しく発展し，世界規模の陸海空輸送・物流ネットワークが拡大した。国際間のモノの輸送，ヒトの移動に関する時間的・コスト的な制約が小さくなり，世界の市場と経済が時間的にも距離的にも次第に一体化し，グローバルな取引活動が可能になった[24]。

②　情報通信ネットワーク化の進展：世界的な情報通信ネットワークの進展によって，情報面での制約が克服され，経営者の意思決定において，「世界はひとつ」ということが現実化している[25]。

上述した技術面の進展に伴って，多国籍企業の生産システムの最適化が可能になった。さらに，世界最適調達システムの導入や，親企業と海外子会社などの生産拠点・販売拠点との間で，意思決定の同時化が可能となったため，グローバル化が進展した[26]。

3　多国籍企業

❶　多国籍企業の意義

グローバル経営のメインプレイヤーは，複数国で事業展開をする多国籍企業（multinational enterprise）である。多国籍企業という用語は，1960年に，米国のリリエンソール（Lilienthal,D.）によってはじめて用いられた。その後，多国籍

企業という用語は全世界的に急速に普及した。

　一方で，多国籍企業の他にも，世界企業，国際企業，地球企業，超国籍企業，無国籍企業など，様々な類似用語が併用されることがある。ちなみに，国連では，多面的な討議を踏まえて，多国籍企業という用語ではなく，超国籍企業という用語を正式に決定している。

　このように，多国籍企業という定義はまだ確立されたものとはいえないが，国際経済学や国際経営学の領域では，多国籍企業という用語がすでに定着しつつあるので，本書でも，多国籍企業という用語に統一して議論を進める。

　その上で，バーノン（Vernon,R.）[1971]の多国籍企業の概念についてみてみよう。バーノンは，多国籍企業の概念として，①大企業であること，②海外現地生産を行っていること，③自国以外に製造子会社および販売子会社を保有していること，④世界共通の経営戦略に基づいた企業活動を行っていること，の4点をあげた[27]。

　次に，多国籍企業の組織体系についてみてみよう。バートレット＝ゴシャール（Bartlett,C.A.＝Goshal,S.）[1989]は，図表9-4に示されるように[28]，多国籍企業を主として戦略能力の視点に基づいて，次の4つに分類した。さらに，バートレット＝ゴシャール[1992]は，先に分類した4つの組織体系について，様々な考察を加えている。

① マルチナショナル企業：強力な現地子会社に戦略的姿勢や組織能力を発達させて，各国の市場特性の違いに敏感に対応する企業。欧州の多国籍企業の大半がこれに該当する。海外市場の特性を踏まえた戦略アプローチに適した組織体制といえる。

② グローバル企業：経営戦略や経営管理上の決定を本国の本社に集中させ，グローバルな規模の経営によって，コスト優位性を追求する企業。日本の多国籍企業の大半がこれに該当する。世界共通の市場に通用する製品を生み出し，世界的規模の生産を目指す極めて効率性の高い組織体制といえる。

③ インターナショナル企業：知識や専門技術の世界的な利用をベースに考え，親会社が持つ知識や専門技術を，海外市場向けに移転したり適応させたりする企業。米国の多国籍企業の大半がこれに該当する。海外の生産拠点・販売

第9章 グローバル経営

図表9-4　多国籍企業の組織体制別の特徴

	マルチナショナル企業	グローバル企業	インターナショナル企業	トランスナショナル企業
能力と組織力の構成	分散型 海外子会社は自立している	中央集権型 グローバル規模の効率性を重視する	能力の中核部は中央に集中させ，他は分散させる	分散型 相互依存 専門化
海外事業が果たす役割	現地の好機を感じ取って利用する	親会社の戦略を実行する	親会社の能力を適応させ活用する	海外の組織単位ごとに役割を分けて世界的に経営を統合する
知識開発と普及	各組織単位内で知識を開発して保有する	中央で知識を開発して保有する	中央で知識を開発し海外の組織単位に移転する	共同で知識を開発し世界中で分かち合う

（出所）　Bartlett,C.A.＝Goshal,S.［1989］訳書18-24頁を筆者が一部修正。

拠点の役割は，本国の本社を助けることに主眼がおかれる。

④　トランスナショナル企業：従来，上述したグローバル企業（グローバルな効率性の追求），マルチナショナル企業（各国の市場特性への適応），インターナショナル企業（世界的なイノベーションの促進）は，それぞれトレード・オフの関係にあるとみなされてきた。

　ところが，近年では，世界的な効率性を追求し，各国市場の特性にあわせ，世界的なイノベーションを促進することを，同時に求められるようになってきた。図表9-4に示されるように，トランスナショナル企業は，これらの要求を同時に満たすことを目的として，分散型組織の特徴を持ち，本社を含めた各国の海外子会社間のネットワークにおいて，経営資源や能力の蓄積・配分を相互依存的かつ最適に行う。また，知識の開発と普及においても，他の組織とは異なり，世界的規模でイノベーションが行われる。

　上述したように，多国籍企業の組織特性として，トランスナショナル企業を構築することが望ましいとされるが，トランスナショナル企業の実現には，解決すべき多くの課題がある。一朝一夕にトランスナショナル企業が生まれるわけではない。

❷ 多国籍企業の活動様式の変化

多国籍企業に至るまでには，一定のプロセスが存在する。ここでは，①バーノン［1971］，②経済企画庁編［1990］の2つを取り上げて，多国籍企業に至るまでのプロセスについて考察する。

バーノン［1971］は，プロダクト・ライフサイクル・モデルに基づいて，多国籍企業に至るまでのプロセスを，①輸出，②現地生産，③発展途上国への輸出マーケティング，④発展途上国での生産，の4段階に区分した[29]。

経済企画庁編［1990］によれば，わが国における多国籍企業に至るまでのプロセスは，一般的に，次の5つのプロセスに分けられる[30]。

① 輸出：主要な海外市場に対して輸出を始め，現地では販売代理店を使う。
② 海外販売拠点の設置：代理店では入手が困難な現地における顧客ニーズを把握するために直轄の販売会社を設立する。
③ 海外生産拠点の設置：現地市場における販売量の増加，比較優位構造の変化，現地市場ニーズに即応した製品設計などの理由により，生産拠点の海外への移転が始まる。海外生産拠点による販売会社のアフターサービスの充実などを伴うことが多い。
④ 現地法人の設置：現地市場での一層の市場開拓を進めるため，企業の主要機能の現地化を進める。つまり，生産・販売だけでなく，財務，人事，研究・開発，購買などの諸機能を持つ現地法人を設置する。
⑤ グローバル企業化：グローバル化の進展とともに，子会社単独で決定すべきこととグローバル企業全体で統一的に行ったほうが効率的なものとが明らかになり，現地に極力権限を委譲しつつも，財務・人事・基礎研究・CIなどについては企業全体で統一的に行う。

一般論としては，多国籍企業化を視野に入れている企業は，上記の多国籍企業に至るプロセスを念頭におき，適切な時期に適当なプロセスを踏むことが求められる。ところが，多国籍企業の典型ともいえるサムスン電子（以下，サムスン）など，一定のプロセスを踏まずに，最初から多国籍企業化を目指す事例も増加しつつある。

多国籍企業として世界を席巻しているサムスンと日本の多国籍企業を比較しながら，多国籍企業に至るプロセスについてみてみよう。まず，サムスンの強さの要因として，①ミクロ面における経営戦略，②セミマクロ面における産業政策，③マクロ面における政府の支援，の「三位一体」化があげられる。すなわち，「三位一体」化のいわゆる開発主義的な企業行動を念頭において分析しなければならない。

　ミクロ面における経営戦略では，サムスンは「需要の束」をグローバル規模でとらえ，世界的に需要がある半導体，コンピュータ，産業用電子機器などの分野に注力している。セミマクロ面では，1997年のアジア通貨危機によってIMFの管理下に置かれたことを契機として，電機産業の企業をサムスンとLG電子の2社に絞るという産業政策がとられ，国内競争の緩和と経営資源の集中が行われた[31]。マクロ面では，積極的なFTA（自由貿易協定）の推進や低い法人税率の採用などによって，韓国政府がサムスンなどの企業を支援している。

　一方，日本の電機産業には，大手8社のメーカーが競合している。政府の支援という面からみても，FTAの規模では韓国に及ばず，TPP（環太平洋戦略的経済連携協定）の参加についても議論が難航している。加えて，法人税率は高く，企業が世界で競争していくための環境が整っているとは言い難い。それゆえ，現状では企業，産業，政府が「三位一体」となって，多国籍企業化を推進している韓国の電機産業に勝つことは困難であるといえよう。

　サムスンの事例は，開発主義的な企業行動であり，普遍性をもつとはいえない。しかし，多国籍企業に至るプロセスを企業，産業，政府が「三位一体」となって創出した事例として，その利点・欠点を実証的に捉える必要がある。

❸ 多国籍企業の経営管理

　多国籍企業が発展していくためには，適切な経営管理が必要不可欠である。ここでは，多国籍企業の経営管理について考察する。図表9-5に示されるように[32]，岸川善光［2002］は，ポーターの価値連鎖の概念を用いて，多国籍企業の経営管理について，価値連鎖の主活動から3つ，支援活動から2つの要素を取り上げ，その要点を示している。多国籍企業の経営管理には，日本国内のみ

図表9-5　多国籍企業の経営管理の特徴

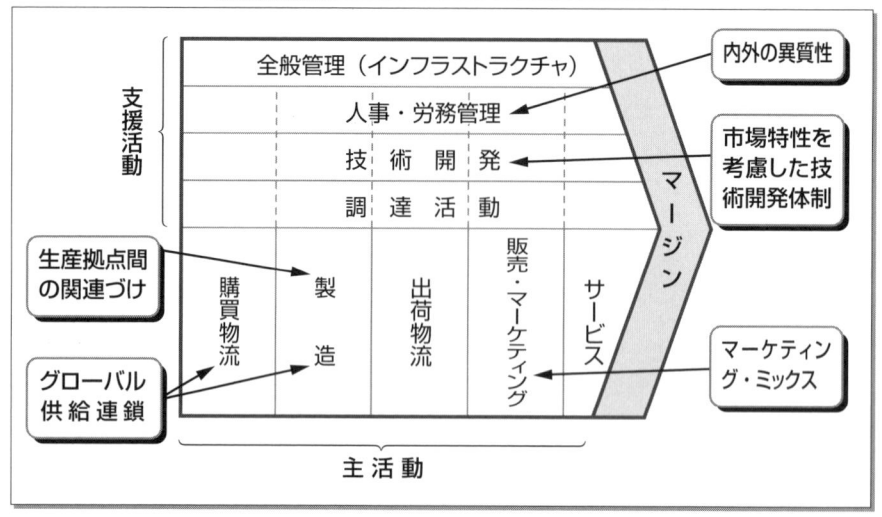

```
支援活動 ┌─ 全般管理（インフラストラクチャ）      ─┐  ← 内外の異質性
         │  人事・労務管理                        │
         │  技 術 開 発                          マ  ← 市場特性を
         │  調 達 活 動                          ー     考慮した技
生産拠点間 →  ┌──┬──┬────┬────┐       ジ     術開発体制
の関連づけ    │購│製│出荷物流│販売・  │サ     ン
              │買│造│        │マーケ  │ー
グローバル →  │物│  │        │ティング│ビ     ← マーケティン
供給連鎖      │流│  │        │        │ス          グ・ミックス
              └──┴──┴────┴────┘
                    主 活 動
```

（出所）　岸川善光［2002］227頁。

で事業展開を行っている企業の経営管理とは異なる特徴がある。

① 製造管理：世界的（地球的）な視野に基づいた生産拠点の配置，内外の生産拠点の関連づけが製造（生産）管理の中心的なテーマとなる。特に，コスト面において，製造コストとロジスティクス・コストとのインターフェースが重要なテーマになるケースが多い。

② ロジスティクス管理：グローバル供給連鎖ないしグローバルロジスティクス・ネットワークの構築が，ロジスティクス管理の中心的テーマになる。特に，調達先の選定（提携，合弁など）および国際分業体制の構築が重要なテーマになるケースが多い。

③ マーケティング管理：世界的（地球的）な規模でのマーケティング・ミックス（製品，価格，販売促進，流通）が，マーケティング管理の中心的なテーマになる。特に，海外子会社のマーケティング・ミックスにおいて，統一化と分散化の選択が重要なテーマになるケースが多い。

④ 人事・労務管理：機能面からみれば，雇用，労働条件，昇進，配置などが多国籍企業の人事・労務管理の中心テーマになる。加えて，言語・宗教・習慣・価値観の違いなど，内外の異質性に対していかに対応するかが重要なテ

ーマになるケースが多い。
⑤ 技術開発管理：世界的（地球的）な視野に基づいた技術開発資源（人材，資金，設備，情報など）の蓄積・配分が技術開発管理の中心テーマになる。

特に，多国籍企業では多様な市場を対象とするので，それぞれの市場特性を考慮した技術開発体制の構築が重要なテーマになるケースが多い。

多国籍企業の目標は，顧客満足の充足および競合企業に対する競争優位の獲得であるため，「価値連鎖」のあらゆる面において，本国（本社）と海外子会社の活動を有機的に連結し，世界的（地球的）な視野に立って，共通のグローバル戦略として統合する必要がある[33]。

本節では，多国籍企業について考察してきたが，すべての企業が多国籍企業として順調に発展できるわけではない。そのため，多国籍企業の撤退戦略について簡単に触れておこう。磯辺剛彦＝牧野成史＝クリスティーヌ・チャン［2010］は，合弁企業の撤退に着目し，撤退を次の2種類に分類した[34]。
① 意図した撤退：合弁企業の設立当初の目的が達成されたときに行う撤退。
② 意図しない撤退（不本意な撤退）：合弁会社の設立後の外部状況，内部状況，合弁パートナーとの関係の変化など，予想外の出来事による撤退。

このように，すべての撤退が失敗を意味するわけではない。また，意図しない撤退でも，早期に撤退することによって，企業にとって最適な選択となることもある。海外事業の撤退による損失は，国内事業の撤退の損失よりも大きくなる可能性が高いため，企業には適切なタイミングで損失を最小化させる撤退戦略が求められる。特に，各種リスク（経済的リスク，法的リスク，政治的リスクなど）を回避しつつ，より有利な条件で対応することが主要課題となる。

4 多国籍企業の新展開

❶ 多国籍企業の競争環境

グローバル市場は日々変化している。世界を相手にする多国籍企業が注目し

なければならない競争環境の変化として，次の3点があげられる。
① ボーダーレス化：多国籍企業におけるボーダーレス化とは，多国籍企業がほとんど国境（ボーダー）を意識することなく，地球規模での競争を展開することである[35]。岸川善光［1999］は，ボーダーレス化が常態となりつつある今日の多国籍企業間の競争として，1）多国籍企業同士の提携による企業間競争，2）グローバル・スタンダードの獲得を目指す企業間競争，の2つのパターンを指摘している[36]。
② 業際化：業際化が進展した理由として，宮澤健一［1988］は，全く別の技術を連結させて，新しい技術・製品を生んでいく，①技術面での融合化，②市場面での融業化，を指摘した[37]。業際化の具体例として，電気通信産業があげられる。情報処理技術の革新による電気通信，放送，新聞，などのメディア間の融合に加えて，近年では，インターネットの進展に伴う音楽，映画，広告などの諸産業も巻き込んだ業際化も進み，それらが情報通信産業という大きな一つの産業に統合されつつある[38]。
③ リージョナル化：リージョン（Region）は，地域と訳されるが，ここでは，EU（European Union:欧州連合），NAFTA（North American Free Trade Agreement:北米自由貿易協定），アジア太平洋地域などの超国家地域（supra-national region）のことを指す[39]。現在，超国家地域は世界中に様々な枠組みとして存在している。

図表9-6は，3つの超国家地域の概要を示したものである[40]。EUではユーロの導入により，経済統合が一層進展し，域内の自由化とともに企業間競争が激化した結果，内外の企業とのM&Aが急増している。また，北米では，NAFTAによって北米3国の経済一体化が進み，3国間の貿易や投資が拡大するだけではなく，日本や欧州からの投資も経済統合を想定したものとなっている。このように，地域ごとに差はあるものの，地域内の政治的・経済的な結びつきが強化され，リージョナル化は進展している。

近年では，アフリカ，ラテン・アメリカをはじめとする第三世界が目覚ましい経済成長を遂げており，上述した超国家地域のみならず，第三世界の大規模な超国家地域の動向に注目する必要がある。リージョナル化の動きは企業間競

図表9-6 超国家地域の概要

地域	欧　州	北　米	アジア
地域統合	EU (欧州連合)	NAFTA (北米自由貿易協定)	ASEAN (東南アジア諸国連合)
発　効	1993年	1994年	1967年
加盟国数	27カ国	3カ国	10カ国
目　的	・経済的，社会的発展の促進 ・共通外交，安全保障政策を通じた国際舞台での主体性の確保 ・司法，内務協力の発展 ・共同体の成果の維持および政策や協力形態の見直し	・貿易障壁の撤廃 ・公正な競争条件の促進 ・投資機会の拡大 ・知的財産権の保障 ・紛争解決手続きの確立 ・経営拡大，強化のための地域間，多国間の枠組みの確立	・域内における経済成長，社会・文化的発展の促進 ・地域における政治・経済的安定の確保 ・域内諸問題に関する協力

(出所)　外務省ホームページ〈http://www.mofa.go.jp/mofaj/index.html〉に基づいて筆者作成。

争の激化につながるため，多国籍企業には柔軟な対応が求められる。

❷ 多国籍企業の戦略的提携

近年，グローバル競争の激化に伴い，自社の経営機能や経営資源だけでは不足する部分を，他社と提携することによって相互に補完する戦略的提携が積極的に行われている。

図表9-7に示されるように[41]，戦略的提携には様々な分類がある。しかし，この分類について，統一的な見解が確立されているわけではない。吉原英樹[2002]は，国際的な戦略的提携に注目し，定義の複雑性を指摘したうえで，国際戦略的提携を「技術，市場の両側面において急速な構造変化を経験しつつある企業や，それに対する迅速なリストラクチャリングを必要とする企業が，国境を越えて他社（組織）と中核分野で協調することにより，スピーディーに技術・市場変化に対応し，競争優位を獲得していくための戦略的な選択肢[42]」と定義した。

多国籍企業の戦略的提携の手段として，M＆A（Merger and Acquisition：合併・買収）が重視されている。M＆Aとは，文字通り，企業間の合併と買収のことである。岸川善光[2006]によれば[43]，合併とは，2つ以上の企業が法的・経

図表9-7　戦略的提携の分類

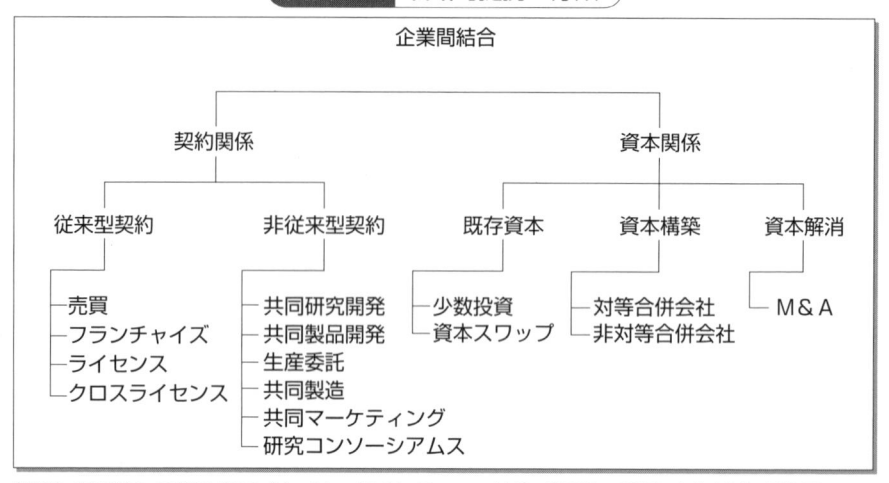

```
                        企業間結合
              ┌────────────┴────────────┐
           契約関係                    資本関係
        ┌─────┴─────┐          ┌───────┼───────┐
     従来型契約　非従来型契約   既存資本　資本構築　資本解消
       │          │            │        │        │
      ─売買     ─共同研究開発  ─少数投資 ─対等合併会社 M&A
      ─フランチャイズ ─共同製品開発 ─資本スワップ ─非対等合併会社
      ─ライセンス ─生産委託
      ─クロスライセンス ─共同製造
                ─共同マーケティング
                ─研究コンソーシアムス
```

(出所) 安田洋史 [1995] 29頁 (Yoshino, M. Y = Rangan, U.S. [1995], 所収) を筆者が一部修正。

済的・組織的に結合して1つの企業になることである。合併には，一方の企業が存続し他が消滅する吸収合併と，双方が消滅し新会社を設立する新設合併がある。他方，買収は，他企業の全部またはその一部を取得することである。

国境を越えたM&Aは，世界の対外直接投資の原動力になっており，所有優位の強化を図るために，魅力的な立地場所に位置している企業の資産を入手するために積極的に行われている[44]。

先述したように，戦略的提携は競争優位を獲得するために有効な手段である。一方，戦略的提携には，①戦略的提携に特有の企業間の「協調」と「競争」という二面性，②文化や言語に関する影響，という2つのリスクが伴う。

❸ 多国籍企業とSCM

今日，SCM（サプライ・チェーン・マネジメント）は，世界を代表する企業の大半において，企業システムの中心に位置づけられている。まず，SCMを実施する際の3つのポイントについて考察する。

① スループットの向上：スループットとは，キャッシュを生むモノの流れである。第3章で考察した経営システムの内，業務システムに該当する。スループットの向上は，利益を生む速度が向上することにつながる。

② ボトルネック（制約条件）の発見・改善：ボトルネックの発見・改善は，スループットの向上と密接に関係しており，ボトルネックの発見・改善がスループットの速度を決定するといっても過言ではない。

③ 企業同士のwin-win関係：サプライチェーン全体が恩恵を享受する企業同士のwin-win関係を構築することによって，予測しない事態に直面しても柔軟な対応が可能となる。

SCMの具体的な効果として，鈴木邦成［2003］は，①高度な情報管理の実現，②品質の向上，③円滑な在庫管理，④対等な企業間関係の構築，⑤コア・コンピタンスの強化，⑥国際標準化への対応，の5点を指摘している[45]。

企業におけるSCMの重要性が高まっている中，特に世界的な視野で活動する多国籍企業には，多数の国境を越え，グローバルな全体最適を目指し，統合的に遂行されるグローバルSCMが要求されている。しかし，唯一の正しいグローバルSCMなど存在しないので，個別のグローバル・ビジネスに適応するSCMを構築しなければならない[46]。

第7章で考察したように，今日の高度情報社会の進展に伴って，インターネットを中心としたICTが急速に発展しつつある。ICTの発展に伴って，SCMからeSCMという新たな動きが生まれつつある。eSCMとは，インターネットをシステムの中核に取り入れたSCMのことである[47]。時代の最先端をいく企業は，eSCMを活用してすでに競争優位を獲得している。多国籍企業は，戦略的提携のみならず，ICTを活用してSCMを構築することによって，グローバルな競争優位を実現すべきである。

5 異文化経営

❶ 異文化経営の意義

多国籍企業は，様々な異文化の中で経営活動を行い，異文化を組織内に内包している。したがって，多国籍企業にとって，異文化経営は，経営管理上極め

て重要な課題である。

　異文化経営について考察する前提として，まず文化についてみてみよう。ホフステッド（Hofstede,G.H.）[1980] は，文化を「1つの人間集団の成員を他の集団の成員から区別することができる人間心理の集合的プログラミング[48]」と定義している。また，同じくホフステッド[1995] は，「文化は遺伝によって伝達されるものではなく，学習されるものである[49]」と述べ，文化が後天的であることを指摘している。

　石井敏＝久米昭元＝遠山淳＝平井一弘＝松本茂＝御堂岡潔編[1997] は，文化を「ある集団のメンバーによって幾世代にもわたって獲得され蓄積された知識，経験，信念，価値観，態度，社会階層，宗教，役割，時間‐空間関係，宇宙観，物的所有観といった諸相の集大成である[50]」と定義した。

　このように，文化とは，特定の人間集団において共有される価値観・信念・規範の集合体であり，国，地域，組織，世代，性別，家族，企業など多くの次元が存在する。グローバル経営において，①国の文化，②企業文化，の2つが特に重要である。

① 国の文化：国の文化とは，国民がそれぞれに持っている多様な価値観と信念，理念と習慣，そして知識と技術など全てを含む巨視的・総合的な概念である[51]。しかし国の中でも様々な民族，宗教，言語などが存在しており，国の文化とひとまとめに理解することはできない。したがって，グローバル経営において，国の文化の多様性だけでなく，宗教の違いなどの文化的多義性も考慮にいれることが不可欠である。

② 企業文化：企業文化とは，「メンバーによって共有された価値や規範および（結果として生じる）思考や行動様式[52]」である。企業文化は，社員に一貫した考えを与え，意思決定を容易にするなど，効率性の向上に寄与する。本社と海外子会社との連携が重要となるグローバル経営において，共有出来る企業文化を構築することは重要な課題であることはいうまでもない。

　次に，異文化経営の定義についてみてみよう。吉原英樹編[2002] は，「異文化経営とは，1つの均質な属性（国籍，文化的背景，言語）ではなく，多民族，多国籍，多言語，多文化の人々が構成する企業を経営しビジネスを行うこ

とである[53]」と定義した。

　異文化経営の目的として，第一に，文化的リスクを最小化することがあげられる。異文化問題は，共通認識であるコンテクストの違いに起因するコミュニケーション・ギャップや人的資源管理のあり方など，価値観・信念・規範の相違から生じることが多い。文化的リスクを最小化することができないと，異文化問題は今後も多発することは間違いない。

　第二の目的として，文化的多様性を最大限に活用することがあげられる。文化的多様性を活用することによって，グローバルなイノベーションが実現し，環境の変化や環境の多様性に柔軟に対応できると考えられている。したがって，文化的リスクを最小化しつつ，文化的多様性のメリットを最大化することが異文化経営の目的といえる。

❷ 異文化マネジメント

　上述した異文化経営の目的を果たすためには，組織，集団，個人の各レベルにおける適切な異文化マネジメントを行わなければならない。特に，①異文化インターフェース，②文化的多様性の管理，の2つが重要な課題である。

① 　異文化インターフェース：異文化インターフェースとは，異なる文化と文化が接する場のことである。異なる文化的背景をもつ人間間の相互作用が重要な意味をもつ海外子会社などは，まさに文化と文化が接する場であり，異文化インターフェースの典型といえる。

　　異文化インターフェースでは，日本人のアナログ指向（感性による全体的なバランスで判断するアプローチ）と，欧米人のデジタル指向（定義を明確にし分析・論理を重視したアプローチ）の間の知覚ギャップが，各種問題の発生原因となっているという研究もある。この知覚ギャップを埋めることは，コミュニケーション・ギャップや人的資源管理問題の解決につながるため極めて重要である。解決の具体策として，1）世界共通語である英語のような明確な言語の使用，2）意識とは裏腹の関係にある無意識の表れである非言語コミュニケーションの習得が必要である[54]。

② 　文化的多様性の管理：文化的多様性をどのように認識するかが，異文化経

営の成功の鍵を握っている。文化的多様性には，メリットとして，多様な視点を活かした相乗効果としての「異文化シナジー」が生み出されること，デメリットとして，意思の統一が困難であることなどを認識しておかなければならない。

これらを踏まえて，文化的多様性の管理を行うことによって，文化的多様性のメリットを享受しつつ，デメリットを最小化することができる。文化的多様性を正しく管理し，組織内に異質な複数の文化を内包することによって異文化シナジーを生み出すことは，異文化経営を進める上で重要な鍵となる。

❸ 組織と個人の異文化マネジメント

文化的多様性に適した組織体制を整えないと，適切な異文化マネジメントを行うことはできない。図表9-8に示されるように，アドラー（Adler,N.J.）[1991]は，文化的多様性とグループの発展段階として，①参加，②作業，③行動，の3段階をあげている[55]。図表9-8に示されるように，参加段階と行動段階において，文化的多様性の管理が困難になる。したがって，組織レベルの異文化マネジメントとして，いかにして参加段階と行動段階における文化的多様性のデメリットを最小化しつつ，作業段階における文化的多様性のメリットを最大化するかが重要となる。

このメリットを享受するには，異なる文化的背景を持ったヒトに対して，オープンな組織であることが前提条件となる。つまり，多国籍企業におけるさらなる発展のためには，海外の優秀な人材を獲得し，活用していく内なる国際化

図表9-8　文化的多様性とグループの発展段階

段階	プロセス	多様性の管理	プロセスの基礎
参加：グループ形成	信頼感の醸成より困難 （一体感の育成）	より困難	相違点の利用と理解
作業：問題の規定と分析	アイディア化 （アイディアの創造）	より容易	相違点の活用
行動：意思決定と実行	合意の形成 （賛同と行動）	より困難	類似点の認識と創造

（出所）　Adler,N.J.[1991] 訳書137頁。

が必要である。内なる国際化とは，吉原英樹［1996］によれば，「日本の親会社の意思決定の過程に外国人が参加していること，あるいは外国人が参加できる状態にあること[56]」である。わが国において，現地と本社における国際化の遅れにより，外国人の経営への参加を阻害しているのが現状である。しかし，楽天が社内の公用語を英語にすることを発表したように，今後，わが国における多くの企業が内なる国際化に向け動き出していくことが予測される。

次に，個人レベルの異文化マネジメントについて考察する。個人レベルの異文化マネジメントを併行しないと，現場の文化的多様性のメリットは享受できない。そのため，積極的に異文化トレーニングを行っていくことが重要となる。

海野素央［2002］によれば，異文化トレーニングは，一般的に，認知，感情，行動の3つの局面に焦点を当てるプログラムを組むことができる[57]。

① 認知的局面：参加者は，ステレオタイプおよび自文化中心主義的な態度が他文化の人々とのコミュニケーションをどのように阻害するのかを理解し，文化的相違性と類似性を認識し，文化的気づき度（文化的認知度）を高める。

② 感情的局面：文化的背景の異なった人々と接触する際に起こるフラストレーション，嫌悪，怒り等の否定的な感情的反応を効果的にマネジメントすることができる。

③ 行動的局面：異文化環境で適切な行動をとるための適切なアイ・コンタクトの仕方，対人距離の取り方をはじめとして，フィードバック，コンテクスト度の調整，パラダイムの転換まで様々なスキルを習得する。

個人レベルの異文化マネジメントを行うためには，社員に対する動機づけから意思決定に至るまで，幅広い役割を担っている異文化マネジャーが必要である。江夏健一＝桑名義晴編［2006］は，異文化マネジャーの要件として，①異なる価値観を受け入れることができる，②異文化環境において的確な状況判断ができる，③異文化環境において理解可能な指示がだせる，④本社と海外子会社をつなぐキーパーソンになれる，⑤業務遂行のための管理能力がある，の5つをあげている[58]。異文化マネジャーは，グローバル経営において，極めて重要な重役割を担っているといえよう。

6 グローバル化の課題

❶ リスク・マネジメント

　企業は，経営のグローバル化により，新たなビジネスチャンスの拡大とともに，様々なリスクの拡大にも直面する。グローバル経営では，国内における企業活動では経験することの少ない次のようなリスクが存在する[59]。
① 　経済的リスク：金利，為替レート，経済圏，外資政策，インフラストラクチャー，資本市場,消費性向,購買力,経済成長率,投資などに関わるリスク。
② 　政治的リスク：暴動，テロ，革命，戦争，人権，人種差別，地域主義，ブロック化，官僚支配，民族，領土などに関わるリスク。
③ 　技術的リスク：基礎技術，製造技術，管理技術，情報技術，科学技術水準，技術者などに関わるリスク。
④ 　文化的リスク：言語，宗教，習慣，地勢などに関わるリスク。
⑤ 　その他のリスク：人口，環境問題などに関わるリスク。

　上述したように，グローバル経営には，様々なリスクが存在する。しかし，多国籍企業にとって最大のリスクとなるのは，上述したすべてに関わるカントリーリスクである。カントリーリスクとは，企業が海外で事業を行う場合や，海外の企業に貸し付けを行う場合に，戦争やテロなどの政治情勢の変化，あるいは国有化，海外送金や輸出許可の停止などの経済政策の変化などによって，企業が大きな損害を被るリスクである。誘拐や身代金の要求など現地社員の治安問題や自然災害もカントリーリスクに含まれる。

　近年では，2011年のタイの大洪水の影響で，トヨタやホンダをはじめとする自動車関連企業が浸水による生産不能，また部品調達不能によって操業停止に追い込まれた。タイは低コストで高品質の部品を調達できるので，ASEANの中で最も自動車関連企業が集積しており，予期せぬ洪水は東日本大震災に続く大きな痛手となった。

第9章　グローバル経営

経営のグローバル化は，リスクの観点からみれば，上であげた様々なリスクとの戦いである。したがって，グローバル化から得られるチャンスを失わないためにも，リスク・マネジメントのノウハウを組織的に修得することが必要不可欠である。

❷ 人的資源管理

グローバル経営において，国内企業の人的資源管理とは異なる枠組みである国際人的資源管理（International Human Resource Management：以下，IHRM）という言葉が注目されるようになった。IHRMとは，図表9-9に示されるように[60]，国内の人的資源管理の枠組みに加えて，多国籍企業が活動する「国」と「従業員の分類」の次元を組み込んだものである。つまり，ヒトという経営資源の活用におけるグローバル最適化を目指した概念といえる。

IHRMについて考察する場合，「現地適応」と「グローバル統合」の両者のバランスが問題となることが多い。企業のグローバル化における現地適応を考える場合，海外派遣者の役割が非常に重要になる。海外派遣者の役割は，次の3つに分類することができる[61]。

① 技術移転の担い手としての役割：本社が保有する経営手法，生産技術，マーケティングのノウハウなどの知識を伝達し，教育・訓練を通じて海外拠点に浸透，普及させること。

図表9-9　Morganの国際人的資源管理モデル

《人的資源管理の諸機能》：人事計画／配置／業績評価／人材教育／採用・処遇／企業内コミュニケーション／その他

《従業員の分類》：現地従業員（Local Nationals）／本国従業員（Parent Country Nationals）／第三国籍従業員（Third Country Nationals）

《国》：現地国／本国／その他の国

（出所）Morgan, P.V. [1986] p.44に基づいて筆者が一部修正。

② 海外子会社の経営者としての役割：本国とは異なった環境のもとで，現地国の経営資源を活用して，計画を実行し，経営目標を達成させること。
③ 本社の海外戦略の重要な担い手としての役割：異なった環境に存在する異質な組織同士を連結し，統一的な組織体として機能するように海外拠点を導くこと。つまり，本社の海外拠点との橋渡しとしての役割である。

　グローバル経営における人的資源の開発の重要性はますます増加しており，長期的な視点に立って，必要な人材を早期に育成することができるかどうかがグローバルな人的資源管理の重要なポイントといえる。また，世界中の多様なヒトという経営資源をうまくグループ全体として統合し，それぞれの環境に適応できるように開発・育成することによって，グローバル最適化の実現が可能になる。

❸ BOPビジネス

　プラハラード（Prahalad, C.K.）［2005］によれば，BOP（ボトム・オブ・ザ・ピラミッド）とは，1日2ドル未満で暮らしている経済ピラミッドの底辺にいる40億人以上（世界人口の7割）の人々のことである[62]。この層を対象として，現地における様々な社会的課題（水，生活必需品，サービスの提供，貧困削減等）の解決を期待されているビジネスをBOPビジネスという[63]。

　BOPはいわゆる貧困層であり，国連ミレニアム開発目標で定められた「貧困削減（2015年までに1日1ドル以下で暮らす人の人口を半減する）」を達成するためには，このBOP層へのビジネスが重要である[64]。これまでBOP層は，支援や搾取の対象とされてきたが，実際はわが国のGDPに相当する5兆ドルの市場規模があり，かなりの潜在的購買力を有する。

　途上国において，企業が単独でBOPビジネスを実施することは困難である。しかし，2009年には経済産業省が，2010年度からJICAが，BOPビジネスの促進に取り組んでいる。BOP層が中間層になってから顧客に取り込むのでは遅いので，頼もしいバックアップがある今，この市場を制することは将来の大きな市場シェアを獲得するために必要である。グローバル経営にとって，社会的課題の解決は，今後の大きな方向性の1つといえよう。

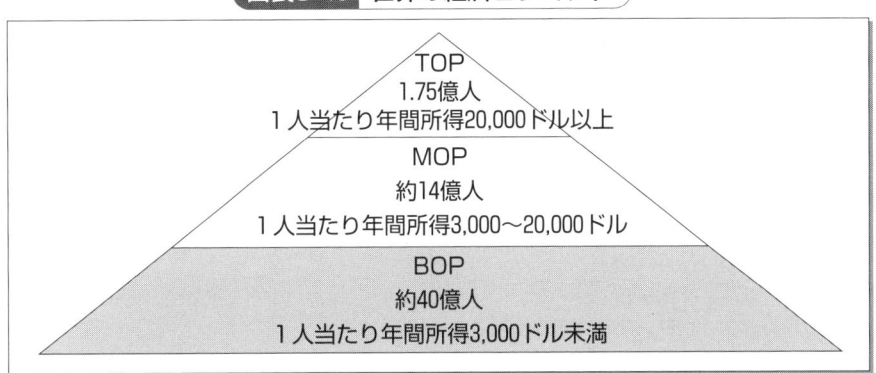

第9章　グローバル経営

図表9-10　世界の経済ピラミッド

```
        TOP
       1.75億人
  1人当たり年間所得20,000ドル以上
        MOP
       約14億人
  1人当たり年間所得3,000～20,000ドル
        BOP
       約40億人
  1人当たり年間所得3,000ドル未満
```

(注)　①TOP：Top of Pyramid，高所得層
　　　②MOP：Middle of Pyramid，中間層
　　　③BOP：Base of the Pyramid，BOP層
(出所)　経済産業省＝厚生労働省＝文部科学省編［2009］111頁，小林慎和＝高田広太郎＝山下達郎＝伊部和晃［2011］51頁に基づいて筆者作成。

---

1) OECD［1972］1頁。
2) 吉原英樹［2005］12頁。
3) 吉原英樹［2011］25頁を筆者が一部修正。
4) 山崎清＝武田志郎［1993］17頁。
5) 吉原英樹［2005］236頁。
6) 同上書236頁。
7) 竹村健一編［2006］7頁。
8) 吉原英樹［2005］138頁。
9) 同上書146頁。
10) Jones,G.［2005］訳書355頁を筆者が一部修正。
11) 浅川和宏［2003］5頁。
12) 吉原英樹［2005］218頁。
13) Lovelock,C.＝Wirtz,J.［2008］133頁を筆者が一部修正。。
14) 吉原英樹編［2002］103頁を筆者が一部修正。
15) Looy,B.V.＝Gemmel,P.＝Dierdonck,R.V.［2004］29頁を一部削除。
16) 伊藤賢次［2000］105-106頁を筆者が一部修正。
17) 佐藤憲正［2005］24頁。
18) 同上書24頁。
19) 江夏健一＝桑名義晴＝岸本寿生編［2008］186頁を一部修正。
20) 松本芳男［2006］266頁。
21) 加護野忠男＝吉村典久［2006］124頁。
22) Looy,B.V.＝Gemmel,P.＝Dierdonck,R.V.［2004］訳書643頁
23) 大東和武司［1999］199頁。

24）梶浦雅己［2006］6頁。
25）岸川善光［1999］221頁。
26）德重昌志＝日高克平編［2003］256頁を筆者が一部修正。
27）Vernon,R.［1971］訳書4-26頁を筆者が一部修正。
28）Bartlett,C.A.＝Goshal,S.［1989］訳書18-24頁を筆者が一部修正。
29）Vernon,R.［1971］訳書71-85頁を筆者が一部修正。
30）経済企画庁調査局編［1990］257頁を筆者が一部修正。
31）片山修［2011］26-36頁を筆者が一部修正。
32）岸川善光［2002］227頁。
33）岸川善光［1999］228頁。
34）磯辺剛彦＝牧野成史＝クリスティーヌ・チャン［2010］153頁を筆者が一部修正。
35）岸川善光［1999］229頁を筆者が一部修正。
36）岸川善光［1999］229頁。
37）宮澤健一［1988］8頁。
38）植草益［2000］5頁を筆者が一部修正。
39）浅川和宏［2003］270頁。
40）外務省ホームページ（http://www.mofa.go.jp/mofaj/index.html）に基づいて筆者作成。
41）安田洋史［1995］29頁。（Yoshino,M.Y.＝Rangan,U.S.［1995］所収）を筆者が一部修正。
42）吉原英樹編［2002］201-202頁．
43）岸川善光［2006］160頁。
44）Jones,G.［2005］訳書209頁を筆者が一部修正。
45）鈴木邦成［2003］64-86頁を筆者が一部修正。
46）山下洋史＝諸上茂人＝村上潔［2003］42頁を筆者が一部修正。
47）鈴木邦成［2003］60頁。
48）Hofsted,G.H.［1980］訳書12頁を筆者が一部修正。
49）Hofsted,G.H.［1991］訳書5頁を筆者が一部修正。
50）石井敏＝久米昭元＝遠山暁＝平井一弘＝松本茂＝御堂園潔編［1997］42頁。
51）折橋靖介［2003］160頁を筆者が一部修正。
52）松村洋平編［2006］4頁。
53）吉原英樹編［2002］216頁。
54）池田理知子編［2010］66頁。
55）Adler,N.J.［1991］訳書136-138頁。
56）吉原英樹［1996］10頁。
57）海野素央［2002］179頁を筆者が一部修正。
58）江夏健一＝桑名義晴編［2006］212頁。
59）岸川善光［1999］231頁。
60）Morgan,P.V.［1986］p.44に基づいて筆者が一部修正。
61）井沢良智＝八杉哲［2003］145頁。
62）Prahalad,C.K.［2004］訳書27頁を筆者が一部修正。
63）経済産業省＝厚生労働省＝文部科学省編［2009］111頁，小林慎和＝高田広太郎＝山下達郎＝伊部和晃［2011］51頁に基づいて筆者作成。
64）アジア経済研究所編［2009］2頁を筆者が一部修正。

第10章 経営管理論の今日的課題

本章では，経営管理論の今日的課題について考察する。紙幅の都合もあり，本書では独立した章として扱うことはできなかったものの，近い将来，テキストの独立した章として記述されるかも知れない重要なテーマを5つ選択した。

第一に，知的財産権について考察する。まず，知的財産権に関して，知的財産権の定義，知的財産権の種類，わが国の知的財産戦略について理解する。次いで，特許戦略，ブランド戦略など今後の課題について理解を深める。

第二に，サービス・マネジメントについて考察する。まず，サービスの定義，サービス産業の特性を理解する。次いで，サービス・マネジメントの課題について理解を深める。サービス・マネジメントの対象であるサービス・ビジネスに関する理解が重要である。

第三に，M&Aについて考察する。まず，M&Aの定義，背景，目的について理解する。次いで，M&Aの課題に言及する。具体的には，戦略的提携など他の参入戦略と比較しつつ，M&Aの利点・欠点を理解する。

第四に，環境経営について考察する。まず，環境経営に関する企業の取組み姿勢の変化について理解する。次いで，環境先進企業の特徴などを踏まえて，今後の課題に言及する。

第五に，経営管理教育について考察する。経営管理教育において，「理論と実践の融合」が重要であるが，日本における経営管理教育は，未だに座学が主とされており，多くの問題点を抱えている。次いで，米国のビジネス・スクールと対比しながら，今後の課題について理解を深める。

1 知的財産権と経営管理

❶ 現　状

　知的財産権とは,「人間の知的・精神的活動による創作物（著作物, 発明, 実用新案, 意匠, 植物新品種, 営業秘密等), および営業上の標識（商標, サービスマーク, 商号, 原産地表示等) に関する保護法制の総称[1]」である。すなわち, 知識から得られる創作物を財産と認定し, その所有者を保護する権利である。

　長岡貞男［2001b］は, 図表10-1に示されるように[2], 知的財産権の種類とその内容について体系的にまとめている。

　知識社会に変質しつつある現在, 競争優位の獲得において, 知的財産は極め

図表10-1　知的財産権の種類

	特　許	実用新案	意　匠	著作権	商　標	営業秘密
保護対象	発明	考案（特許ほど高度でない発明）	意匠（商品のデザインなど）	著作物（プログラムなど）	商品の商標	ノウハウなど
主たる保護要件	・新規性 ・進歩性 ・登録	・新規性 ・進歩性 ・登録	・新規性 ・創作非容易性 ・登録	・創作	・誤認を生じさせないこと ・登録	・秘密保持のための管理 ・事業活動に有用
保護期間	出願日から20年	出願日から6年	登録日から15年	著作者の死後50年	登録日から10年だが更新可能	無制限
ディスクロージャー	出願・公開制度	出願・公開制度	3年内の秘密意匠制度あり	頒布	出願公告	業務なし
保護内容	発明の実施の専有	考案の実施の専有	意匠の実施の専有	複製権の専有など	商標の使用の専有	秘密の維持
他企業の権利	ライセンスがなければ同じ技術を使えない	同左	同左	アイデアの利用は可 公式使用（アメリカ）		リバース・エンジニアリングは可

（出所）　長岡貞男［2001b］335頁。（一橋大学イノベーション研究センター編［2001b], 所収)

第10章 経営管理論の今日的課題

て重要な課題になりつつある。しかし，米国など諸外国の企業と比較すると，わが国の企業は，知的財産の保護や蓄積という点で大きく出遅れている。

米国では，1970年代後半から1980年代にかけて，知的財産に関して国家的な戦略として取り組み，産業競争力における再生に成功した。具体的には，米国では，知的財産権の保護や強化を図ることを目的として，「プロパテント政策（特許重視政策）」を実施し，大きな成果をあげたのである。

わが国政府は，2002年2月25日，知的財産立国を目指して，知的財産戦略会議を設置した。この会議の設立の趣旨は，「わが国産業の国際競争力の強化，経済の活性化の観点から，知的財産の重要性が高まっている。このため，わが国として知的財産戦略を早急に樹立し，その推進を図ることを目的とする」というものである。

経済産業省が設置した「産業競争力と知的財産を考える研究会」は，2002年6月5日に，次の4点を重要課題として提言した[3]。
① 知的創造時代を担う人的基盤の構築
② 大学・研究機関における知的財産の一層の創出，蓄積
③ 企業経営における知的財産の積極的活用
④ 海外における知的財産の保護強化

知的財産権に関わる技術紛争を裁く知的財産権に特化した高等裁判所も設置された。このように，知的財産の保護や蓄積という面での遅れを取り戻すために，各方面における動きがはじまったばかりではあるものの，知的財産権の重要性に関する認識は大きく進展しているといえよう。

❷ 今後の課題

近年，ナレッジ・マネジメント（knowledge management）の重要性が，様々な局面で指摘されている。寺本義也［1999］によれば，ナレッジ・マネジメントとは，複雑化する業務，製品開発，組織構造の中で，企業がナレッジ（知識）を活用し，知識による新しいビジネスや新しい価値の創造を生み出すように導く組織能力のことであり，そのために必要なのが個人と個人が出会い，専門的な知識や高度な知識が相互作用する"場"をデザインすることである[4]。

ナレッジ・マネジメントが台頭してきた背景について，野中幾次郎＝紺野登 [1999] は，次の2つの大きな力が働いていると述べた[5]。

① 　企業の内部資源への注目：企業が従来の「環境適応型」の経営戦略に限界を感じ，外向きの戦略策定に注力する前に，立ち止まり，自社の内側に目を向けた。そのことが，知識を重視する基盤を作った。

② 　知識・デジタル経済への注目：アジルな競争とは，本質的に知識を刻々と変化する市場機会と俊敏に結びつけて価値を生み出すことである。企業の知識資産と知識経済の結合が，成長力の源泉として認識されるようになった。

　今後，ナレッジ・マネジメントを推進する場合，知識の種類を明確にしておく必要がある。野中幾次郎＝紺野登 [1999] は，図表10-2に示されるように[6]，知的資産を機能的分類と構造的分類のマトリックスによって分類している。

　ナレッジ・マネジメントの実務面での中核的な課題としては，①特許戦略，②ブランド戦略，の2つがあげられる。

図表10-2　知的財産の分類

構造＼機能	経験的知識資産	概念的知識資産	定型的知識資産	常設的知識資産
市場知識資産（市場・顧客知）	・顧客が製品やサービス，企業について使用経験から学習された知識 ・流通ネットワークが製品やサービス，企業について持つ学習された知識	・ブランド・エクイティ ・企業の評価	・顧客や流通との契約関係（権利，ソフトウェアの利用許諾など） ・メンバー登録された顧客についての情報内容（利用歴やカルテ）	・顧客とネットワーク（消費者モニターなど），交流により獲得される知識 ・流通ネットワークを通じて獲得される市場・顧客に関する知識
組織的知識資産（組織・事業知）	・従業員の持つ総合的知識・能力 ・特定の専門職の持つコアとなる知識・能力	・製品開発・企画・デザインに関する知識・能力 ・品質に関する知識	・ドキュメント資産（共有再利用可能文書），マニュアル（定型化ノウハウ） ・知識ベースシステムの情報内容	・組織の学習に関する制度（教育プログラムや訓練ノウハウ） ・コミュニケーション・システムなどを通じて組織内に流通している知識（電子メールの内容など）
製品ベース知識資産（製品・科学知）	・製品やサービスに関する共有可能なノウハウ ・製品の製法などの伝承されている熟練的知識（組織との境界は曖昧）	・製品コンセプト（市場化製品および開発中製品のコンセプトの質と量） ・製品デザイン（モデル，プロトタイプなどを含む）	・特許知財となる技術・ノウハウ・著作物 ・技術・ノウハウに関するライセンス	・製品の使用法などの製品特定の補完的知識製品を取り巻く社会的・法的な知識活用のシステム（環境問題，PLなどのプログラム）
	暗黙知≫形式知	暗黙知≧形式知	形式知≫暗黙知	形式知≧暗黙知

(出所)　野中郁次郎＝紺野登 [1999] 135頁。

特許戦略は，企業の競争優位の源泉として，技術的独占を確保することを目的としており，技術開発戦略，研究開発戦略と表裏一体の関係にある。

　できる限り迅速にかつ多数の特許権を取得することは，当然重要なことであるが，実際の特許権申請に際しては，①競合企業による研究開発の追随や新製品情報の察知を回避するために，最小限の技術情報しか公開しない，②具体的な生産に関わるノウハウなどを隠蔽するために，核心的な技術は直接申請せず，それへの道を閉ざすような形で周辺の特許を申請する，③将来の技術開発の独占可能性に広く網をかぶせる，など多くの戦略的な対応が試みられている。すなわち，特許の公式取得と技術の秘密化・非公開化の両方の組合せの最適化を図ることが重要である。

　ブランド戦略とは，ブランドの設定によって自社の製品やサービスに対する顧客の認知度を高めて，さらに選好度も向上させ，購買を促進して他社の製品よりも競争優位を獲得する戦略である。ちなみに，コトラー＝アームストロング（Kotler,P.＝Armstrong,G.）[2001]によれば，「ブランドとは，売り手の製品やサービスを識別し，競争企業との差別化を意図する名称，言葉，記号，シンボル，デザイン，またはそれらの組合せのことである[7]」。

　上述した特許戦略，ブランド戦略など，知的財産権にかかわる課題は，今後の経営管理の分野において，ますます重要度を増すであろう。

2　サービス・マネジメント

❶ 現　状

　わが国のサービス産業（広義）は，すでに日本経済の約7割（GDP・雇用ベース）を占めており，今後もわが国の経済活動を支える中核産業として期待されている。しかし，日本の大学におけるサービス産業関連科目（サービス産業論，サービス・ビジネス論，サービス・マネジメント論，サービス・マーケティング論など）の設置状況は，まだ極めて低い状況にある。

サービスという用語は，清水滋［1968］が指摘するように，①情緒・精神的次元（サービス精神，奉仕，奉公），②態度的次元（接客態度，環境），③犠牲的次元（出血サービス），④付帯的次元（性能，品質等の基本的なもの以外），⑤業務的次元（無形財の提供）など，様々な次元で用いられるため，多くの誤解や偏見が生じている。

　経営管理論でサービスを取り上げる場合，無形財の提供という業務的次元が大半であろう。財には，有形財と無形財があり，サービスは無形財の提供に他ならない。無形財の提供に伴う取引は，所有権の移転を伴わない。

　サービスの定義は，様々な研究者によって，様々な観点から試みられている。定義に関する鍵概念を整理すると，①無形財，②活動・便益，③財貨の所有権の移転以外の市場取引対象，④非財貨生産活動，などがあげられる[8]。

図表10-3　サービス産業の問題点

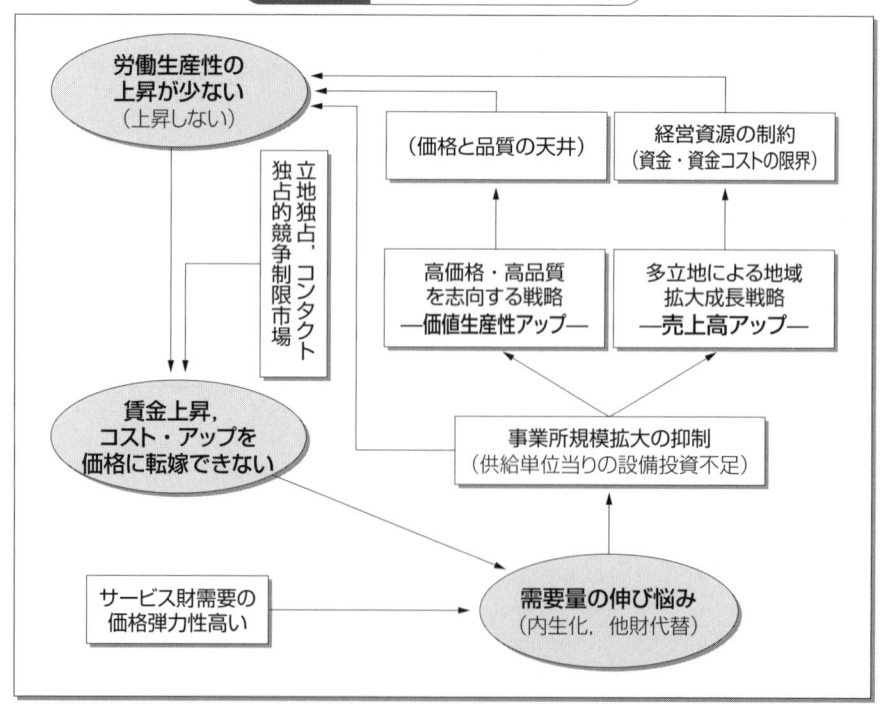

```
       ┌─労働生産性の──────────────────────┐
       │　上昇が少ない │                              │
       │　（上昇しない）│                              │
       │              │ （価格と品質の天井）  経営資源の制約 │
       │              │                      （資金・資金コストの限界）│
       │    立地独占・ │                              │
       │    独占的競争 │  高価格・高品質    多立地による地域
       │    制限市場   │  を志向する戦略    拡大成長戦略
       │    コンタクト │  ―価値生産性アップ―  ―売上高アップ―
       │              │        ↑              ↑
       ↓              │        └──────┬───────┘
   賃金上昇，          │              事業所規模拡大の抑制
   コスト・アップを　　│             （供給単位当りの設備投資不足）
   価格に転嫁できない　│                      ↑
                      │                 需要量の伸び悩み
   サービス財需要の    └───────→（内生化，他財代替）
   価格弾力性高い
```

（出所）　野村清［1983］148頁を筆者が一部修正。

野村清［1983］は，サービスについて，①利用可能な諸資源が有用な機能を果たすその働き，②利用可能な諸資源が使用価値を実現する過程，と定義しており，機能面に着目した一貫した視点を提供している[9]。

　サービス産業の経営には，サービスの特質に起因して，図表10-3に示されるように[10]，①需要量の伸び悩み，②労働生産性の上昇が少ない，③賃金上昇，コスト・アップを価格に転嫁できないなど，従来の伝統的産業（製造業など）にはみられない独特の問題点が存在する。

❷ 今後の課題

　野村清［1983］は，サービス産業における研究課題として，①サービスとは何か，②サービスと物はどこが違うのか，③サービスにまつわる現象にはどんな特色があるのか，④サービス産業に特有の経営問題とは何か，⑤サービス産業に利用可能な戦略技法は何か，⑥サービス産業は今後どのような道を目指すべきか，という6つを示した[11]。この6つの研究課題は，サービス・マネジメント論の今後の課題とも全く一致する。

　サービス産業における経営管理について考える場合，サービス財の特質を踏まえた経営管理でなければ意味がない。野村清［1983］は，図表10-4に示されるように[12]，上述した問題意識に基づいて，サービス財の特質と基本戦略を図示した。

　まず，図表10-4に基づいて，サービスの本質的特性および基本特性についてみてみよう。

〈本質的特性〉

① 時間・空間の特定性：サービスは，ある特定の時間の，ある特定の空間における，機能の実現過程であるので，サービス財には，必ず時間と空間が特定される。

② 非自存性：サービス財は，それ自身だけでは存在できない。サービス主体とサービス対象の両者が存在してはじめてサービス財が存立する。

〈基本的特性〉

① 非貯蔵性：サービス財は，時間・空間が特定され，サービス主体とサービ

図表10-4 サービス財の特徴と基本戦略

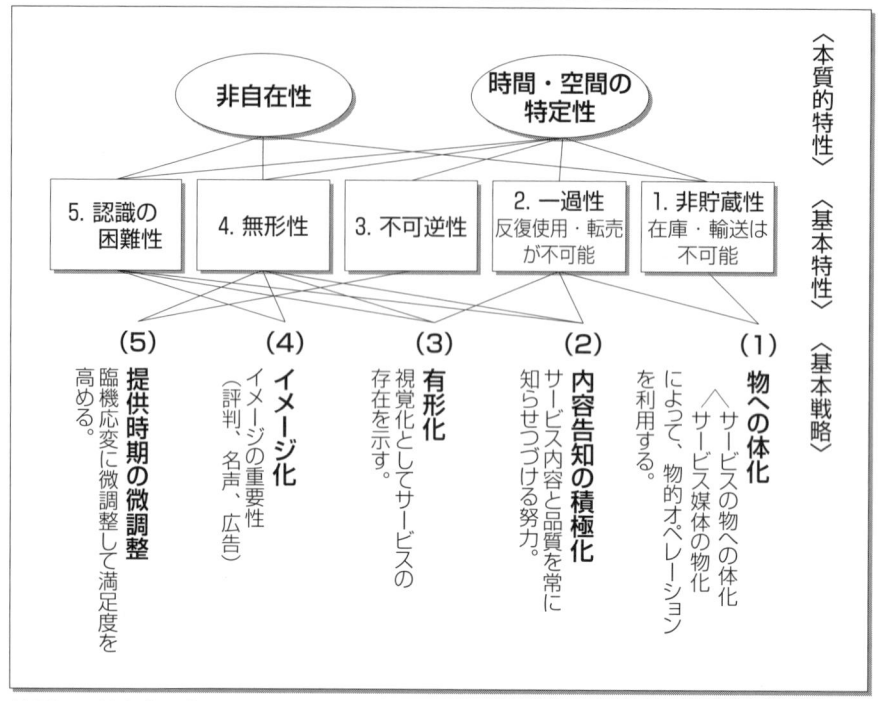

```
                    非自在性           時間・空間の
                                        特定性

〈本質的特性〉

5. 認識の    4. 無形性    3. 不可逆性    2. 一過性         1. 非貯蔵性
   困難性                              反復使用・転売      在庫・輸送は
                                       が不可能           不可能

〈基本特性〉

(5)          (4)         (3)          (2)              (1)
提供時期の    イメージ化   有形化       内容告知の        物への体化
微調整                                 積極化
臨機応変に    イメージの   視覚化として  サービス内容と    サービスの物への体化
微調整して    重要性       サービスの    品質を常に知ら   〈サービス媒体の物化〉
満足度を     （評判、名声、存在を示す。  せつづける努力。 によって、物的オペレー
高める。     広告）                                     ションを利用する。

〈基本戦略〉
```

（出所） 野村清［1983］193頁を筆者が一部修正。

ス対象が出会わなければ存立しないので，サービス財の在庫はできない。

② 一過性：サービス財は，ある特定の時間に存在し，終わると消失する。反復使用，転売などはできない。

③ 不可逆性：サービスが提供されると，それを元に戻すことはできない。

④ 無形性：サービス財は，行為，活動，機能として把握され，有形財と異なり，固定的な形がない。

⑤ 認識の困難性：サービス品質などサービス財に関する認識，特に事前の認識は困難である。

次に，サービスの本質的特性および基本特性を踏まえて，図表10-4に基づきつつ，サービス産業における今後の経営管理の課題について考察する。

① 物への体化：マッサージというサービスにおけるマッサージ・チェアの開

発に見られるように，物に体化することによって，時間的・空間的なアローワンスをとることが可能になる。

② 内容告知の積極化：サービスの基本的特性の1つである「認識の困難性」を克服するために，サービス財の内容を事前に告知する。大学の教育サービスにおける「シラバス」の事前公表などはこれに該当する。

③ 有形化：視覚化によって，無形のサービス財を有形化し，サービス財の存在を示す。

④ イメージ化：サービス財もマーケティングが重要であり，評判や名声を高めるイメージ戦略が必要不可欠である。シンクタンクなどにおけるTV出演や新聞寄稿などはこれに該当する。

⑤ 提供時期の微調整：サービス財の特性を逆手にとって，提供時期の微調整を行うことにより，顧客満足を高める。

サービス産業の経営管理において，大きな方向性として，「サービスの工業化」を実現することが必要である。多くの製造業が取り組んだ「分業化」「機械化」「システム化」「ブランド化」などは，サービス産業においても必要不可欠である。また，「需給バランスの調整」も重要な課題である。「需給バランスの調整」には，シーズン料金による需給コントロール，パート利用による供給能力コントロール，などが欠かせない。

さらに，「サービス・マネジメント」の確立が必要不可欠である。品質管理，人的資源管理，顧客との協働など，サービス財の特性に合致したサービス・マネジメントの確立は喫緊の課題である。

ラブロック＝ライト（Lovelock,C.＝ Wright,L.）[2002] は，統合的サービス・マネジメント（integrated service management）の8要素（8 Ps）として，①プロダクト要素（product element），②場所と時間（place and time），③プロセス（process），④生産性とクォリティ（productivity and quality），⑤人的要素（people），⑥プロモーションとエデュケーション（promotion and education），⑦フィジカル・エビデンス（physical evidence），⑧サービスの価格とその他のコスト（price and costs of service），をあげているが[13]，これらを組み合わせて，早期に統合的サービス・マネジメントを確立することが重要である。

さらに，サービス産業における新サービス，新ビジネス・モデルの開発など，サービス産業におけるイノベーションの推進も必要不可欠な課題である。このように，サービス産業における経営管理には多くの課題が山積している。

サービス産業（広義）は，すでに述べたように，日本経済の約7割（GDP・雇用ベース）を占める中核産業である。にもかかわらず，多くの課題が山積したままになっている大きな理由として，大学におけるサービス関連科目の設置率が低いことがあげられよう。さらに，サービス・マネジメントの対象であるサービス・ビジネスに対する研究そのものが進展していないことがあげられる。

岸川善光編［2011］は，サービス・ビジネスについて，①サービス・ビジネスの意義，②サービス・ビジネス論の生成と発展，③サービス・ビジネスの体系，④サービス・ビジネスにおける経営戦略，⑤サービス・マーケティング，⑥顧客価値の創造，⑦サービス・ビジネスにおける組織マネジメント，⑧サービス・ビジネスを取り巻く環境，⑨サービス・ビジネスのイノベーションと情報化，⑩サービス・ビジネス論の今日的課題，の10点について考察しており，サービス・マネジメントの深耕に有益であると思われる[14]。

3 M&A

❶ 現　状

近年，経営管理において，M&A（Merger and acquisition）の重要性が急激に増大している。M&Aとは，文字通り合併・買収のことである。従来，わが国におけるM&Aは，企業の乗っ取りというイメージが広く社会に浸透し，経営管理の主流にはなり得なかった。ところが，現在では，経営資源の外部調達の方法として脚光を浴びている。

M&Aの内，合併は2つ以上の企業が法的・経済的・組織的に結合して1つの企業になることである。合併には，一方の企業が存続し他方が消滅する吸収合併と，双方が消滅し新会社を設立する新設合併がある。

図表10-5　M&Aのプロセス

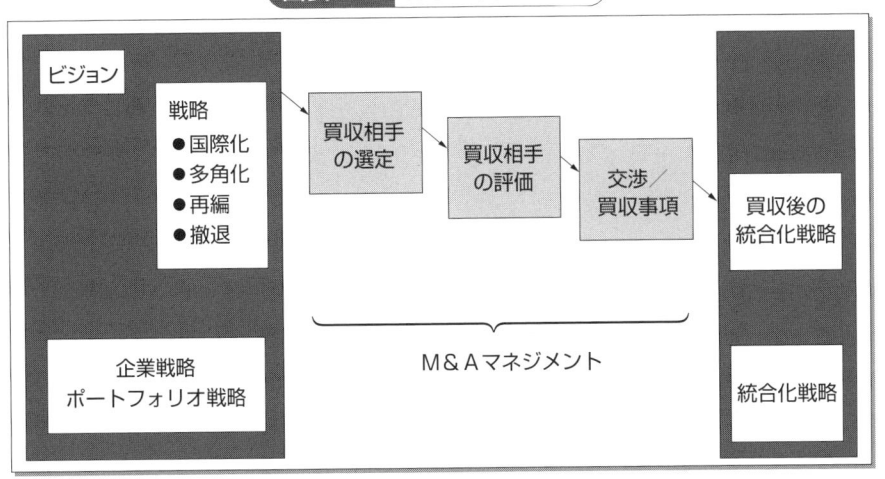

```
ビジョン
戦略
 ●国際化
 ●多角化
 ●再編
 ●撤退
          買収相手    買収相手    交渉／        買収後の
          の選定  →  の評価   →  買収事項       統合化戦略

企業戦略              M&Aマネジメント                統合化戦略
ポートフォリオ戦略
```

(出所)　ボストン・コンサルティング・グループ (BCG)［1990］163頁。

　他方，買収は，他企業の全部またはその一部を取得することであり，営業譲渡によるものと，株式取得によるものがある。株式取得は他企業を支配する目的のために必要な株式を取得し，子会社とすることである。株式取得には，株式譲渡（相対取引，公開市場での株式買付），TOB（株式公開買付），新株引受け（株主割当増資，第三者割当増資，転換社債，ワラント債）がある。

　M&Aの背景として，岸川善光［2006］によれば，世界的な潮流として，規制緩和や税制改革，独禁法改革・緩和，事業プラットフォームの革新に対する迅速な対応，投資機会の枯渇による資金過剰対策，事業の再編・再構築などがあげられる[15]。

　また，M&Aの目的として，①新事業分野への進出，②製品力の向上，③市場支配力の拡大，④海外市場の獲得，⑤研究開発力の強化，⑥多角化によるシナジーの実現，⑦生産コストの削減，⑧管理費の削減など，が考えられる[16]。

　M&Aのプロセスは，図表10-5に示されるように[17]，①ビジョン，企業戦略に基づいて，②M&Aの相手を選定し，③M&Aの相手の評価を行い，④M&Aの交渉をする，というプロセスを踏むが，M&A後の統合化戦略に失敗している企業が数多く見受けられる。統合化戦略の失敗の要因として，企業文化の相違によるモラルの低下，人材の流出などがあげられる。

❷ 今後の課題

　M&Aの最大の利点は，製品・市場，ノウハウなどの経営資源を迅速に調達することによって，競合企業に対する競争優位を獲得することができることである。競争優位を獲得することによって，上述したように，①新事業分野への進出，②製品力の向上，③市場支配力の拡大，④海外市場の獲得，⑤研究開発力の強化，⑥多角化によるシナジーの実現，⑦生産コストの削減，⑧管理費の削減，などの効果が現実化するのである。

　しかし，M&Aには，経営管理上多くの課題もまた存在する。第一に，被合

図表10-6　参入戦略

参入戦略	主な利点	主な欠点
内部開発	・既存資源を使用できる。 ・特に製品／市場に明るくない場合に買収コストを回避できる。	・時間がかかる。 ・見通しが不確か。
社内ベンチャー	・既存資源を利用できる。 ・有能な起業家を引き止めておく可能性がある。	・過去の例から，必ずしも成功するとは限らない。 ・社内的な緊張を作り出す可能性がある。
買収	・時間を節約できる。 ・参入障壁に打ち勝つ。	・高くつく。通常，不要な資産まで買収しなければならない。 ・2組織結合上の問題。
合弁または提携	・技術／マーケティングの組合せで，小企業／大企業のシナジーを利用できる。 ・リスク分散できる。	・企業間のオペレーションに摩擦を生じる可能性がある。 ・一方の会社の価値が時間が経つにつれて減少する可能性がある。
他社からのライセンス	・技術に即座にアクセスできる。 ・財務的リスクが少ない。	・特許技術や技術的スキルが育たない。 ・ライセンス元に依存する。
教育的買収	・新事業への窓口となり，初期スタッフを確保できる。	・買収先が起業家精神を無くしてしまうリスクがある。
ベンチャー・キャピタルと育成	・新技術，新市場への窓口となりうる。	・資金供給だけでは，会社の成長につながらないことが多い。
他社へのライセンシング	・市場へ即座にアクセスできる。 ・コスト，リスクともに低い。	・市場の知識，コントロールを失ってしまう。 ・ライセンス元に依存する。

（出所）Aaker,D.A. [2001] 訳書338頁を筆者が一部修正。

併・買収企業の体質（企業文化）が買収企業と異なることが多いため，買収企業に対する理解や，合併・買収後の一体化・統合化に時間がかかることがある。その間，被合併・買収企業の役員，管理職，従業員のモラルが低下し，人材（人的資源）の流出など，大きな問題がしばしば発生する。M＆A後の統合化戦略において，企業文化の融合は極めて大きな課題である。

第二に，雇用の問題も多発している。一般に，M＆Aが行われる際に，従業員や労働組合にその情報が知らされるのは，M＆Aの方針と内容が実質的に固まった後である。その段階で従業員や労働組合の了解が得られず，計画が頓挫したケースもかなり存在する。

上述したように，M＆Aにおける課題は山積しているので，安易にM＆Aを捉えるのではなく，図表10-6に示されるように[18]，他の参入戦略と多面的な観点から比較検討することが望ましい。企業文化の融合は，口でいうほど容易ではない。M＆Aは，経営管理上の重要課題ではあるものの，決して万能薬ではない。

4 環境経営

❶ 現　状

わが国では，旧環境庁以来，地球環境問題として，①地球温暖化，②オゾン層の破壊，③酸性雨，④海洋汚染，⑤生物多様性の減少，⑥森林の減少，⑦砂漠化，⑧有害廃棄物の越境移動，などが取り上げられてきた。

しかし，アーサー・D・リトル社［1997］によれば，このような地球環境問題に対して，企業の取組姿勢は，図表10-7に示されるように，すべての企業が必ずしも望ましい取組みをしている訳ではない[19]。

① 　反発（Reactive）：環境問題対応への抵抗
・環境問題は，リスクであり事業機会ではない。
・戦略上，環境問題対応はコストである。

図表10-7 環境問題に対する企業の姿勢の変化

反発 (Reactive)	受動的対応 (Responsive)	能動的対応 (Proactive)	差別化 (Competitive)
30年以上前	5～25年前	日本の現状	米国の現状

(出所) アーサー・D・リトル社［1997］29頁。

② 受動的対応 (Responsive)：法律・規則に従う形での対応
・環境マネジメント機能は，オーバーヘッド機能である。
・環境部門マネジャーは，環境問題に対する技術的な専門家である。
③ 能動的対応 (Proactive)：規制されていない環境問題への積極対応
・環境関連の事業機会をどのように自社のビジネス・チャンスとして捉えるか。
・企業イメージの確立に必要不可欠である。
④ 差別化 (Competitive)：環境対応による事業の差別化
・グローバル市場展開のためには，地域ごとの環境対応が必須である。
・環境規制への対応が自社の競争優位に与える影響をなるべく減らしたい。

企業の取組み姿勢は，上述したように様々ではあるものの，現実に環境ビジネスの市場規模は，急速に拡大している。

❷ 今後の課題

近年，環境問題が企業経営に多大なインパクトを与えるようになりつつある。ここでは，①自動車業界における燃料電池車の開発競争，②ISO14000シリーズの位置づけ，③環境会計の普及，④マクロとミクロのジレンマ，の4点についてみてみよう。

第一に，自動車業界における燃料電池車の開発は，第一義的には環境負荷の

軽減を目的にしているが，燃料電池車の開発を経営管理の観点からとらえると，自動車業界における当該企業の生存を賭けた新たな戦略分野として位置づけることができる。もしも「トップランナー方式」が普及すると，燃料電池車の開発は，まさに企業の生死を賭けた経営戦略になる。このように，従来の戦略分野とは次元を異にする環境経営戦略は，今後ますます重要性を増すことは間違いない。

　第二に，ISO14000シリーズの位置づけについて考察する。環境マネジメント・システムの規格の1つであるISO14000シリーズは，同時に，標準化のグローバル・スタンダードでもあり，国際取引のインフラストラクチャーでもある。現実に，ISOに対する取組み次第で，国際取引そのものが大きく規定されるようになりつつある。

　第三に，環境会計の普及についてみてみよう。近年の直接金融の重視に伴って，ディスクロージャーの質量が，今後ますます重要になることは疑う余地がない。ディスクロージャーの一環として環境会計を考察すると，費用・便益のとらえ方をはじめとして，クリヤーすべき問題が山積しているものの，環境会計を軽視する企業は，直接金融の道を閉ざされるリスクを覚悟すべきであろう。

　第四に，マクロとミクロのジレンマについて考察する。もともと，「マクロの合理・ミクロの不合理」，「ミクロの合理・マクロの不合理」など，マクロ（経済レベル）とミクロ（企業レベル）の両立は，一般に困難であるとされてきた。しかし，環境問題の根源は，まさにこのマクロとミクロのジレンマにあるといえよう。マクロとミクロのジレンマを克服し，マクロとミクロの両立を図るためには，環境経営の分野における学際的な研究が欠かせない。

　ところで，世界の環境先進企業の特徴についてみてみよう。井熊均編［2003］と岸川善光他［2003］は，図表10-8に示されるように[20]，環境先進企業に共通する優れた特徴として，①厳密な環境マネジメント体制，②ステークホルダーとのコミュニケーション努力，③社会的責任項目への配慮，④環境配慮型製品・サービスの積極的展開，⑤事業活動における環境負荷低減，の5点をあげている。

　この5項目は，環境経営の基軸とも合致しており，今後，研究および実践の両面でますます進展・進化しなければならない。

図表10-8　環境先進企業が保有する優れた特徴

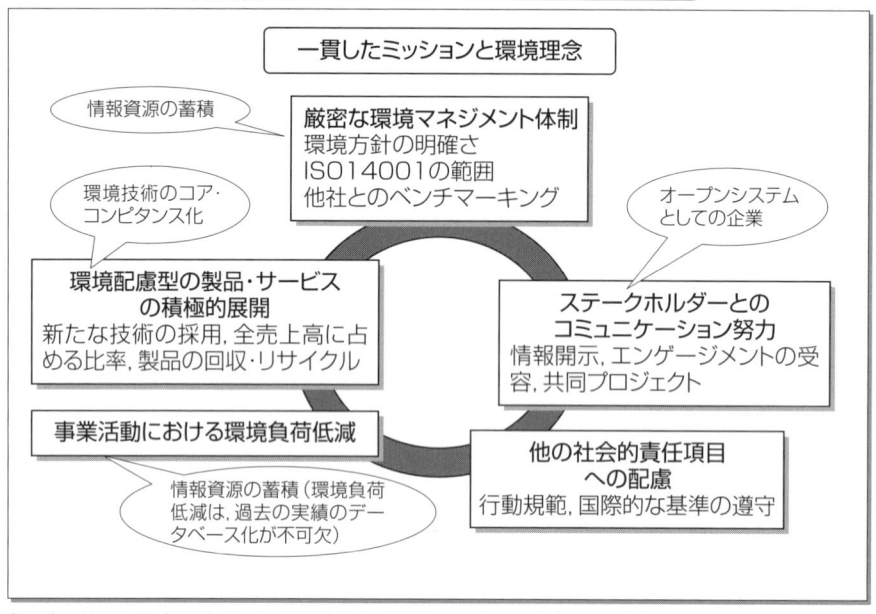

一貫したミッションと環境理念

情報資源の蓄積

厳密な環境マネジメント体制
環境方針の明確さ
ISO14001の範囲
他社とのベンチマーキング

環境技術のコア・コンピタンス化

オープンシステムとしての企業

環境配慮型の製品・サービスの積極的展開
新たな技術の採用, 全売上高に占める比率, 製品の回収・リサイクル

ステークホルダーとのコミュニケーション努力
情報開示, エンゲージメントの受容, 共同プロジェクト

事業活動における環境負荷低減

情報資源の蓄積（環境負荷低減は, 過去の実績のデータベース化が不可欠）

他の社会的責任項目への配慮
行動規範, 国際的な基準の遵守

（出所）　井熊均編［2003］30頁, 岸川善光他［2003］25-33頁に基づいて筆者作成。

　岸川善光編［2010a］では，環境経営の対象となるエコビジネスについて，①エコビジネの意義，②エコビジネス論の生成と発展，③エコビジネスの体系，④エコビジネスの市場動向，⑤環境経営戦略，⑥環境マネジメント・システムとビジネス・システム，⑦ステークホルダーの戦略的活用，⑧エコビジネスと法規制，⑨エコビジネスの国際比較，⑩エコビジネス論の今日的課題，の10点について考察しており，環境経営の深耕に有益であると思われる[21]。

5　経営管理教育

❶ 現　状

　企業経営を効果的かつ効率的に行おうとすれば，経営管理に関する専門知識，

経験，資質をもった専門的な経営管理者が不可欠になる。経営管理者の職能を社会的任務として遂行する者のことを，専門経営者（professional manager）と呼ぶ。専門経営者は，社会的な必要性を基盤としており，科学的な方法と経営管理技術を応用してその職能を遂行するテクノクラートの一種であるといえよう。しかし専門経営者がテクノクラートの一種であるためには，経営管理スキルの修得が大前提となる。そこで，経営管理スキルを習得させるために行われるのが経営管理教育である。

わが国の大学における経営管理教育は，図表10-9に示されるように[22]，いわゆる経営学といわれる分野における教育をさすことが多い，これがわが国の経営管理教育の主流といっても差支えないであろう。

経営管理のスキルは実学という性格上，「知識と経験」＝「理論と実践」の両面が必要となる。経営管理教育の最大のポイントは，この「知識と経験」＝「理論と実践」の統一化・融合化にあるといえよう。

経営管理教育の中で最も有名なものとして，MBA（Master of Business Administration）があげられる。MBAとは，19世紀後半に米国で誕生した企業経営に役立つ実践的な知識や技術を修得した者に与えられる経営学修士の学位のことである。この学位は，経営大学院（ビジネススクール）の所定の課程を修

図表10-9　経営学の関連領域

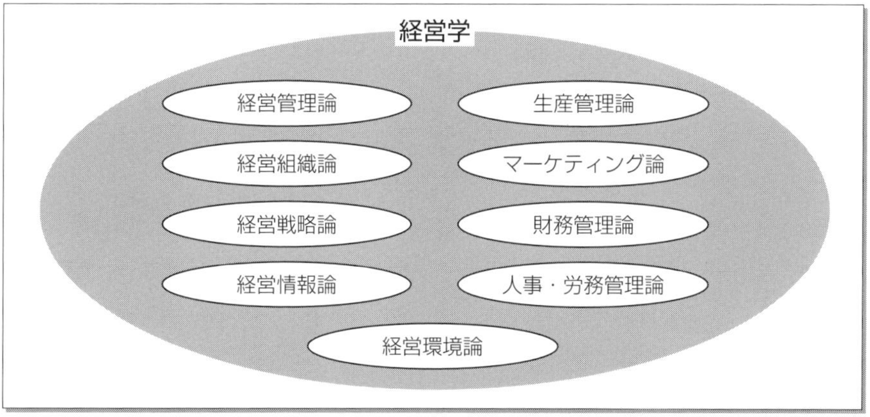

経営学
- 経営管理論
- 経営組織論
- 経営戦略論
- 経営情報論
- 生産管理論
- マーケティング論
- 財務管理論
- 人事・労務管理論
- 経営環境論

（出所）　岸川善光［2002］17頁。

了すると与えられる。有名なものとして，米国ではハーバード・ビジネス・スクールのMBAなどがあげられる。

近年，注目をあびているMOT（Management of Technology）教育は，1980年代半ばに，スタンフォード大学のビジネス・スクールで実施され，その後全米に広まった。現在では，主として理工系の大学でMOT教育がなされている。

経営管理教育は，ニーズに基づいて日々変化しかつ進化している。経営管理が複雑化している今日，経営管理教育による人材育成はますます重要となっている。しかし，経営管理教育の分野では，MBA，MOT教育の双方とも，日本は米国に後れを取っている。

「知識と経験」＝「理論と実践」の両面から経営管理教育を推進している事例として，米国の経営管理教育，その中でも特にMBAについて，ハーバード・ビジネス・スクールを中心にみてみよう。

ハーバード・ビジネス・スクールの経営管理教育の方法論として，ケース・メソッドが世界的に有名である。ケース・メソッドは，知識と経験（疑似経験を含む）の双方を，同時に修得するための教育方式である。ケース・メソッドにおいて重視されることは，いかに適切なケース（ケースブック）を作成するかということである。ケース作成において，ハーバード・ビジネス・スクールは世界のトップレベルにある。

ハーバード・ビジネス・スクールでは，「理論と実践の融合」を実現するために，それぞれの教授に，当該学問分野のリーダーであることに加え，さらに起業を経験したり，経営コンサルタントとして活動するなど，理論と実践の双方において高いレベルを要求しており，世界でも有数の教授陣を維持している。

ハーバード・ビジネス・スクールに限らず，米国のビジネス・スクールでは，寄付金などによって，教育研究基金が設定されており，財政的基盤がしっかりしているという特徴がある。

次に，日本のビジネス・スクールにおける経営管理教育についてみてみよう。わが国のビジネス・スクールにおける経営管理教育は，1978年に，慶應義塾大学の大学院経営管理研究科から始まった。ビジネス・スクールにおける教育の動きが本格化したのは，1989年に筑波大学のビジネス科学研究科において，夜

間大学院が開設されてからのことである。

その後，多くの大学においてビジネス・スクールが開設されたが，わが国のMBAに対する評価は高いとはいえない。そのため社会の期待度も，企業サイドの活用の意欲も低い。評価の低さの原因は，米国のMBAやビジネス・スクールをモデルにしてはいるものの，教育方法論やカリキュラムが中途半端であり，したがって，教育の質が低くなり，実用性に欠けることにある。近年，徐々に評価が上がってきているとはいえ，まだまだ課題は山積している。

❷ 今後の課題

上で述べたように，わが国の経営管理教育には様々な課題がある。今後の課題について，①カリキュラム，②学位，③教員，④教材，⑤成績評価の課題，⑥財政基盤，の6つについて，ビジネス・スクールを中心に考察する。

第一に，カリキュラムの課題についてみてみよう。図表10-10は，日本・米国におけるカリキュラムの比較をしたものである[23]。理解しやすいように，先述した環境経営のカリキュラムを直接的に比較した。また，日本・米国ともに，それぞれの国を代表する大学を選択した。比較すると明らかなように，日本のビジネス・スクールが理論寄りになっているのに対して，米国のビジネス・スクールは，まさに「理論と実践の融合」を目指しており，実践性にかなりの差異が見受けられる。

第二に，学位の課題についてみてみよう。一般の大学院経営学研究科修士課程で社会人学生を受け入れて経営学教育を行っても，経営専門職大学院でMBAの学位を授与する教育を行っても，授与する学位の英文名称は同じくMBAである。グローバル・スタンダードの重要性が叫ばれる昨今，世界に通用するMBAの学位にするためには，学位の名称から検討しなければならない。

第三に，教員の課題についてみてみよう。経営学の専門家が必ずしもビジネス・スクールの教員として適切であるとはいえない。日本も米国のように，実務的＝実践的な専門知識を常に維持して，「理論と実践の融合」が可能な教員を採用すべきである。業績評価の方法など検討すべき課題は多い。

第四に，教材の課題についてみてみよう。米国ではハーバード・ビジネス・

図表10-10　日本・米国におけるカリキュラムの比較

国名	学校名	カリキュラム	授業/コース例
日本	慶應義塾大学大学院経営管理研究科	・環境問題と経営，外部環境変化と経営，社会問題，マクロ経済 ・外部経営環境に対する企業と組織の対応 ・資源配分の効率化	・修士課程 経済・社会・企業，経営環境特殊講義 (Seminar in Business Environment)，経営環境演習 ・博士課程 経営環境特論 (Advanced Study in Business Environment)，経営環境特別実習
日本	早稲田大学ビジネス・スクール	・日常的に「世界」と接することのできる環境を構築	専門科目の経営環境系 ①経営と経済・社会，②意思決定の経済性分析，③マネジリアル・エコノミクス，④質的研究方法，⑤ビジネス研究法の基礎，⑥サービス・マネジメント
米国	コロンビア・ビジネス・スクール	・様々なショック，政治の動きが経済全体に与える影響	グローバル経済環境Ⅰ＆Ⅱ
米国	スタンフォード大学　地球科学科	・社会を支えるエネルギーと資源ベース，地質災害に影響を与える人口増加，気候変動，環境および持続可能性への挑戦	エネルギー資源工学，環境地球システム科学，地質学・環境科学，地球物理学，環境資源のエメット学際プログラムなど
米国	ハーバード・ビジネス・スクール	・環境変化のリスクと機会 ・環境問題に関する戦略を理解	企業と環境，企業と政府・国際経済，持続可能な環境戦略とオペレーション，企業・エネルギー・環境のイノベーション
米国	ウォートンビジネス・スクール	・地球と環境科学 ・環境問題研究	リスクコミュニケーションと環境，環境学研究セミナー，環境会計とシステム分析のテクニック，都市環境など

(出所)　各大学ＨＰに基づいて筆者作成。

スクールのケース（ケースブック）にみられるように，教材は完全に自前で開発されており，良質なものが多い。一方，わが国では教材の開発が遅れており，欧米の教材を用いたり，研究図書などを教材として使用したりすることもある。教材は，教育方法論と極めて密接な関係性があり，経営管理教育のノウハウそのものであるので，教材開発にもっと資源（時間・資金）を投入すべきである。

第五に，成績評価の課題についてみてみよう。わが国の教員の成績評価は相対的に甘い傾向にある。規模が小さく評価が甘いわが国のビジネス・スクール

第10章　経営管理論の今日的課題

の教育と，米国の猛烈な勉強量によって鍛えられた教育は，しばしば比較されこれが企業の国内MBAに対する期待の低下を招いている。

第六に，財政基盤の課題についてみてみよう。すでに述べたように，米国のビジネス・スクールには教育研究基金が設定されていることが多い。しかし，わが国では，ビジネス・スクールは大学の他の教育組織と並立とみなされており，教育研究の独自性が発揮しにくい構造になっている。

以上，6つの課題について概観した。6つの課題は，どれもわが国における経営管理教育の水準を向上するために必要不可欠な課題である。今後，経営管理教育に関わるすべての利害関係者，つまり産官学の三者が連携し協力して，経営管理教育の改革を行うことが必須課題といえよう。

経営管理教育を実施しても，実践の場で役に立たなければ意味がない。つまり，企業のニーズを明確に把握した教育を行うことが重要である。理論だけを学ぶ座学に偏ることなく，インターンシップや実際の起業体験など，より実践を体験するプログラムの導入が望まれる。また，近年ではグローバル化が急速に進展していることもあり，早急に世界で通用する言語での経営管理教育が望まれる。

1）小泉直樹［1999］634頁（神戸大学大学院経営学研究室編［1999］所収）。
2）長岡貞男［2001b］335頁（一橋大学イノベーション研究センター編［2001b］所収）。
3）経済産業省［2002］4頁。
4）寺本義也［1999］1頁。(OMUNI-MANAGEMENT 平成11年7月号，所収)
5）野中郁次郎＝紺野登［1999］13-19頁。
6）同上書136頁。
7）Kotler,P.＝Armstrong,G.［2001］訳書358頁を筆者が一部修正。
8）岸川善光［2006］258頁。
9）野村清［1983］38-39頁。
10）同上書148頁を筆者が一部修正。
11）同上書6頁。
12）同上書193頁を筆者が一部修正。
13）Lovelock,C.＝Wright,L.［1999］訳書23-26頁。
14）岸川善光編［2011］1-260頁。
15）岸川善光［2006］161頁。
16）同上書161頁。
17）ボストン・コンサルティング・グループ（BCG）［1990］163頁。

18) Arker,D.A.［2001］訳書338頁を筆者が一部修正。
19) アーサー・D・リトル社環境ビジネス・プラクティス［1999］29頁。
20) 井熊均編［2003］30頁，岸川善光他［2003］25-33頁に基づいて筆者作成。
21) 岸川善光編［2010a］1-260頁。
22) 岸川善光［2002］17頁。
23) 各大学のホームページに基づいて筆者作成。

参考文献

Aaker, D. A. [1991], *Managing Brand Equity*, The Free Press.（陶山他訳［1994］『ブランド・エクイティ戦略』ダイヤモンド社）

Aaker, D. A. [1996], *Building Strong Brands*, The Free Press.（陶山他訳［1997］『ブランド優位の戦略』ダイヤモンド社）

Aaker, D. A. [2001], *Developing Business Strategies*, 6th ed. John-Wiley&Sons.（今枝昌宏訳［2002］『戦略立案ハンドブック』東洋経済新報社）

Abegglen, J. C. [1954], *The Japanese Factory:Aspect of Its Social Organization*, Free Press.（卜部都美監訳［1958］『日本の経営』ダイヤモンド社）

Abegglen, J. C. [2004], *21st Century Japanese Management:New Systems, Lasting Values*, Palgrave Macmillan.（山岡洋一訳［2004］『新・日本の経営』日本経済新聞社）

Abell, D. F. [1980], *Defining the Business :The Starting Point of Strategic Planning*, Prentice-Hall.（石井淳蔵訳［1984］『事業の定義』千倉書房）

ＡＣＭＥ（Association of Consulting Management Engineers）［1976］, *Common Body of Knowledge for Management Consultants*, ＡＣＭＥ.（日本能率協会コンサルティング事業本部訳［1979］『マネジメントの基礎知識』日本能率協会）

Adams, J. S. [1965], "Inequity in Social Exchanges" in Berkowitz, L., ed., *Advances in Experimental Social Psychology*, Academic Press.

Adler, N. J. [1991], *International Dimensions of Oeganizational Behavior*, 2nd ed., PWS-Kent.（江夏健一＝桑名義晴訳［1992］『異文化組織のマネジメント』マグロウヒル）

Alderfer, C. P. [1972], *Existence, Relatedness, and Growth*, Free Press.

Anderson, J. W. Jr. [1989], *Corporate Social Responsibility*, Greenwood Publishing Group.（百瀬恵夫監訳［1994］『企業の社会的責任』白桃書房）

Andrews, K. R. [1971], *The Concept of Corporate Strategy*, Dow Jones Irwin.（山田一郎訳［1976］『経営戦略論』産能大出版部）

Ansoff, H. I. [1965], *Corporate Strategy:An Analytic Approach to Business Policy for Growth and Expansion*, McGraw-Hill.（広田寿亮訳［1969］『企業戦略論』産能大出版部）

Ansoff, H. I. [1979], *Strategic Management*, The Macmillan Press.（中村元一訳［1980］『戦略経営論』産能大学出版部）

Ansoff, H. I. [1988], *The New Corporate Strategy*, John Wiley & Son.（中村元一＝黒田哲彦訳［1990］『最新・経営戦略』産能大出版部）

Argyris, C. [1957], *Personality and Organizations:The Conflict between the System and Individual*, Harper.（伊吹山太郎＝中村実訳［1970］『組織とパーソナリティ』日本能率協会）

Argyris, C. ＝Schön, D. A.［1974］, *Theory in Practice: Increasing Professional Effectiveness*, Jossey-Bass.

Argyris, C. ＝Schön, D. A.［1978］, *Organizational Learning:A Theory of Action Perspective*, Addison-Wesley.

Ashby, W.R.［1956］, *An Introduction to Cybernetics*, Champman & Hall.（篠塚武＝山崎英三＝銀林浩訳［1967］『サイバネティクス入門』宇野書店）

Barker, J. A.［1993］, *Paradigms:the business of discovering the future*, Harper Business.（仁平和夫訳［1995］『パラダイムの魔力：成功を約束する創造的未来の発見法』日経ＢＰ出版センター）

Barnard, C. I.［1938］, *The Functions of the Executive*, Harvard University Press.（山本安二郎＝田杉競＝飯野春樹訳［1968］『新訳 経営者の役割』ダイヤモンド社）

Bartlett, C. A. ＝ Ghoshal. S.［1989］, *Managing Across Borders*, Harvard Business School Press.（吉原英樹監訳［1990］『地球市場時代の企業戦略』日本経済新聞社）

Bartlett, C. A. ＝ Ghoshal. S.［1992］, *Transnational Management*, Richard D. Irwin. Inc.（梅津祐良訳［1998］『ＭＢＡのグローバル経営』日本能率協会マネジメントセンター）

Berle, A. A. ＝ Means, G. C.［1932］, *The Modern Corporation and Private Property*, Macmillan.（北島忠男訳［1958］『近代株式会社と私的財産』文雅堂書店）

Blake, R. R. ＝ Mouton, J. S.［1978］, *The New Management Grid*, Gulf Publishing Company.（田中敏夫＝小宮山澄子訳［1979］『新・期待される管理者像』産業能率大学出版部）

Bratton, J. ＝Gold, J.［2003］, *Human Resource Management:Theory and Practice*, 3rd ed., Palgrave Macmillan.（上林憲雄＝原口恭彦＝三崎秀央＝森田雅也訳［2009］『人的資源管理 理論と実践』文眞堂）

Bressand, A.［1990］,*Networld*, Promethee.（会津泉訳［1991］『ネットワールド』東洋経済新報社）

Burnham, J.［1941］, *The Managerial Revolution*, The John Day Company.（武山泰雄訳［1965］『経営者革命』東洋経済新報社）

Burns, T, ＝ Stalker, G. M.［1968］, *The Management of Innovation*, 2nd ed., Tavistock.

Chandler, A. D. Jr.［1962］, *Strategy and Structure*, The MIT Press.（有賀裕子訳［2004］『組織は戦略に従う』ダイヤモンド社）

Chandler, A. D. Jr.［1977］, *The Visible Hand:The Managerial Revolution*, The Belknap Press of Harvard University Press.（鳥羽欽一郎＝小林袈裟治訳［1979］『経営者の時代』東洋経済新報社）

Coase, R. H.［1937］, "The Nature of the Firm", *Econometria*, n.s. Vol. 4(November), pp. 386-405.

Coase, R. H.［1988］, *The Firm, The Market, The Law*, The University of Chicago Press.（宮澤健一＝後藤晃＝藤垣芳彦訳［1992］『企業・市場・法』東洋経済新報社）

Collins, J. = Porras, J.［1994］, *Built to Last*, Curtis Brown Ltd.（山岡洋一訳［1995］『ビジョナリーカンパニー』日経ＢＰ出版センター）

Collis, D. J. = Montgomery, C. A.［1998］, *Corporate Strategy：A Resource-Based Approach*, McGraw-Hill.（根来龍之＝蛭田啓＝久保恭一訳［2004］）『資源ベースの経営戦略論』東洋経済新報社）

Crainer, S.［2000］, *The Management Century*, Booz-Allen & Hamilton Inc.（嶋口充輝監訳［2000］『マネジメントの世紀1991〜2000』東洋経済新報社）

Cyert, R. M. = March, J. G.［1963］, *A Behavioral Theory of the Firm*, Prentice-Hall.（松田武彦＝井上恒夫訳［1967］『企業の行動理論』ダイヤモンド社）

Daft, R. L.［2001］, *Essentials of Organization Theory and Design*, 2nd ed., South Western College Publishing.（高木晴夫訳［2002］『組織の経営学』ダイヤモンド社）

Davenport, T. H.［1993］, *Process Innovation：Reengineering Work through Information Technology*, Harvard Business School Press.（卜部正夫＝杉野周＝松島桂樹訳［1994］『プロセス・イノベーション』日経ＢＰ出版センター）

Davidow, W. H. = Malone, M. S.［1992］, *The Virtual Corporation*, Harper Collins Publishers.（牧野昇監訳［1993］『バーチャル・コーポレーション』徳間書房）

Davis, S. M.［1984］, *Managing Corporate Culture*, Harper&Row.（河野豊弘＝浜田幸雄訳［1985］『企業文化の変革』ダイヤモンド社）

Day, G. S. = Reibstein, D. J.［1997］, *Wharton on Dynamic Competitive Strategy*, John Wiley & Sons, Inc.（小林陽一郎監訳［1999］『ウォートン・スクールのダイナミック競争戦略』東洋経済新報社）。

Deal, T. E. = Kennedy, A. A.［1982］, *Corporate Cultures*, Addison-Wesley.（城山三郎訳［1983］『シンボリック・マネジャー』新潮社）

Donovan, J. = Tully, R. = Wortman, R.［1998］, *The Value Enterprise*, McGraw-Hill.（デロイト・トーマツ・コンサルティング戦略事業本部訳［1999］『価値創造企業』日本経済新聞社）

Dos, Y. L. = Hamel, G.［1998］, *Alliance Advantage*, Harvard Business School Press.（志太勤一＝柳孝一監訳，和田正春訳［2001］『競争優位のアライアンス戦略』ダイヤモンド社）

Drucker, P. F.［1954］, *The Practice of Management*, Harper & Brothers.（野田一夫監修［1965］『現代の経営　上・下』ダイヤモンド社）

Drucker, P. F.［1974］, *Management*, Harper & Row.（野田一夫＝村上恒夫監訳［1974］『マネジメント 上・下』ダイヤモンド社）

Drucker, P. F.［1990］, *Managing The Nonprofit Organization*, Harper Collins Publishers.（上田惇生＝田代正美訳［1991］『非営利組織の経営』ダイヤモンド社）

Epstain, M. E.［1989］, "Business Ethics, Corporate Good Citizenship and the Corporate Social Policy Process", *Journal of Business Ethics*, August.（中村瑞穂＝風間信

隆＝角野信夫＝出見世信之＝梅津光弘訳［1996］『企業倫理と経営社会政策過程』文眞堂）

Evan, W.M. [1972], "An Organization-Set Model of Interorganizational Relations", in Tuite, M. ed., *Interorganizational Decision Making*, Aldine.

Evans, P. = Wurster, T. S. [1999], *BLOWN to BITS*, Harvard Business School Press. （ボストン・コンサルティング・グループ訳［1999］『ネット資本主義の企業戦略』ダイヤモンド社）

Fayol, H. [1916], *Administration Industrielle et Générale*, Paris. （山本安二郎訳［1985］『産業ならびに一般の管理』ダイヤモンド社）

Fiedler, F. E. [1967], *A Theory of Leadership Effectiveness*, McGraw-Hill. （山田雄一訳［1970］『新しい管理者造の探究』産業能率大学出版部）

Ford, H. [1926], *Today and Tomorrow*, William Heinemann. （稲葉襄監訳［1968］『フォード経営』東洋経済新報社）

Foster, R. N. = Kaplan, S. [2001], *Creative Destruction*, McKinsey & Company, Inc. （柏木亮二訳［2002］『創造的破壊』翔泳社）

Galbraith, J. R. = Nathanson, D. A. [1978], *Strategy Implementation : The Role of Structure and Process*, West Publishing. （岸田民樹訳［1989］『経営戦略と組織デザイン』白桃書房）

Greiner, L. E. [1972], "Evolution and Revolution as Organization Grow", *Harvard Business Review*, July-August.

Hamel, P. = Prahalad, C. K. [1994], *Competing for the Future*, Harvard Business School Press. （一條和生訳［1995］『コア・コンピタンス経営』日本経済新聞社）

Hammer, M. = Champy, J. [1993], *Reengineering the Corporation : A Manifest for Business Revolution*, Harper Business. （野中郁次郎監訳［1993］『リエンジニアリング革命』日本経済新聞社）

Harsey, P. = Blanchard, K. H. = Johnson, D. E. [1996], *Management of Organizational Behavior*, Prentice Hall, Inc. （山本成二＝山本あづさ訳［2000］『行動科学の展開（新版）』生産性出版）

Herzberg, F. [1966], *Work and the Nature of Man*, The World Publishing Co. （北野利信訳［1968］『仕事と人間性』東洋経済新報社）

Herzberg, F. [1987], "One More Time:How Do You Motivate Employees?", *Harvard Business Review*, Sep. -Oct., pp. 109-120.

Hofer, C. W. = Shendel, D. E. [1978], *Strategy Formulation : Analytical Concept*, West Publishing. （奥村昭博＝榊原清則＝野中郁次郎訳［1981］『戦略策定』千倉書房）

Hofsted, G. H. [1980], *Culture's Consequences;International Differences in Work-Related Values*. SAGE Publishing. （萬成博＝安藤文四郎訳［1984］『経営文化の国際比較』産業能率大学出版部）

Hofsted, G. H. [1991], *Cultures and Organizations*, McGraw-Hill.（岩井紀子＝岩井八郎訳［1995］『多文化世界:違いを学び共存への道を探る』有斐閣）

Jackson, R. ＝ Wang, P. [1994], *Strategic Database Marketing*, NTC Contemporary Publishing Group.（日紫喜一史訳［1999］『戦略的データベース・マーケティング―顧客リレーションシップの実践技法―』ダイヤモンド社）

Jones, G. [2005], *Multinationals and Global Capitalism*, Oxford University Press.（安室憲一＝梅野巨利訳［2007］『国際経営講義:多国籍企業とグローバル資本主義』有斐閣）

Kaplan, R. ＝ Norton, D. [1996], *The Balanced Scorecard*, Harvard Business School Press.（吉川武男訳［1997］『バランス・スコアカード』生産性出版）

Kaplan, R. ＝ Norton, D. [2001], *The Strategy-Focused Organization*, Harvard Business School Press.（櫻井道晴監訳［2001］『キャプランとノートンの戦略バランスト・スコアカード』東洋経済新報社）

Katz, R. L. [1955], "Skills of an Effective Administrator", *Harvard Business Review*, Jan.-Feb., pp. 33-42, 1955.

Kotler, P. [1984], *Marketing Management Analysis, Planning and Control*, 5th ed., Prentice-Hall.

Kotler, P. [1989a], *Social Marketing*, Free Press.（井関利明［1995］『ソーシャル・マーケティング』ダイヤモンド社）

Kotler, P. [1989b], *Principles of Marketing*, 4th ed., Prentice-Hall.（和田充夫＝青井倫一訳［1995］『新版　マーケティング原理』ダイヤモンド社）

Kotler, P. ＝ Armstrong, G. [2001], *Principles of Marketing*, 9th, ed., Prentice-Hall.（和田充夫監訳［2003］『マーケティング原理　第9版』ダイヤモンド社）

Kotler, P. ＝ Hayes, T. ＝ Bloom, P. N. [2002], *Marketing Professional Services*, 2nd ed., Pearson Education.（平林祥訳［2002］『コトラーのプロフェッショル・サービス・マーケティング』ピアソン・エデュケーション）

Kotler, P. ＝ Keller, K. L. [2006], *Marketing Management*, 12th ed., Prentice-Hall.（恩蔵直人監修［2008］『コトラー＆ケラーのマーケティング・マネジメント（第12版）』ピアソン・エデュケーション）

Kotter, J. P. [1996], *Leading Change*, Harvard Business School Press.（梅津祐良訳［2002］『企業変革力』日経ＢＰ出版センター）

Kuhn, T. S. [1962], *The Structure of Scientific Revolution*, The University of Chicago Press.（中山茂訳［1971］『科学革命の構造』みすず書房）

Lauterborn, R. [1990] "New Marketing Litany: 4 P's Passe ; C—Words Take Over", *Advertising Age*, October 1.

Lawrence, P. R. ＝　Lorsch, J. W. [1967], *Organization and Environment : Managing Differentiation and Integration*, Harvard University Press.（吉田博訳［1977］『組織の条件適応理論』産能大出版部）

Lewin, K. [1951], *Field Theory in Social Science*, Harper & Row.（猪俣佐登留訳［1979］『社会科学における場の理論』誠信書房）

Levitt, T. [1960], "Marketing Myopia" *Harvard Business Review*, July-Aug., 1960.

Likert, R. [1961], *New Patterns of Management*, McGraw-Hill.（三隅二不二訳［1964］『経営の行動科学』ダイヤモンド社）

Likert, R. [1967], *The Human Organization*, McGraw-Hill.（三隅二不二訳［1971］『組織の行動科学』ダイヤモンド社）

Looy, B. V. = Gemmel, P. = Dierdonck, R. V. [1998], *Service Management:An Integrated Approach*, 2nd ed., Finantial Times Management.（平林祥訳［2004］『サービス・マネジメント─統合的アプローチ　上・中・下』ピアソン・エデュケーション）

Lovelock, C. H. = Weinberg, C. B. [1989], *Public & Nonprofit Marketing*, 2nd ed., Scientific Press.（渡辺好章＝梅沢昌太郎監訳［1991］『公共・非営利組織のマーケティング』白桃書房）

Lovelock, C. H. = Wright, L. K. [1999], *Principles of Service and Management*, Prentice-Hall.（小宮路雅博監訳［2002］『サービス・マーケティング原理』白桃書房）

Lovelock, C. H. = Wirtz, [2007], *Service Marketing: People, Technology, Strategy*, 6th ed., Prentice Hall.（武田玲子訳［2008］『ラブロック＆ウィルツのサービス・マーケティング』ピアソン・エデュケーション）

March, J. G. = Simon, H. A. [1958], *Organizations*, John Wiley & Sons.（土屋守章訳［1977］『オーガニゼーションズ』ダイヤモンド社）

March, J. G. = Olsen, J. P. [1976, 1979], *Ambiguity and Choice in Organization*, Universitesforlaget.（遠田雄志訳［1986］『組織におけるあいまいさと決定』有斐閣）

Maslow, A. H. [1954], *Motivation and Personality*, Harper&Row.（小口忠彦監訳［1971］『人間性の心理学』産能大学出版部）

Maslow, A. H. [1970], *Motivation and Personality*, 2nd ed., Harper&Row.（小口忠彦監訳［1981］『人間性の心理学』産業能率大学出版部）

Mayo, E. [1933], *The Human Problems of an Industrial Civilization*, The Macmillan Company.（村本栄一訳［1967］『産業文明における人間問題』日本能率協会）

McClleland, D. C. [1961], *The Achieving Society*, Van Nostrand.

McGreger, D. [1960], *The Human Side of Enterprise*, McGraw-Hill.（高橋達男訳［1971］『新版・企業の人間的側面』産業能率大学出版部）

Merrill, H. F. [1966], *Classics in Management*, AMA Press.（上野一郎監訳［1968］『経営思想変遷史』産業能率大学出版部）

Merton, R.K. [1949], *Social Theory and Social Structure : Toward the Codification of Theory and Research*, Free Press.（森東吾＝森好夫＝金沢実＝中島竜太郎［1961］『社会理論と社会構造』みすず書房）

Miles, R. E. = Snow, C. C. [1978], *Organizational Strategy, Structure, and Process*,

McGraw-Hill.（土屋守章他訳［1983］『戦略型経営』ダイヤモンド社）

Milgram, P. ＝ Roberts, J. [1992], *Economics, Organization & Management*, Prentice-Haii.（奥野他訳［1997］『組織の経済学』ＮＴＴ出版）

Mintzberg, H. [1972], "Research on Strategy Making" *Academy of Management*.

Morgan, P. V. [1986], "International ＨＲＭ:fact or fiction ?", *Personnel Administrator*, Vol. 31, No. 9, pp. 43-47.

ＯＥＣＤ（経済協力開発機構）・労働省訳［1972］『ＯＥＣＤ対日労働報告書』日本労働協会。

Penrose, E. T. [1959, 1980], *The Theory of the Growth of the Firm*, Basil Glackwell.（末松玄六訳［1980］『企業成長の理論　第2版』ダイヤモンド社）

Peppers, D. ＝ Rogers, M. [1993], *The One to One Future*, Doubleyday.（井関利明監訳［1995］『One to One マーケティング─顧客リレーションシップ戦略─』ダイヤモンド社）

Peppers, D. ＝ Rogers, M. [1997], *Enterprise One to One*, Doubleyday.（井関利明監訳［1997］『One to One 企業戦略』ダイヤモンド社）

Peters, T. J. ＝ Waterman, R. H. [1982], *In Search of Excellence*, Harper & Row.（大前研一訳［1983］『エクセレント・カンパニー』講談社）

Pfeffer, J.＝Salancik, G. R.[1978], *The External Control of Organizations*, Harper&Row.

Poeter, L. W.＝Lawler, E. E.［1968］, *Management Attitude and Performance*, Irwin.

Porter, M. E. [1980], *Competitive Strategy*, The Free Press.（土岐坤＝中辻萬治＝服部照夫訳［1982］『競争の戦略』ダイヤモンド社）

Porter, M. E. [1985], *Competitive Advantage*, The Free Press.（土岐坤＝中辻萬治＝小野寺武夫訳［1985］『競争優位の戦略』ダイヤモンド社）

Porter, M. E. [1990], *The Competitive Advantage of Nations*, The Free Press.（土岐坤＝中辻萬治＝小野寺武夫＝戸成富美子訳［1992］『国の競争優位』ダイヤモンド社）

Porter, M. E. [1998a], *On Competition*, Harvard Business School Press.（竹内弘高訳［1999］『競争戦略論　Ⅰ』ダイヤモンド社）

Porter, M. E. [1998b], *On Competition*, Harvard Business School Press.（竹内弘高訳［1999］『競争戦略論　Ⅱ』ダイヤモンド社）

Prahalad, C. K. [2004], *The Fortune at the Bottom of the Pyramid:Eradicating Poverty Through Profit*, Warton School Publishing.（スカイライトコンサルティング訳［2005］『ネクスト・マーケット─「貧困層」を「顧客」に変える次世代ビジネス戦略』英治出版）

Pugh, D. S. ＝ Hickson, D. J. [2002], *Great Writers on Organizations*, 2nd ed., Ashgate Publications.（北野利信訳［2003］『現代組織学説の偉人たち─組織パラダイムの生成と発展の軌跡』有斐閣）

Robbins, S. P. [2005], *Essentials of Organizational Behavior*, Pearson Education.（高木

晴夫訳［2009］『新版　組織行動のマネジメント』ダイヤモンド社）

Roethlisberger, F. J. [1952], *Management and Morale*, Harvard University Press.（野田一夫＝川村欣也訳［1954］『経営と勤労意欲』ダイヤモンド社）。

Rogers, E. M. [1982], *Diffusion of Innovations*, 3rd ed., The Free Press.（青池慎一＝宇野善康監訳［1990］『イノベーション普及学』産能大出版部）

Rumelt, R. P. [1974], *Strategy, Structure, and Economic Performance*, Harvard University Press.（鳥羽欣一郎＝山田正喜子＝川辺信雄＝熊沢孝訳［1977］『多角化戦略と経済成果』東洋経済新報社）

Salamon, L. M. ＝ Anheier, H. K. [1996], *The Emerging Sector*, The Johns Hopkins University.（今田忠監訳［1996］『台頭する非営利セクター』ダイヤモンド社）

Saloner, G. ＝ Shepard, A. ＝ Podolny, J. [2001], *Strategic Management*, John Wiley & Sons.（石倉洋子訳［2002］『戦略経営論』東洋経済新報社）

Schein, E. H. [1985], *Organizational Culture and Leadership*, Jossey-Bass.（清水紀彦訳［1989］『組織文化とリーダーシップ』ダイヤモンド社）

Schein, E. H. [1999], *The Corporate Culture Survival Guide*, Jossey-Bass.（金井壽宏監訳［2004］『企業文化―生き残りの指針』白桃書房）

Schumpeter, J. A. [1926], *Theories Der Wirtschaftlichen Entwicklung*,（塩野谷祐一＝中山伊知郎＝東畑精一郎訳［1977］『経済成長の理論　上・下』岩波書店）

Simon, H. A. [1977], *The New Science of Management Decision*, Revised ed., Prentice-Hall.（稲葉元吉＝倉井武夫訳［1979］『意思決定の科学』産能大出版部）

Simon, H. A. [1981], *The Science of the Artificial*（2nd ed.）, MIT Press.（稲葉元吉＝吉原英樹訳［1887］『新版　システムの科学』パーソナルメディア）

Simon, H. A. [1997], *Administrative Behavior: A Study of Decision-Making Processes in Administrative Organizations*, 4th ed., Macmillan.（二村敏子＝桑田耕太郎＝高尾義明＝西脇暢子＝高柳美香訳［2009］『経営行動』ダイヤモンド社）

Steiner, G. A. [1969], *Top Management Planning*, Macmillan.

Steiner, G. A. [1977], *Strategic Managerial Planning*, The Planning Executives Institute.（河野豊弘訳［1978］『戦略経営計画』ダイヤモンド社）

Steiner, G. A. ＝ Miner, J. B. [1977], *Management Policy and Strategy: Text, Readings, and Cases*, Macmillan Publishing Co., Inc.

Steiner, G. A. [1979], *Strategic Planning*, The Free Press.

Stopford, J. M. ＝ Wells Jr., L. T. [1972], *Managing and Multinational Enterprise*, Basic Books.（山崎清訳［1976］『多国籍企業の組織と所有政策』ダイヤモンド社）

Stuart, C. [2000], *The Management Century: A Critical Review of 20th Century Thought and Practice*, Jossey-Bass.（嶋口充輝監訳［2000］『マネジメントの世紀』東洋経済新報社）

Taylor, F. W. [1895], *A Piece Rate System*, Harper&Brothers.（上野陽一訳編［1984］

『差別出来高給制』(『科学的管理法』所収)産業能率大学出版部)
Taylor, F. W. [1903], *Shop Management*, Harper & Brothers. (上野陽一訳編 [1984]『工場管理法』(『科学的管理法』所収)産業能率大学出版部)
Taylor, F. W. [1911], *Principles of Scientific Management*, Harper&Brothers. (上野陽一訳編 [1984]『科学的管理法』産業能率大学出版部)
Terry, G. R. ＝ Fanclin, S. G. [1982], *Principles of Management*, 8th ed., Richard Irwin.
Trompenaars, F. ＝Hampden-Turner, C. [1997], *Riding The Waves of Cultere* (2nd ed.), Nicholas Brealey. (須貝栄訳 [2001]『異文化の波』白桃書房)
Trompenaars, F. ＝ Woolliams, P. [2003], *Business Across Cultures*, Capstone Publishing. (古屋紀人監訳 [2005]『異文化のビジネス戦略——多様性のビジネス・マネジメント——』白桃書房)
Turban, E. ＝Lee, J. ＝ King, D. ＝ Chung, M. H. [2000], *Electronic Commerce : A Managerial Perspective*, Prentice-Hall. (阿保栄司＝木下敏＝浪平博人＝麻田孝治＝牧田行雄＝島津誠＝秋川卓也訳 [2000]『e-コマース——電子商取引のすべて』ピアソン・エデュケーション)
U. N. [1974], *The Impact of Multinational Corporations on Development and International Relations*, U. N.
U. N. [1978], *Transnational Corporations in World Development : A Re-Examination*, U. N.
Utterback, J. M. [1994], *Mastering the Dynamics of Innovation*, The President and Fellows of Harvard College. (大津正和＝小川進監訳 [1998]『イノベーション・ダイナミクス』有斐閣)
Vernon, R. [1966], "International Investment and International Trade" *Quarterly Journal of Economics*, May.
Vernon, R. [1971], *Sovereignty at Bay*, Basic Books. (霍見芳浩訳 [1973]『多国籍企業の新展開』ダイヤモンド社)
Vogel, E. F. [1979], *Japan as Number One*, Harvard University Press. (広中和歌子＝木本彰子訳 [1979]『ジャパン　アズ　ナンバーワン』ＴＢＳブリタニカ)
Vroom, V. H. [1964], *Work and Mitivation*, John Wiley. (坂下他訳 [1982]『仕事とモチベーション』千倉書房)
Wayland, R. E. ＝ Cole, P. M. [1997], *Customer Connections:New Strategies for Growth*, Harvard Business School Press. (入江仁之監訳 [1999]『ディマンドチエーン・マネジメント』ダイヤモンド社)
Weber, M. [1920], *Die Protestantische Ethik Und Der Geist Des Kapitalismus*. (梶山力＝大塚久雄訳 [1955, 1962]『プロテスタンティズムの倫理と資本主義の精神(上・下巻)』岩波書店)
Weber, M. [1922], *Wirtschft und Gesellschft*, Mohr. (世良晃士郎訳 [1960]『支配の社

会学Ⅰ』創文社）
Williamson, O. E. [1975], *Market and Hierarchies*, The Free Press.（浅沼萬里＝岩崎晃訳［1980］『市場と企業組織』日本評論社）
Wiseman, C. [1988], *Strategic Information Systems*, Richard D. Irwin. Inc.（土屋守章＝辻新六訳［1989］『戦略的情報システム』ダイヤモンド社）
Woodward, J. [1965], *Industrial Organization:Theory and Practice*, Oxford University Press.（矢島鈞次＝中村嘉雄訳［1970］『新しい企業組織』日本能率協会）
Woodward, J. (ed.) [1970], *Industrial Organization:Behavior and Control*, Oxford University Press.（都築栄＝風間禎三郎＝宮城弘裕訳［1971］『技術と組織行動』日本能率協会）
Wren, D. A. [1994], *The Evolution of Management Thought*, 4th ed., John Wiley&Sons.（佐々木恒男監訳［2003］『マネジメントの進化（第4版）』文眞堂）
Yoshino, M. Y. ＝ Rangan, U. S. [1995], *Strategic Alliance:A Entrepreneurial Approach to Globalization*, Harvard Business School Press.

ＩＢＭコンサルティング・グループ［2000］『最適融合のＩＴマネジメント』ダイヤモンド社。
青木昌彦＝ロナルド・ドーア編［1995］『国際・学際研究システムとしての日本企業』ＮＴＴ出版。
青木昌彦＝安藤晴彦編［2002］『モジュール化』東洋経済新報社。
アクセンチュア調達戦略グループ［2007］『強い調達』東洋経済新報社。
浅川和宏［2003］『グローバル経営入門』日本経済新聞社。
アーサー・アンダーセン［2000］『図解ｅビジネス』東洋経済新報社。
アーサーアンダーセンビジネスコンサルティング［1999］『ナレッジマネジメント』東洋経済新報社。
アーサーアンダーセンビジネスコンサルティング［2000］『持株会社―戦略と導入ステップ―』東洋経済新報社。
アーサー・Ｄ・リトル社環境ビジネス・プラクティス［1997］『環境ビジネスの成長戦略』ダイヤモンド社。
アジア経済研究所編［2009］『アジ研ワールド・トレンドNo. 171』アジア経済研究所。
アベグレン＝ボストン・コンサルティング・グループ編［1977］『ポートフォリオ戦略』プレジデント社。
井熊均編［2003］『図解　企業のための環境問題（第2版）』東洋経済新報社。
池田理知子編［2010］『よくわかる異文化コミュニケーション』ミネルヴァ書房。
井沢良智＝八杉哲［2003］『経営グローバル化の課題と展望』創成社。
石井敏＝久米昭元＝遠山淳＝平井一弘＝松本茂＝御堂岡潔編［1997］『異文化コミュニケーション・ハンドブック』有斐閣。

参考文献

石井淳蔵＝奥村昭博＝加護野忠男＝野中郁次郎［1996］『経営戦略論』有斐閣。
石井逸郎編［2006］『図解会社法のしくみと実務知識』同文舘出版。
石名坂邦昭［1994］『リスク・マネジメントの理論』白桃書房。
磯辺剛彦＝牧野成史＝クリスティーヌ・チャン［2010］『国境と企業—制度とグローバル戦略の実証分析』東洋経済新報社。
伊丹敬之［1984］『新・経営戦略の論理』日本経済新聞社。
伊丹敬之［1999］『場のマネジメント』ＮＴＴ出版。
伊丹敬之［2003］『経営戦略の論理　第3版』日本経済新聞社。
伊丹敬之＝加護野忠男［1993］『ゼミナール経営学入門　第2版』日本経済新聞社。
伊丹敬之＝加護野忠男＝伊藤元重編［1993a］『日本の企業システム2　組織と戦略』有斐閣。
伊丹敬之＝加護野忠男＝伊藤元重編［1993b］『日本の企業システム4　企業と市場』有斐閣。
伊丹敬之＝西口敏弘＝野中郁次郎編［2000］『場のダイナミズムと企業』東洋経済新報社。
伊丹敬之＝西野和美［2004］『ケースブック　経営戦略の論理』日本経済新聞社。
伊丹敬之＝森健一［2006］『技術者のためのマネジメント入門』日本経済新聞社。
伊藤賢次［2000］『東アジアにおける日本企業の経営』千倉書房。
伊藤元重［2005］『ゼミナール国際経済入門』日本経済新聞社。
稲垣保弘［2002］『組織の解釈学』白桃書房。
稲葉元吉＝貫隆夫＝奥林康司編［2004］『情報技術革新と経営学』中央経済社。
稲葉元吉＝山倉健嗣編［2007］『現代経営行動論』白桃書房。
今井賢一編［1986］『イノベーションと組織』東洋経済新報社。
今井賢一［1992］『資本主義のシステム間競争』筑摩書房。
今井賢一［2008］『創造的破壊とは何か—日本産業の再挑戦』東洋経済新報社。
今井賢一＝伊丹敬之＝小池和夫［1983］『内部組織の経済学』東洋経済新報社。
今井賢一＝金子郁容［1988］『ネットワーク組織論』岩波書店。
今井賢一＝國領二郎［1994］『プラットフォーム・ビジネス—オープン・アーキテクチャー時代のストラテジック・ビジョン』情報通信総合研究所。
岩田一男［2011］『ビジネスにおけるＩＣＴ活用の基礎』大学教育出版。
植草益［2000］『産業融合—産業組織の新たな方向』岩波書店。
上田泰［2003］『組織行動研究の展開』白桃書房。
植竹晃久＝仲田正機編［1999］『現代企業の所有・支配・管理—コーポレート・ガバナンスと企業管理システム—』ミネルヴァ書房。
植之原道行［2004］『戦略的技術経営のすすめ』日刊工業新聞社。
海野素央［2002］『異文化ビジネスハンドブック』学文社。
ＳＣＭ研究会［1999］『サプライチェーン・マネジメント』日本実業出版社。
江夏健一＝桑名義晴編［2006］『新版　理論とケースで学ぶ国際ビジネス』同文舘出版。

江夏健一＝太田正孝＝藤井健［2008］『国際ビジネス入門』中央経済社。
江夏健一＝桑名義晴＝岸本寿生編［2008］『国際ビジネス研究の新潮流』中央経済社。
江夏健一＝長谷川信次＝長谷川礼［2008］『国際ビジネス理論』中央経済社。
海老澤栄一［1992］『組織進化論』白桃書房。
大阪市立大学商学部編［2001］『国際ビジネス』有斐閣。
大阪市立大学商学部編［2003］『経営情報』有斐閣。
大滝精一＝金井一頼＝山田英夫＝岩田智［1997］『経営戦略』有斐閣。
大月博＝高橋正泰編［2003］『経営組織』学文社。
大野耐一［1978］『トヨタ生産方式―脱規模の経営をめざして』ダイヤモンド社
奥林康司＝稲葉元吉＝貫隆夫編［2002］『ＮＰＯと経営学』中央経済社。
小川進［2000］『ディマンド・チェーン経営―流通業の新ビジネスモデル』日本経済新聞社。
小椋康宏編［2001］『経営環境論』学文社。
折橋靖介［2003］『多国籍企業の意思決定と行動原理』白桃書房。
角瀬保雄＝川口清史編［1999］『非営利・協同組織の経営』ミネルヴァ書房。
加護野忠男［1980］『経営組織の環境適応』白桃書房。
加護野忠男［1988a］『組織認識論』千倉書房。
加護野忠男［1988b］『企業のパラダイム変革』講談社。
加護野忠男［1999］『〈競争優位〉のシステム』ＰＨＰ研究所。
加護野忠男＝野中郁次郎＝榊原清則＝奥村昭博［1983］『日米企業の経営比較―戦略的環境適応の理論―』日本経済新聞社。
加護野忠男＝井上達彦［2004］『事業システム戦略』有斐閣。
加護野忠男＝吉村典久［2006］『１からの経営学』碩学社。
梶浦雅巳［2006］『はじめて学ぶ人のためのグローバル・ビジネス』文眞堂。
片平秀貴［1999］『新版　パワーブランドの本質』ダイヤモンド社。
片山修［2011］『サムスンの戦略的マネジメント』ＰＨＰ研究所。
金井一頼＝角田隆太郎編［2002］『ベンチャー企業経営論』有斐閣。
金井壽宏［1999］『経営組織』日本経済新聞社。
上林憲雄＝厨子直之＝森田雅也［2010］『経験から学ぶ人的資源管理』有斐閣。
岸川善光［1990］『ロジスティクス戦略と情報システム』産能大学。
岸川善光［1999］『経営管理入門』同文舘出版。
岸川善光［2000］「ビジネス・ロジスティクスの現状およびその企業業績に及ぼす効果に関する研究―SCM（Supply Chain Management）の進展を踏まえて―」東京大学。
岸川善光［2002］『図説経営学演習』同文舘出版。
岸川善光他［2003］『環境問題と経営診断』同友館。
岸川善光編［2004a］『イノベーション要論』同文舘出版。
岸川善光［2004b］「バリュー・チェーンの再構築」『ビジネス研究のニューフロンティア』

五絃舎。
岸川善光［2006］『経営戦略要論』同文舘出版。
岸川善光編［2007a］『ケースブック経営診断要論』同文舘出版。
岸川善光［2007b］『経営診断要論』同文舘出版。
岸川善光編［2008］『ベンチャー・ビジネス・改訂版』同文舘出版。
岸川善光編［2009a］『ケースブック経営管理要論』同文舘出版。
岸川善光［2009b］『図説経営学演習・改訂版』同文舘出版。
岸川善光編［2010a］『エコビジネス特論』学文社。
岸川善光編［2010b］『アグリビジネス特論』学文社。
岸川善光編［2010c］『コンテンツビジネス特論』学文社。
岸川善光編［2011］『サービス・ビジネス特論』学文社。
岸川善光編［2012a］『スポーツビジネス特論』学文社。
岸川善光編［2012b］『経営環境要論』同文舘出版。
岸田雅雄［2006］『ゼミナール会社法入門 第6版』日本経済新聞社。
北野利信編［1977］『経営学説史入門』有斐閣。
車戸實編［1987］『新版経営管理の思想家たち』早稲田大学出版部。
黒須誠治［1997］『次世代生産システム』白桃書房。
株式会社グロービス［1995］『ＭＢＡマネジメント・ブック』ダイヤモンド社。
株式会社グロービス［1996］『ＭＢＡアカウンティング』ダイヤモンド社。
株式会社グロービス［1997］『ＭＢＡマーケティング』ダイヤモンド社。
株式会社グロービス［1998］『ＭＢＡビジネスプラン』ダイヤモンド社。
グロービス・マネジメント・インスティテュート編［1999a］『ＭＢＡ経営戦略』ダイヤモンド社。
グロービス・マネジメント・インスティテュート編［1999b］『ＭＢＡファイナンス』ダイヤモンド社。
グロービス・マネジメント・インスティテュート編［1999c］『ＭＢＡゲーム理論』ダイヤモンド社。
桑田耕太郎＝田尾雅夫［1998］『組織論』有斐閣。
桑田秀夫［1998］『生産管理概論（第2版）』日刊工業新聞社。
桑原裕＝安部忠彦編［2006］『技術経営の本質と潮流』丸善。
経済企画庁調査局編［1990］『平成2年度版　日本経済の現状』大蔵省印刷局。
経済産業省［2002］『産業競争力と知的財産を考える研究会　報告書』経済産業省。
経済産業省貿易協力局通商金融・経済協力課［2010］『グローバル金融メカニズム分科会最終報告書』経済産業調査会。
経済産業省＝厚生労働省＝文部科学省編［2009］『ものづくり白書　2009年版』佐伯印刷。
㈳経済同友会［1985］『1990年代の企業経営のあり方に関する提言』㈳経済同友会。
小池和夫［1994］『日本の雇用システム』東洋経済新報社。

小池澄男［1995］『新・情報社会論』学文社。
神戸大学大学院経営学研究室編［1999］『経営学大辞典　第2版』中央経済社。
国領二郎［1995］『オープン・ネットワーク経営』日本経済新聞社。
国領二郎［1999］『オープン・アーキテクチャ戦略—ネットワーク時代の協働モデル—』ダイヤモンド社。
国領二郎＝野中郁次郎＝片岡雅憲［2003］『ネットワーク社会の知識経営』ＮＴＴ出版。
児玉文雄［2007］『技術経営戦略』オーム社。
後藤晃［1993］『日本の技術革新と産業組織』東京大学出版会。
小林慎和＝高田広太郎＝山下達郎＝伊部和晃［2011］『超巨大市場をどう攻略するか』野村総合研究所／日本経済新聞出版社。
近藤修司［1985］『新版　技術マトリックスによる新製品・新事業探索法』日本能率協会。
榊原清則［1992］『企業ドメインの戦略論』中央公論社。
榊原清則＝大滝精一＝沼上幹［1989］『事業創造のダイナミクス』白桃書房。
坂下昭宣［1985］『組織行動研究』白桃書房。
坂下昭宣［2002］『組織シンボリズム論—論点と方法—』白桃書房。
佐久間信夫［2002］『現代の国際企業論』学文社。
佐久間信夫編［2002］『現代の多国籍企業論』学文社。
佐久間信夫［2003］『企業支配と企業統治』白桃書房。
佐久間信夫＝水尾順一＝水谷内徹也編［2007］『ＣＳＲとコーポレート・ガバナンスがわかる事典』創成社。
佐々木紀行［2001］『eMPから見る最新ＥＣ動向』株式会社アスキー。
佐藤憲正［2005］『国際経営論』学文社。
産業能率大学総合研究所バリューイノベーション研究プロジェクト編［2007］『バリューイノベーション：顧客価値・事業価値創造の考え方と方法』産業能率大学出版部。
塩次喜代明＝高橋信夫＝小林敏男［1999］『経営管理』有斐閣。
柴田英寿＝伊原智人［2000］『ビジネスモデル特許戦略』東洋経済新報社。
嶋口充輝他編［1998］『マーケティング革新の時代(1)　顧客創造』有斐閣。
嶋口充輝他編［1999a］『マーケティング革新の時代(2)　製品開発革新』有斐閣。
嶋口充輝他編［1999a］『マーケティング革新の時代(3)　ブランド構築』有斐閣。
島田達巳［1991］『情報技術と経営組織』日科技連出版社。
島田達巳＝海老澤栄一編［1989］『戦略的情報システム』日科技連出版社。
島田達巳＝高原康彦［1993］『経営情報システム』日科技連出版社。
清水滋［1968］『サービスの話』日本経済新聞社。
新宅純二郎［1994］『日本企業の競争戦略』有斐閣。
新宅純二郎＝浅羽茂編［2001］『競争戦略のダイナミズム』日本経済新聞社。
鈴木邦成［2003］『トコトンやさしいＳＣＭの本』日刊工業新聞社。
鈴木辰治＝角野信夫編［2000］『企業倫理の経営学』ミネルヴァ書房。

参考文献

清家彰敏［1995］『日本型組織間関係のマネジメント』白桃書房。
大東和武司［1999］『国際マネジメント』泉文堂。
ダイヤモンド・ハーバード・ビジネス編集部編［1998a］『顧客サービスの競争優位戦略―個客価値創造のマーケティング―』ダイヤモンド社。
ダイヤモンド・ハーバード・ビジネス編集部編［1998b］『バリューチェーン解体と再構築』ダイヤモンド社。
ダイヤモンド・ハーバード・ビジネス編集部編［2000］『ナレッジ・マネジメント』ダイヤモンド社。
ダイヤモンド・ハーバード・ビジネス編集部編［2006］『サプライチェーンの経営学』ダイヤモンド社。
高巌＝Donaldson, T.［2003］『新版・ビジネス・エシックス』文眞堂。
高橋輝男＝ネオ・ロジスティクス共同研究会［1997］『ロジスティクス　理論と実践』白桃書房。
高橋俊夫編［1995］『コーポレート・ガバナンス―日本とドイツの企業システム―』中央経済社。
高橋正康＝山口善昭＝磯山優＝文智彦［1998］『経営組織論の基礎』中央経済社。
高橋秀雄［1998］『サービス業の戦略的マーケティング（第2版）』中央経済社。
高柳暁＝飯野春樹編［1991］『新版　経営学(2)』有斐閣。
高柳暁＝飯野春樹編［1992］『新版　経営学(1)』有斐閣。
武井勲［1987］『リスク・マネジメント総論』中央経済社。
武井勲［1998］『リスク・マネジメントと危機管理』中央経済社。
竹村健一編［2006］『サムスンはいかにして最強の社員をつくったか　日本企業が追い抜かれる理由』祥伝社。
丹下博文［1992］『検証日米ビジネススクール』同文舘出版。
丹下博文［2003］『新版・国際経営とマーケティング　グローバル化への新たなパラダイム』同文舘出版。
丹野勲＝榊原貞雄［2007］『グローバル化の経営学』実教出版。
中国国務院発展研究センター編［1993］『中国経済』中国社会科学院。（小島麗逸他訳［1996］『中国経済』総合法令）
土田義憲［2006］『会社法の内部統制システム』中央経済社。
土屋守章［1974］『ハーバード・ビジネス・スクールにて』中央公論社。
出川通［2004］『技術経営の考え方：ＭＯＴと開発ベンチャーの現場から』光文社。
出川通［2009］『最新　ＭＯＴ（技術経営）の基本と実践がよ〜く分かる本：技術者と企業のための即戦力マニュアル』秀和システム。
寺本義也編［1997］『日本企業のコーポレートガバナンス』生産性出版。
寺本義也［1999］「知創経営とイノベーション」（日本経営協会編『OMUNI-MANAGEMENT　平成11年7月号』，所収）

寺本義也＝原田保編［2000］『環境経営』同友館。
寺本義也＝岩崎尚人［2000］『ビジネスモデル革命　競争優位のドメイン転換』生産性出版。
寺本義也＝山本尚利［2004］『ＭＯＴアドバンスト新事業戦略』日本能率協会マネジメントセンター。
遠山暁［1998］『現代経営情報システムの研究』日科技連出版社。
遠山暁＝村田潔＝岸川眞理子［2003］『経営情報論』有斐閣。
德重昌志＝日高克平編［2003］『グローバリゼーションと多国籍企業』中央大学出版部。
トーマツ編［1994］『ビジネス・プロセス・リエンジニアリング』中央経済社。
中田信哉［2004］『ロジスティクス入門』日本経済新聞社。
夏目武編［2009］『ライフサイクルコスティング』日科技連。
西澤脩［1976］『財務管理』産業能率短期大学通信教育部。
日通総合研究所［1991］『最新物流ハンドブック』白桃書房。
日本経営診断学会編［1994］『現代経営診断事典』同友館。
日本情報開発処理協会電子取引推進センター［2003］『企業間電子商取引の拡大とオープン化に関する調査研究』日本情報開発処理協会。
日本生産管理学会編［1999］『生産管理ハンドブック』日刊工業新聞社。
日本総合研究所編［1993］『生命論パラダイムの時代』ダイヤモンド社。
日本総合研究所ＳＣＭ研究グループ［1999］『図解サプライチェーンマネジメント早わかり』中経出版。
丹羽清＝山田肇編［1999］『技術経営戦略』生産性出版。
沼上幹［2000］『行為の経営学―経営学における意図せざる結果の探求―』白桃書房。
沼上幹［2004］『組織デザイン』日本経済新聞社。
野中郁次郎［2002］『企業進化論』日本経済新聞社。
野中郁次郎＝寺本義也編［1987］『経営管理』中央経済社。
野中郁次郎＝永田晃［1995］『日本型イノベーション・システム―成長の軌跡と変革への朝鮮』白桃書房。
野中郁次郎＝竹内弘高［1996］『知識創造企業』東洋経済新報社。
野中郁次郎＝紺野登［1999］『知識経営のすすめ』筑摩書房。
野中郁次郎＝紺野登［2003］『知識創造の方法論』東洋経済新報社。
野村清［1983］『サービス産業の発想と戦略』電通。
八田信二＝橋本尚共訳［2000］『英国のコーポレート・ガバナンス―キャドベリー委員会報告書，グリーンベリー委員会報告書，ハンペル委員会報告書―』白桃書房。
八田進二＝町田祥弘［2007］『内部統制基準を考える』同文舘出版。
浜口恵俊編［1993］『日本型モデルと何か』新曜社。
林紘一郎［1989］『ネットワーキングの経済学』ＮＴＴ出版。
林信二［2000］『組織心理学』白桃書房。

二村敏子他［1982］『組織の中の人間行動』有斐閣。
二村敏子［2004］『現代ミクロ組織論』有斐閣。
一橋大学イノベーション研究センター編［2001a］『知識とイノベーション』東洋経済新報社。
一橋大学イノベーション研究センター編［2001b］『イノベーショ・マネジメント入門』日本経済新聞社。
福永文美夫［2007］『経営学の進化―進化論的経営学の提唱―』文眞堂。
藤本隆弘［1997］『生産システムの進化論』有斐閣。
藤本隆弘＝武石彰＝青島矢一編［2001］『ビジネス・アーキテクチャ』有斐閣。
藤芳誠一編［1989］『経営管理学事典』泉文社。
ヘンリー幸田［2000］『ビジネスモデル特許』日刊工業新聞社。
ボストン・コンサルティング・グループ（ＢＣＧ）［1990］『タイムベース競争―90年代の必勝戦略』プレジデント社。
洞口治夫［1992］『日本企業の海外直接投資』東京大学出版会。
牧野二郎＝亀松太郎［2006］『内部統制システムのしくみと実務対策』日本実業出版社。
馬越恵美子［2000］『異文化経営論の展開』学文社。
松田陽一［2000］『企業の組織革新行動』千倉書房。
松村洋平編［2006］『企業文化（コーポレートカルチャー）』学文社。
松本芳男［2006］『現代企業経営学の基礎』同文舘出版。
水谷雅一［1995］『経営倫理学の実践と課題』白桃書房。
宮川公男［2004］『経営情報システム第3版』中央経済社。
三宅隆之［2003］『非営利組織のマーケティング』白桃書房。
宮澤健一［1986］『高度情報社会の流通機構』東洋経済新報社。
宮澤健一［1987］『産業の経済学』東洋経済新報社。
宮澤健一［1988］『業際化と情報化』有斐閣。
宮田矢八郎［2001］『経営学１００年の思想―マネジメントの本質を読む』ダイヤモンド社。
藻利重隆［1967a］「経営経済学における書学派の発展」（『経営学辞典』東洋経済新報社，所収）
藻利重隆［1967b］「アメリカにおける経営学研究の特質と諸学派の発展」（『経営学辞典』東洋経済新報社，所収）
森本三男［1994］『企業社会責任の経営学的研究』白桃書房。
森本三男［1995］『経営学入門（三訂版）』同文舘出版。
森本三男［2006］『現代経営組織論（第三版）』学文社。
門田安弘［1985］『トヨタシステム』講談社。
文部科学省編［2011］『平成23年度科学技術白書』文部科学省国立印刷局。
山内直人［1999］『ＮＰＯ入門』日本経済新聞社。

山倉健嗣［1993］『組織間関係―企業間ネットワークの変革に向けて』有斐閣。
山崎清＝竹田志郎［1993］『テキストブック国際経営』有斐閣。
山下洋史＝諸上茂人＝村上潔［2003］『グローバルＳＣＭ　サプライチェーン・マネジメントの新しい潮流』有斐閣。
山田英夫［1993］『競争優位の規格戦略』ダイヤモンド社。
山之内昭夫［1992］『新・技術経営論』日本経済新聞社。
山本孝＝井上秀次郎［2007］『生産マネジメント　その機能と発展』世界思想社。
横山恵子［2003］『日本の社会戦略とＮＰＯ』白桃書房。
吉原英樹＝佐久間昭光＝伊丹敬之＝加護野忠男［1981］『日本企業の多角化戦略』日本経済新聞社。
吉原英樹［1996］『未熟な国際経営』白桃書房。
吉原英樹編［2002］『国際経営論への招待』有斐閣。
吉原英樹［2005］『国際経営論』放送大学教育振興会。
吉原英樹［2011］『国際経営　第3版』有斐閣。
早稲田大学ビジネススクール松田修一研究室［2004］『ＭＯＴアドバンスト技術ベンチャー』日本能率協会マネジメントセンター。
和田充夫［1991］『ＭＢＡ　アメリカのビジネス・エリート』講談社。
渡邊俊輔編［2002］『知的財産―戦略・評価・会計―』東洋経済新報社。

▼索引▲

あ 行

IE ……………………………………… 36
IaaS …………………………………… 210
ISO …………………………………… 285
ISO14000シリーズ …………………… 284
ICT …………………………………… 190
IT ……………………………………… 190
アベグレン …………………………… 242
アンゾフ …………………………… 55, 95
EC ……………………………………… 226
eビジネス …………………………… 200
eマーケットプレイス ……………… 202
意思決定 ……………………………… 22
　　――の技法 ………………………… 24
　　――のシステム ………………… 50
　　――の種類 ……………………… 23
　　――の前提 ……………………… 48
　　――（の）プロセス ………… 22, 48
委託と受託 …………………………… 19
市場と組織 …………………………… 3
移動組立法 …………………………… 37
イノベーション ……………………… 214
　　――の定義 ……………………… 214
　　――の特性 ……………………… 217
イノベーション論 …………………… 218
異文化インターフェース …………… 263
異文化経営 …………………………… 261
　　――の意義 ……………………… 261
異文化トレーニング ………………… 265
異文化マネジメント ………………… 263
インターナショナル企業 …………… 252
インフォーマル組織 ………………… 40
ウィリアムソン …………………… 2, 154
win-win関係 ………………………… 261
ウェーバー ………………………… 51, 131
ウォーターフォール型 ……………… 198
内なる国際化 ………………………… 245
ウッドワード ………………………… 52
衛生要因 ……………………………… 44
営利原則 ……………………………… 4
エーベル ……………………………… 99
エコビジネス ………………………… 286
SaaS …………………………………… 210
SIS ……………………………………… 167
SQC …………………………………… 175
SCM ……………………………… 119, 260
SBU …………………………………… 109
X理論―Y理論 ……………………… 42
MIS …………………………………… 166
M&Aの目的 …………………… 111, 259, 280
M&Aの背景 ………………………… 281
M&Aのプロセス …………………… 281
M&Aの目的 ………………………… 281
MOT ……………………………… 222, 288
MBA …………………………………… 287
MBAプログラム …………………… 92
OECD ………………………………… 242
オープン・システム ………………… 70
オープン型経営 ……………………… 207
オハイオ研究 ………………………… 141

か 行

カーネギー学派 ……………………… 49

311

課業	35	企業ドメイン	98
──管理	35	企業内BPR	231
学習	139	企業の社会的責任	14, 15
囲い込み経営	209	企業の特性	4
価値	59	企業の法的形態	6
──連鎖	117, 255	企業倫理	62
カネ	71	企業レベル（ミクロ）	219
金のなる木	110	技術革新	219
株式会社	6	──の進展	219
株主総会	25	技術環境	12
可変的資源	72	技術経営戦略	221
為替リスク	248	機能的定義	99
環境会計	285	機能別管理	75
環境経営	283	規模の経済	189, 248
環境─経営戦略─組織	125	客観的合理性	49
環境創造	12, 70, 218	キャッシュ・フロー	108
環境適応	12, 70, 218	QCD	175
環境要因	9	供給連鎖	117, 118, 183
監査役（会）	27	業際化	226
感情の論理	40	競争環境	12
カンパニー制	134	競争戦略	98, 113
官民間BPR	233	──の意義	113
管理過程	38, 79	競争戦略論	58
──論	86	競争の基本戦略	59, 114
管理機能	38	共通目的	47, 125
管理原則	39	協働意欲	47, 125
管理的意思決定	24, 55	共同決定法	30
官僚制組織	131	協働システム	47, 69, 125, 158
機械的システム	51	協同戦略パースペクティブ	154
機関設計	31	業務システム	75, 170
企業間BPR	231	業務的意思決定	24, 55
企業環境の変化	9	近代的組織論	124
企業形態	5	金融業	227
企業⇒社会	62	空間的制約	191
企業と社会	60	空間の制約	227

クーン	234	——の定義	94
グローバルSCM	261	経営組織	124
グローバル化	227, 266	計画設定	81
グローバル企業	252	経験曲線	106
グローバル経営	246, 247	経験曲線効果	106
——の定義	246	経済環境	10
経営学の隣接科学	90	経済人	40
経営管理教育	286	経済性	189
経営管理システム	75	経済レベル（マクロ）	219
経営管理シナジー	102	ケース・メソッド	92, 288
経営管理スキル	20	限界収穫	109, 188
経営管理の階層	76	——逓減	108, 188
経営管理の対象	68	——逓増	108, 188
経営管理のプロセス	79	研究開発	171
経営管理論の位置づけ	88	——管理	170
経営機能	38	権限・責任一致の原則	125
経営計画論	57	コア・コンピタンス	111
経営経済性	62	公開鍵暗号	204
経営公共性	62	公企業	8
経営資源	71, 105	貢献	49
——の意義	105	合資会社	6
——の蓄積・配分	98	公式組織	47
経営システム	68	合同会社	6
——の意義	158	『工場管理』	35
——の基本構造	70, 160	行動科学	45
——の構造	158	行動する取締役会	29
——の体系	159	高度情報社会	186
——の目的・使命	158	合名会社	6
経営者革命	21	合理性	39, 124
経営者支配	20	——の追求	45
経営者の職能	17	コース	3, 154
経営者の役割	46	コーポレート・ガバナンス	25, 168
経営人（管理人）	49	——機構	25
経営戦略	94	顧客情報	205
——の構成要素	96	顧客の創造	215

顧客満足	229	C to C	201
国際経営	245, 247	C to B	201
国際人的資源管理	267	G to C	202
個人情報保護	205	G to B	202
コスト・リーダーシップ戦略	59, 114	時間的制約	191
固定的資源	72	時間の制約	227
古典的管理論	34	事業ドメイン	99
古典的組織論	124	事業部制組織	128
コミュニケーション	47, 125, 140	資源依存パースペクティブ	154
コンセプチュアル・スキル	79	自己金融	22
コンプライアンス（法令遵守）	168, 211	自己実現欲求	45
コンフリクト	50	自己組織化	216
		市場開発戦略	56, 103
		市場環境	12

━━━━━ さ　行 ━━━━━

サービス・ビジネス	280	市場細分化	105
サービス・マネジメント	275	市場浸透戦略	56, 103
サービス業	227	市場の失敗	8
サイアート＝マーチ	49	システム	68
細分化	104	──の構造	68
財務管理	163	システム性	50, 124
──の体系	164	自然環境	11
サイモン	22, 48	慈善事業（フィランソロピー）	15
サプライチェーン	203	シナジー	56, 102
差別化	104	死の谷	222
──戦略	59, 114	資本的企業	5
『差別出来高給制』	34	社会環境	11
3 M	188	社会⇒企業	62
産業間BPR	231	社会人	40
産業間国際分業	228	社会性	124
産業構造	224	社会戦略	63
産業組織論	225	社会的管理論	60
産業内国際分業	228	社会的組織論	124
産業レベル（セミマクロ）	219	『ジャパン・アズ・ナンバーワン』	243
参入戦略	282	集成型多角化	56, 104
CIM	176	修正的管理過程論	87

314

索　引

集中型多角化	56, 104
集中戦略	59, 115
需要連鎖	117, 183
シュンペーター	214
条件適応性	53, 124
条件適応理論	53
情報	71, 187
情報化	225
情報開示	168
情報管理	165
情報処理パラダイム	206
情報創造	216, 219
情報創造パラダイム	206
情報通信技術	190
情報ネットワーク社会	186
情報パラダイム	206
情報倫理	205
職能別職長組織	35
職能別組織（機能別組織）	128
所有と経営の分離	17
シングル・ループ学習	150
新古典的管理論	39
新古典的組織論	124
人的企業	5
人的資源管理	161, 267
信頼性	211
垂直型多角化	56, 104
垂直的統合	120
水平型多角化	56, 104
水平的統合	120
スキル	78
スタイナー	57
スパイラル型	198
生産管理	175
生産経済体	4
生産シナジー	102
生産諸要素の新結合	214
生産の3要素	175
政治環境	10
製造業	226
成長ベクトル	56, 103
制度化パースペクティブ	154
製品・市場戦略	55, 97, 101
――の意義	101
製品・市場マトリックス	101
製品開発戦略	56, 103
製品差別化	104
制約された合理性	49
セキュリティ	211
セグメント	104
選択と集中	111
専門化の原則	125
専門経営者	20, 287
戦略性	124
戦略的意思決定	24, 55
戦略的管理論	54
戦略的組織変革	150
戦略的組織論	124
総合経営管理	74
相互浸透モデル	126
創造的破壊	217
組織	2, 124
組織学習	149
組織観	47
組織間関係	136, 150, 195
――の革新	155
――の視座	152
組織間ネットワーク	136
組織均衡	49
組織形態	127

組織原則	125	知識創造	150
組織構造は戦略に従う	55	――パラダイム	206
組織行動論	136	知的財産権	272
組織シンボリズム	147	チャンドラー	3, 54
組織セット・パースペクティブ	154	超国家地域	258
組織的知識構造	150, 207	調達	173
組織の時代	2, 124	調達管理	172
組織の成長モデル	147	直接投資	249
組織の制約	227	ディープ・パケット・インスペクション	205
組織文化	144	定型的意思決定	24
――の意義	144	テイラー	34
――の形成	145	T型フォード	37
――の分類	146	TQC	175
組織変革	147	TQM	175
組織編成	82	データ	187
組織目的	2	適応的組織論	124
ソフトウェア	191	テクニカル・スキル	79

た 行

		撤退戦略	257
ダーウィンの海	224	電子決済	204
多角化戦略	56, 103	電子商取引	167, 201
多角化のタイプ	57, 104	電子署名	204
多国籍企業	251	統制	84
――の意義	251	動機づけ	43, 82
――の概念	252	――要因	44
――の競争環境	257	統合理論	46
――の経営管理	255	投資シナジー	102
――の戦略的提携	259	統制範囲の原則	125
タックス・ヘブン	248	独立性	4
ダブル・ループ学習	150	特許	272
単位組織	47	――戦略	274
断続性(非連続性)	217	トップ・マネジメント	77
地域クラスター	155	トップランナー方式	285
地球環境問題	61	ドメイン	97, 98
知識	187	――の意義	98

|――の再定義 100
ドメイン定義の要件 99
ドラッカー 215
トランス・ナショナル 248
　　――企業 253
取締役会 26
取引コスト 3, 190
　　――・パースペクティブ 154

━━━━━ な 行 ━━━━━

内部統制システム 31, 168
内容理論 138
中抜き 203
7Sモデル 126
成行管理 34
ナレッジ・マネジメント 273
二分法 126
日本的経営 242
　　――の限界 243
　　――の特徴 242
人間観 42, 47
人間性 39, 124
　　――の追求 45
ネットビジネス 193
ネットワーク型組織 135
能率 47, 48
野中郁次郎 215

━━━━━ は 行 ━━━━━

ハーズバーグ 43
パーソナリティ 137
ハードウェア 191
バーナード 46
　　――革命 46
バーナム 21

ハーバード・ビジネス・スクール 91
8 P s 279
バーンズ＝メーカー 51
花形製品 110
パラダイム 234
　　――の機能 235
　　――の寿命 237
　　――の定義 234
　　――の変革 236
　　――の変革プロセス 237
範囲の経済 189
バンドワゴン効果 251
販売シナジー 102
PaaS 210
PPM 109
BOPビジネス 268
BPR 228
　　――の形態 231
　　――の対象領域 232
　　――の定義 228
B to B 201
B to C 201
非関税障壁 249
ビジネス・システム 117
　　――戦略 98, 117
ビジネス・スクール 91, 288
ビジネス・プロセス 117, 229
ビジネス・モデル 117
非定型的意思決定 24
ヒト 71
秘密鍵暗号 204
ヒューマン・スキル 79
標準化 37
ファイア・ウォール 204
ファヨール 38

フィードバック 73	ホッファー＝シェンデル 95
──・コントロール 73	ホフステッド 262
フィードフォワード 73	

━━━━ ま 行 ━━━━

フォーディズム 37	マーケティング 178
フォード 36	マーケティング管理 178
──・システム 37	マグレガー 41
普及 215	マクロ＝ミクロ思考 64
複合組織 47	マクロ経済学 225
物理的定義 99	マクロとミクロ 63
物流業 227	──のジレンマ 64
不満要因 44	負け犬 111
部門間BPR 231	マズロー 44
部門内BPR 231	マトリックス組織 133
プライバシー 211	マネジメント・サイクル 85
プラットフォーム・ビジネス 207	魔の川 222
ブランド戦略 274	マルチナショナル企業 252
プロジェクト組織 133	満足要因 44
プロセス・イノベーション 221, 229	ミクロ経済学 225
プロセス理論 138	ミクロ組織論 136
プロダクト・イノベーション 221, 229	ミシガン研究 142
プロダクト・ポートフォリオ・マネジメント 109	ミドル・マネジメント 77
プロダクト・ライフ・サイクル 107	メイヨー＝レスリスバーガー 40
──・モデル 254	命令一元化の原則 125
プロトタイピング型 198	モティベーション 43, 138
プロパテント政策 273	モノ 71
文化支援活動（メセナ） 15	もの言う株主 29
分化と統合 53	問題児 110

━━━━ や 行 ━━━━

分社化 134	
変革型リーダーシップ 150	誘因 49
貿易摩擦 249	有機的システム 51
法務管理 167	有限会社 8
ボーゲル 243	有効性 47
ホーソン実験 40	ユースウェア 191
ポーター 58	

318

索　引

欲求5段階説 ……………………………… 44
4 C ………………………………………… 178
4 P ………………………………………… 178

━━━━━ ら　行 ━━━━━

ライフサイクル ………………………… 195
　──管理 ………………………………… 196
　──コスティング ……………………… 198
ライン・アンド・スタッフ組織 …… 36, 128
ライン組織 ……………………………… 127
リージョナル化 ………………………… 258
リーダーシップ …………………… 40, 141
　──の行動理論 ………………………… 141
　──の特性理論 ………………………… 141
リーダーシップ条件適合論 …………… 143
利害関係者 ………………………………… 14
リスク ……………………………………… 9

──・マネジメント …………………… 266
リッカート ………………………………… 40
流通業 …………………………………… 227
リレーションシップ（関係性）・マーケティング ……………………………… 180
理論と実践の融合 ……………………… 288
レヴィン ………………………………… 150
レビット ………………………………… 99
連結の経済 ……………………………… 189
ローレンス＝ローシュ ………………… 53
ロジスティクス …………………… 117, 182
　──管理 ………………………………… 181
ロジャーズ ……………………………… 215
ロワー・マネジメント ………………… 77

━━━━━ わ　行 ━━━━━

ワン・トゥ・ワン・マーケティング … 179

319

〈編著者略歴〉
岸川善光（KISHIKAWA, Zenko）：第1章〜第3章，第10章
・学歴：東京大学大学院工学系研究科博士課程（先端学際工学専攻）修了。博士（学術）。
・職歴：産業能率大学経営コンサルティングセンター主幹研究員，日本総合研究所経営システム研究部長，同理事，東亜大学大学院教授，久留米大学教授（商学部・大学院ビジネス研究科），横浜市立大学教授（国際総合科学部・大学院国際マネジメント研究科），同副学長を経て，現在，横浜市立大学名誉教授。その間，通商産業省（現経済産業省）監修『情報サービス産業白書』白書部会長を歴任。1981年，経営コンサルタント・オブ・ザ・イヤーとして「通商産業大臣賞」受賞。
・主要著書：『ロジスティクス戦略と情報システム』産業能率大学，『ゼロベース計画と予算編成（共訳）産能大学出版部，『経営管理入門』同文舘出版，『図説経営学演習（改訂版）』同文舘出版，『環境問題と経営診断』（共著）同友館（日本経営診断学会・学会賞受賞），『ベンチャー・ビジネス要論（改訂版）』（編著）同文舘出版，『イノベーション要論』（編著）同文舘出版，『ビジネス研究のニューフロンティア』（共著）五弦舎，『経営戦略要論』同文舘出版，『経営診断要論』同文舘出版（日本経営診断学会・学会賞（優秀賞）受賞），『ケースブック経営診断要論』（編著）同文舘出版，『ケースブック経営管理要論』（編著）同文舘出版，『エコビジネス特論』（編著）学文社，『アグリビジネス特論』（編著）学文社，『コンテンツビジネス特論』（編著）学文社，『サービス・ビジネス特論』（編著）学文社，『スポーツビジネス特論』（編著）学文社，『経営環境要論』（編著）同文舘出版など多数。

〈共著者略歴〉
朴慶心（PARK,Kyeong Sim）：第4章〜第9章
・学歴：横浜市立大学大学院国際マネジメント研究科博士後期課程単位取得。博士（経営学）
・職歴：横浜市立大学共同研究員，日本経済大学大学院経営学研究科講師，中小企業大学校講師，ナレッジバンクディレクターなどを歴任。
・主要著書：『エコビジネス特論』（共編著）学文社，『アグリビジネス特論』（共編著）学文社，『サービス・ビジネス特論』（共編著）学文社，『コンテンツビジネス特論』（分担執筆）学文社，「米国・日本・韓国における半導体企業の競争戦略に関する研究─経済システム・産業システム・経営システムの関係性分析を踏まえて─」横浜市立大学大学院国際マネジメント研究科。

（検印省略）

平成27年7月1日　初版発行　　　　　　略称：経営管理要論

経営管理要論

編著者　　岸　川　善　光
発行者　　中　島　治　久

発行所　同文舘出版株式会社
東京都千代田区神田神保町 1-41　〒101-0051
営業（03）3294-1801　　編集（03）3294-1803
振替 00100-8-42935　　http://www.dobunkan.co.jp

©Z. KISHIKAWA　　　　　　　　　　製版　一企画
Printed in Japan 2015　　　　　　　　印刷・製本　三美印刷

ISBN978-4-495-38581-1

〈出版者著作権管理機構 委託出版物〉
本書の無断複製は著作権法上での例外を除き禁じられています。複製される場合は，そのつど事前に，出版者著作権管理機構（電話 03-3513-6969，FAX 03-3513-6979, e-mail : info@jcopy.or.jp）の許諾を得てください。

経営学要論シリーズ

●岸川善光 (編)著

1 経営学要論*
2 経営管理要論
　ケースブック　経営管理要論
3 経営戦略要論
4 経営組織要論*
5 経営情報要論*
6 イノベーション要論
7 グローバル経営要論*
8 経営診断要論
　ケースブック　経営診断要論
9 経営環境要論
10 ベンチャー・ビジネス要論

＊は未刊